KB168834

마이크로서비스 아키텍처

Korean edition copyright ⓒ 2019 by acorn publishing Co. All rights reserved.

Copyright ⓒ Packt Publishing 2017.
First published in the English language under the title
'Practical Microservices – (9781785885082)'

이 책은 Packt Publishing과 에이콘출판㈜가 정식 계약하여 번역한 책이므로
이 책의 일부나 전체 내용을 무단으로 복사, 복제, 전재하는 것은 저작권법에 저촉됩니다.

마이크로서비스 아키텍처

IT 리더들을 위한 간결하고 핵심적인 특징들

우메쉬 램 샤르마 지음

박현철, 김낙일, 용환성 옮김 장진영 감수

에이콘

지은이 소개

우메쉬 램 샤르마 Umesh Ram Sharma

확장 가능한 분산 클라우드 기반 애플리케이션의 개발, 설계, 아키텍처 분야에서 8년 이상 경력을 쌓은 개발자다.

카르나타카 주립 오픈 대학교에서 정보 기술 석사 학위를 받았다. 주요 관심사는 마이크로서비스와 스프링이고 J2EE, 자바 스크립트, 스트러츠, 하이버네이트, 스프링 스택의 활용 전문가다. AWS, J2EE, MySQL, 몽고DBMongoDB, 멤캐시드memchached, 아파치, 톰캣, 헤이즐캐스트Hazelcast 같은 기술에 대한 다양한 실무 경험도 있다.

현재 제스트머니ZestMoney의 수석 엔지니어로 근무하면서, 팀이 진행 중인 프로젝트를 마이크로서비스 아키텍처로 전환하는 작업을 지원하고 있다. 여가 시간에는 신기술에 관한 콘퍼런스에 참여하거나, 운전과 요리하는 것을 즐긴다.

| 기술 감수자 소개 |

요겐 드라 샤르마 ^{Yogendra Sharma}

파이썬 및 미들웨어 개발 경험이 많은 자바 개발자다. 전산 분야에서 학사 학위를 취득했다. 현재 인도 푸네^{Pune}의 Intelizign 엔지니어링 서비스 부서에서 IoT 클라우드 아키텍트로 근무하면서, 끊임없이 기술의 특이성과 가치를 탐구하고, 새로운 기술과 프레임워크를 기꺼이 배운다.

또한 『Mastering Python Design Patterns』(2018), 『Test-Driven Development with Django』(2015), 『Spring Microservices』(2016), 『Distributed Computing in Java 9』(2017)과 같은 책, 그리고 'Python Projects, Learning Python Data Analysis', 'Django Projects: E-Learning Portal'(2017), 'Basic and Low-Level Python Network Attacks'(2017) 등의 비디오 학습처럼 팩트출판사가 제공하는 다양한 콘텐츠의 기술적인 내용을 검토했다.

제가 해낸 모든 것을 배우도록 허락해주신 부모님, 지지하고 격려해 준 친구들에게 감사합니다.

| 옮긴이 소개 |

박현철(architect.mentor@gmail.com)

싸이버로지텍 CyberLogitec 애자일 마스터이자, 건국대학교 정보통신대학원 겸임 교수다. 개발자부터 시작해 설계자, PM, 아키텍트 등 신기술 개발의 대규모 프로젝트에서 다양한 역할을 수행해왔고, 애자일 영역을 포함해서 총 11권의 저서 및 번역서가 있다. 현재 국내외 700명 조직의 글로벌 해운 물류 솔루션 기업인 싸이버로지텍에 대한 전사 애자일 트랜스포메이션의 애자일 마스터 역할을 수행하고 있다.

김낙일(anvil@naver.com)

소프트웨어공학 석/박사 과정을 거쳐 현재에 이르기까지 더 나은 소프트웨어를 만들기 위해 필요한 일을 하고 있다. 크고 작은 다양한 프로젝트에서 개발자, 프로젝트 관리자, 제품 책임자, 아키텍트 등의 역할을 수행했다. 같은 분야의 길을 가기 원하는 미래, 성래의 훌륭한 선배가 되어 줄 수 있는 아버지가 되기 위해서 열심히 살고 있다.

용환성(hsyong71@naver.com)

소프트웨어공학을 전공하고 크고 작은 프로젝트에서 개발자, 프로젝트 관리자, 스크럼 마스터 등의 역할을 수행했다. 현재 다양한 경험과 지식을 바탕으로 전문가들과 함께 소프트웨어 개발 조직의 프로젝트 관리 및 애자일 트랜스포메이션을 위한 다양한 강의와 컨설팅을 수행하고 있다.

｜ 감수자 소개 ｜

장진영(jyjang@uengine.org)

오픈 클라우드 엔진 파운더, 유엔진 BPM 오픈 소스 프로젝트 파운더/개발자다. 클라우드 네이티브 컴퓨팅, 이벤트 기반 마이크로서비스, 이벤트 스토밍/애자일에 많은 관심이 있다.

최근 BTS, 즉 방탄소년단의 세계적인 성과에 놀랐고, 그들의 멋진 노래와 춤, 그리고 많은 활동이 담긴 동영상을 보면서 즐거운 시간을 가질 수 있었다. 세상이 디지털화되면서 의사소통이 매우 빨라졌기 때문에 작은 것 하나라도 잘 만들 수 있다면, 이전과는 비교할 수도 없는 속도로 전 세계 시장을 장악할 수 있다. BTS처럼 말이다.

마이크로서비스 아키텍처는 이처럼 변화하는 세상에 IT 조직이 경쟁력을 갖추기 위해 필요한 소프트웨어 아키텍처이며, 빠르게 변화하는 시장에 대응할 수 있는 애자일 조직과 만났을 때, 가장 큰 시너지를 만들어낼 수 있는 미래의 전략적 수단이다.

스마트폰이나 웨어러블 장비뿐만 아니라 가전, 주택, 빌딩, 자동차, 도시가 서로 연결되고 있다. 이런 것의 연결점은 API로 표현된다. 따라서 API 자체가 혁신 수단이 될 수 있고, 전 세계에 걸친 다양한 API 결합을 통한 혁신도 가능하다.

마이크로서비스 아키텍처는 이런 새로운 혁신의 기반을 제공하며, 4차 산업혁명이나 디지털 트랜스포메이션 같은 새로운 흐름에 적합한 환경을 제공해주는 필수적 환경이 되어 가고 있다.

이처럼 변화가 가속화되는 시대에 살면서, 마이크로서비스 아키텍처라는 가치 있는 지식을 독자들과 함께 공유할 수 있다는 사실이 우리에게는 매우 중요한 의미로 다가왔다. 모두가 바쁜 일상을 보내고 있었지만, 그 가운데 서로 만나 책 내용을 이야기하고, 함께 미래를 논의하는 시간은 서로에게도 무척 소중한 시간이었다. 독자들에게도 이런 느낌이 조금이라도 전달되기를 바란다.

일을 막론하고 리더는 매우 바쁘다. 바쁜 가운데 변화에 뒤처지면 안 되는 것이 리더이기도 하다. 새로운 기술을 다루는 책은 대부분 장점을 중심으로 서술해 나가는데, 이 책은 장점과 단점을 있는 그대로 담백하게 이야기한다. 장단점을 잘 알고 있으면 빠르게 정확한 판단으로 기술을 적재적소에 사용할 수 있다. 그런 면에서 이 책은 바쁜 리더를 위한 책이라고 할 수 있다. 또한 아키텍처나 설계에 전문성, 경험이 부족한 개발자가 많다. 이런 개발자라면 미래의 경쟁력 획득에 도움이 되는 마이크로서비스 아키텍처의 핵심적 특징을 비교적 빠르게 알 수 있을 것이다.

우리가 즐거움 속에서 보람을 느끼며 번역했듯이, 독자도 이 책을 읽으면서 새로운 기술을 알아가는 즐거움을 누릴 수 있기를 희망해본다.

2019년 5월, **옮긴이 및 감수자 일동**

에이콘출판의 기틀을 마련하신 故 정완재 선생님 (1935-2004)

│ 차례 │

지은이 소개 4

기술 감수자 소개 5

옮긴이 소개 6

감수자 소개 7

옮긴이의 말 8

들어가며 18

1장   마이크로서비스 아키텍처 소개   25

일반적인 마이크로서비스 아키텍처 26

마이크로서비스 아키텍처의 특성 27

    문제 정의 28

    해결 방안 28

        제시된 해결 방안이 마이크로서비스 아키텍처와 얼마나 일치할까 29

성공적인 마이크로서비스 아키텍처에 대한 어려움 30

    로깅을 통한 디버깅 31

    마이크로서비스 모니터링 31

    공통 라이브러리 31

    서비스 간 메시징 32

    마이크로서비스의 배포와 버전 관리 32

마이크로서비스의 미래 33

    서버리스 아키텍처 33

    PaaS로서의 마이크로서비스 34

마이크로서비스 아키텍처는 전통적인 아키텍처보다 우세한 것인가? 35

마이크로서비스가 SOA로 보이지 않는다? 37

대규모 비즈니스 도메인을 마이크로서비스 컴포넌트로 세분하기 39

    비즈니스 중심으로 마이크로서비스 컴포넌트 구성하기 41

마이크로서비스를 도입해야 할까 도입하지 말아야 할까 43
    조직 도입 43
    데브옵스 경험 44
    기존 데이터베이스 모델 분석 44
    자동화 및 CI/CD 44
    통합 45
    보안 45
    성공적인 전환 사례 45
예제 프로젝트(신용 리스크 엔진) 46
스프링 46
스프링 부트 48
    스프링 부트로 쉽게 할 수 있다! 48
요약 52

2장   마이크로서비스 컴포넌트 정의   53

마이크로서비스의 정의 54
서비스 디스커버리와 역할 55
    DNS 56
    디스커버리 서비스의 필요성 56
        서비스 등록과 취소 57
        디스커버리 서비스 59
    서비스 디스커버리 패턴의 예 61
    아키텍처 전반에 걸친 외부 설정 66
API 게이트웨이 및 필요성 70
    인증 72
    다양한 프로토콜 73
    로드 밸런싱 73
    디스패치 요청(서비스 디스커버리 포함) 73
    응답 변환 74
    서킷 브레이커 74
    API 게이트웨이의 장단점 75

API 게이트웨이 예제 76
    책 전반에 걸쳐 사용된 예제 애플리케이션 79
사용자 등록 마이크로서비스 개발 80
    서버 설정 80
        테이블 구조 87
요약 106

3장   마이크로서비스 엔드포인트 간의 통신   107

마이크로서비스는 어떻게 통신하는가 108
오케스트레이션과 커리어그래피의 차이 109
    오케스트레이션 109
    커리어그래피 111
동기식 통신과 비동기 통신 113
    동기식 통신 113
    비동기식 통신 118
        메시지 기반/이벤트 기반 비동기 통신 119
        REST와의 비동기 통신 구현 121
        메시지 브로커와의 비동기 통신 구현 122
    금융 서비스 132
요약 145

4장   마이크로서비스 엔드포인트 보안   147

마이크로서비스의 보안 문제 148
    기술 스택 또는 레거시 코드의 혼합 149
    인증 및 권한 부여(접근 제어) 149
    토큰 기반 보안 149
    보안 책임 149
    오케스트레이션 스타일에 대한 두려움 150
    서비스 간의 통신 150

OpenID 및 OAuth 2.0과 함께 JWT 사용 152

    OpenID 152

    OAuth 2.0 154

    JWT 156

        몇 가지 예 157

            헤더 157

            페이로드 158

    예제 애플리케이션 159

요약 175

5장   효과적인 데이터 모델 만들기   177

데이터와 모델링 178

    기존 데이터 모델과 비교 179

모놀리스 유형 아키텍처의 데이터 모델 179

SOA의 데이터 모델 181

마이크로서비스 아키텍처의 데이터 모델 182

    각 마이크로서비스에 제한된 테이블 접근 권한을 부여하는 방법 183

    마이크로서비스별 데이터베이스 183

    사가 패턴 184

    필요시 데이터 기술 혼용 186

모놀리스에서 마이크로서비스로의 데이터 모델 전환 187

    도메인 주도 설계 188

    데이터 모델 전환 방법 190

        뷰 190

        트리거를 사용한 테이블 복제 191

        이벤트 소싱 191

        예제 애플리케이션 데이터 모델 193

요약 196

6장	마이크로서비스 테스트	197
	마이크로서비스를 테스트하는 목적	198
	단위 테스트	199
	통합 테스트	203
	컴포넌트(서비스) 테스트	204
	계약 테스트	207
	Pact	208
	스프링 클라우드 계약	208
	엔드 투 엔드 테스트	210
	추가 고려 사항	211
	요약	212

7장	마이크로서비스 배포	213
	지속적 통합	214
	지속적 전달	216
	마이크로서비스를 위한 CI 및 CD 도구 설정	218
	마이크로서비스에 도커 적용하기	227
	도커	228
	도커 엔진	228
	도커 이미지	229
	도커 스토리지	229
	도커에서의 작업 방식	229
	공개, 개인, 공용 이미지 저장소	229
	도커와 VM	230
	리눅스에 도커 설치하기	231
	오픈 소스 CI 도구를 사용해 마이크로서비스에 도커 활용하기	237
	요약	240

8장   기존 시스템을 마이크로서비스로 진화시키기   241

어디서부터 시작하나 245
아키텍처 관점과 모범 사례 245
데이터베이스 관점과 모범 사례 249
예제 애플리케이션과 애플리케이션의 진화 250
사용자 관리 서비스 252
장바구니/주문 서비스 252
결제 서비스 253
배송/추적 서비스와 고객 지원 서비스 253
추천 서비스 253
스케줄러 서비스 253
요약 255

9장   모니터링과 확장   257

마이크로서비스 시스템의 모니터링 원칙 258
누가 어떻게 경고 메시지들을 봐야 하는가 259
시작부터 모니터링하고 소통하기 259
자동 확장과 자동 검색 260
프론트 도어 모니터링 260
모니터링 기능의 변화(변화하는 모습의 모니터링) 261
모니터링 시 로깅 작업의 필요성 264
마이크로서비스 시스템을 확장할 때 지켜야 하는 원칙 264
X축 265
Y축 266
Z축 268
확장 전 고려 사항 268
마이크로서비스의 모니터링과 확장에서 실무적으로 고려해야 할 옵션 271
요약 277

마이크로서비스에서 발생하는 일반적인 문제 280

　　성능 저하 280

　　다른 프로그래밍 언어로부터 만들어지는 서로 다른 로깅 위치 282

　　여러 컴포넌트 간 결합도 또는 종속성 문제 283

　　많은 서비스를 위한 매일 배포 284

　　성능 저하 혹은 문제들을 위한 대규모 서비스의 모니터링 285

　　로그와 다양한 컴포넌트 간의 관계 285

일반적인 문제의 해결 방법 286

　　성능 문제의 해결 단계 286

　　다른 위치와 다른 언어로 작성된 서비스에서 로깅 처리 288

　　서비스 간의 의존성 289

적극적인 데브옵스 적용 289

　　유용한 도구 사용 290

　　역량 있는 개발자 활용 290

　　모니터링 290

요약 291

찾아보기 293

| 들어가며 |

마이크로서비스는 기술 영역에서 이미 익숙해진 전문 용어다. 개발자나 기술을 좋아하는 사람뿐 아니라, 언론 매체도 깊이 주목하고 있다. 이 책은 개발자가 마이크로서비스를 작성하고 보안 및 배포하는 데 필요한 실용적인 안내서다. 물론 마이크로서비스는 많은 장점을 가졌지만 나름대로의 어려움도 있다. 이 책을 통해 마이크로서비스와 관련된 모범 사례를 살펴보고, 마이크로서비스 아키텍처로 인해 발생할 수 있는 복잡성 및 관련 함정을 피하는 방법도 함께 알아보자.

■ 이 책에서 다루는 내용

1장, 마이크로서비스 아키텍처 소개 마이크로서비스가 가진 기본 의미뿐만 아니라 마이크로서비스 아키텍처의 전반적인 개념을 소개한다. 이 책의 나머지 부분에서 사용할 애플리케이션 예제도 간략하게 살펴본다.

2장, 마이크로서비스 컴포넌트 정의 마이크로서비스 구성 요소를 정의하는 기본 원칙과 이런 구성 요소를 통해 마이크로서비스 아키텍처의 근간을 형성하는 방법을 설명한다. 이 지침은 스프링 부트 기반의 자바 프로젝트 구조가 마이크로서비스 구성 요소를 효과적으로 정의하는 데 어떻게 사용되는지 보여주는, 실용적인 관점에서 만들어졌다. 마이크로서비스 예제를 통해 구성 및 검색 서비스와 함께 자바 기반 마이크로서비스 구성 요소가 실용적으로 사용되는 것을 살펴본다.

3장, 마이크로서비스 엔드포인트 간의 통신 마이크로서비스 간의 효과적인 통신을 위한 원칙을 논리적으로 설명한다. 그다음 스프링 프레임워크의 자체 기능부터 메시지 브로커에

이르는 다양한 기술을 사용해 동기식 통신과 비동기식 통신을 위한 옵션을 소개한다. 또한 모범 사례를 통해 일반적인 문제를 처리하는 방법을 설명한다.

4장, 마이크로서비스 엔드포인트 보안   일반적인 보안을 설명하고 보안과 관련된 어려움을 살펴본다. 마이크로서비스 아키텍처 보안을 향상시키기 위해 JWT, OpenID 및 OAuth 2.0을 도입했다.

5장, 효과적인 데이터 모델 만들기   마이크로서비스 기반 데이터 모델과 전통적인 데이터 모델의 차이점을 살펴보고 마이크로서비스가 모델을 달리하는 이유를 설명한다. 이어서 데이터 기술을 함께 활용하는 방법과 각 마이크로서비스 구성 요소에 적합한 데이터 관리 전략을 선택하는 방법도 알아본다. 또한 예제 애플리케이션 데이터 모델을 살펴보면서 다양한 데이터 모델 선택을 설명하고, 선택 이유도 알아본다.

6장, 마이크로서비스 테스트   지속적인 변경과 자동으로 배포하는 시스템에 테스팅이 더욱 중요한 이유를 설명한다. 그런데 기존 테스트 방법과 테스트 품질 기준이 마이크로서비스 아키텍처와 완벽하게 일치할까? 아니면 전혀 다른 접근 방식을 사용해야 할까? 둘 다 필요할 것이다.

7장, 마이크로서비스 배포   마이크로서비스 아키텍처에서는 배포가 자주 필요하다는 것을 배운다. 따라서 가능한 쉽고 간편하게 배포할 수 있어야 할 뿐만 아니라, 자동화와 함께 시스템을 쉽게 확장 및 축소할 수 있어야 한다. 이는 새로운 마이크로서비스가 지속적으로 배포되고 중단될 수 있다는 의미다. 이때 도커는 마이크로서비스의 배포 프로세스를 정의하고 자동화하는 데 도움된다.

8장, 기존 시스템을 마이크로서비스로 진화시키기   마이크로서비스 아키텍처를 기반으로 시스템을 진화시키는 기본 메커니즘과 마이크로서비스가 이런 진화를 가능하게 해주는 방법을 살펴본다. 또한 자바 기반 애플리케이션을 발전시키는 방법도 설명한다.

9장, 모니터링과 확장   마이크로서비스 기반 시스템 모니터링과 확장의 핵심 개념 및 원리를 설명한다. 자바 기반 마이크로서비스를 모니터하고 확장하는 실제적인 접근법을 살펴보고, 예제를 통해 애플리케이션을 모니터링하고 확장하는 방법을 알아본다.

10장, 문제 해결 마이크로서비스 기반 아키텍처를 설계하고 구축할 때 발생하는 일반적인 문제를 검토한다. 문제를 해결하거나 완화하기 위한 일반적인 방법을 설명한다.

▌ 준비 사항

이 책의 예제를 실행할 때는 리눅스 운영체제를 사용하는 것이 좋다. 윈도우나 맥 기반 시스템에서도 실행은 가능하지만 이 책은 리눅스 기반 시스템을 염두에 두고 소프트웨어 설치 단계를 설명한다. 그 외에도 메이븐, 자바 8 및 이클립스, 인텔리제이 또는 STS와 같은 자바 기반 IDE가 있어야 한다. 데이터베이스는 MySQL 커뮤니티 버전을 사용하는 것이 좋다.

▌ 이 책의 대상 독자

마이크로서비스를 배워서 작업 현장에 구현하려는 자바 개발자를 위한 책이다. 마이크로서비스에 대한 사전 지식은 필요하지 않다.

▌ 이 책의 편집 규약

이 책에서는 독자의 이해를 돕고자 다루는 정보에 따라 글꼴 형태를 다르게 적용했다. 다음은 형식의 예시와 의미 설명이다.

문장 중에 사용된 코드, 데이터베이스 테이블 이름 등은 다음과 같이 표기한다.

"터미널에서 `mvn spring-boot:run` 명령을 실행하면 MySQL에 만들어진 데이터베이스와 테이블을 볼 수 있다."

소스 코드는 다음과 같이 표기한다.

```
@SpringBootApplication
@EnableZuulProxy
public class ApiGatewayExampleInSpring
{
    public static void main(String[] args)
    {
        SpringApplication.run(ApiGatewayExampleInSpring.class, args);
    }
}
```

명령줄 입력 또는 출력 결과는 다음과 같이 표기한다.

```
curl http://localhost:8888/userService/default
```

새로운 용어와 중요한 단어는 굵게 표기한다. 예를 들어 화면에 표시되는 단어 메뉴 또는 대화상자는 다음과 같이 표기한다.

"사용자가 프로젝트와 관련된 세부 정보를 설정하려는 경우 Switch to the full version(상세 버전으로 전환) 버튼을 클릭해 모든 구성 설정을 볼 수 있다."

 주의 사항이나 또는 중요한 내용은 이와 같이 표시한다.

 유용한 팁이나 요령은 이와 같이 표시한다.

▌독자 의견

독자 의견은 언제나 환영한다. 책에 대한 좋은 점 또는 고쳐야 할 점에 대한 솔직한 의견을 말해주길 바란다. 독자 의견은 우리에게 매우 중요하다. 앞으로 더 좋은 책을 발행하는 데 큰 도움이 되기 때문이다.

일반적인 의견을 보낼 때는 전달하고자 하는 내용에 책 제목을 이메일 제목에 적어서 feedback@packtpub.com으로 이메일을 보내면 된다.

전문 지식을 가진 주제가 있고, 책을 내거나 만드는 데 기여하고 싶다면 www.packtpub.com/authors에서 저자 가이드를 참조하길 바란다.

▌예제 코드 다운로드

한국어판의 예제 코드는 에이콘출판사의 도서정보 페이지인 http://www.acornpub.co.kr/book/practical-microservices에서 다운로드할 수 있다.

원서의 예제 코드를 보려면 http://www.packtpub.com/support를 방문해 이메일을 등록하면 파일을 직접 받을 수 있으며, 원서의 Errata도 확인할 수 있다. 또한 깃허브 페이지 https://github.com/PacktPublishing/Practical-Microservices에서도 다운로드할 수 있다.

다운로드가 완료되면 다음 도구의 최신 버전을 사용해 압축을 해제한다.

- 윈도우 WinRAR / 7-Zip
- 맥 Zipeg / iZip / UnRarX
- 리눅스 7-Zip / PeaZip

▌ 오탈자

오타 없이 정확하게 만들기 위해 모든 수단을 동원해서 책을 만들지만 실수가 있을 수 있다. 문장이나 코드에서 문제를 발견하면 알려주기 바란다. 다른 독자들의 혼란을 방지하고 차후 나올 개정판을 개선하는 데 도움이 되기 때문이다. 오류를 발견하면 http://www.packtpub.com/submit-errata에서 책 제목을 선택하고 Errata Submission Form 링크를 클릭해 자세한 내용을 입력하면 된다. 보내준 오류 내용이 확인되면 웹사이트에 그 내용이 올라가거나 해당 책의 정오표 부분에 추가될 것이다.

기존 오류 수정 내용은 https://www.packtpub.com/books/content/support 검색창에 책 제목을 입력하면 Errata 절 하단에 나타날 것이다.

한국어판은 에이콘출판사 도서정보 페이지 http://www.acornpub.co.kr/book/practical-microservices에서 찾아볼 수 있다.

▌ 저작권 침해

인터넷에서의 저작권 침해는 모든 매체에서 벌어지고 있는 심각한 문제다. 팩트출판사에서는 저작권과 라이선스 보호를 매우 심각하게 인식하고 있다. 어떤 형태로든 팩트출판사 서적의 불법 복제물을 인터넷에서 발견했다면 적절한 조취를 취할 수 있도록 해당 주소나 사이트명을 알려주길 바란다.

의심되는 불법 복제물 링크를 copyright@packtpub.com으로 보내주길 바란다. 저자를 보호하고 가치 있는 내용을 계속 만들 수 있도록 도와주는 독자 여러분의 마음에 깊은 감사의 뜻을 전한다.

▍질문

이 책과 관련해서 어떠한 종류의 질문이라도 있다면 questions@packtpub.com으로 문의하길 바란다. 최선을 다해 질문에 답할 것이다. 한국어판에 관한 질문은 에이콘출판사 편집 팀(editor@acornpub.co.kr)으로 문의해주길 바란다.

마이크로서비스 아키텍처 소개

소프트웨어 시스템의 요소, 동작, 구조, 컴포넌트 간의 관계를 규정하는 것을 시스템이라 정의한다면, 시스템에 관한 일련의 규칙 및 원칙은 소프트웨어 아키텍처라고 정의할 수 있다.

80년대 초, 대규모 소프트웨어 시스템을 만들면서, 큰 규모의 시스템을 설계할 때 직면할 수 있는 공통 문제를 해결하는 일반적인 패턴 또는 아키텍처의 필요성이 대두됐다. 이 때 소프트웨어 아키텍처라는 용어가 등장했고, 그 이후 대규모 소프트웨어 시스템 설계를 위해 다양한 유형의 아키텍처가 적용되기 시작했다. 공유가 없는 아키텍처 유형에서 부터 모놀리스 형태, 클라이언트 서버, N 티어, 서비스 지향 아키텍처[SOA, Service-Oriented Architecture] 등 다양한 아키텍처 유형이 소프트웨어 산업에 적용돼 왔다. 마이크로서비스 아키텍처도 아키텍처 유형 중 하나가 됐다.

마이크로서비스는 소프트웨어 개발자 및 아키텍처 커뮤니티 사이에서 선풍적인 인기를 얻고 있는 개념이다. 모놀리스 형태의 애플리케이션 아키텍처를 사용하는 조직에서는 긴 릴리스 주기, 지루한 디버깅 이슈, 광범위한 운영 로드맵, 확장 이슈 등에 자주 불만을 토로하고 있으며, 이런 어려움은 끝도 없이 이어지고 있다. 모놀리스 형태의 애플리케이션을 아주 잘 관리한다 해도, 이런 이슈를 처리하는 데는 엄청난 노력이 필요하다. 마이크로서비스는 이런 골치 아픈 이슈를 효과적으로 대처할 수 있는 방법을 제공하면서 빠르게 발전하기 시작했다. 마이크로서비스를 간단히 말하면, 큰 문제를 상대적으로 작게 분해해 해결하는 것이며, 이렇게 작게 나눈 각 서비스가 독립적으로 역할을 수행하게 만드는 것이다.

"한 가지만, 아주 잘 처리하자."라는 것이 마이크로서비스 아키텍처의 기본 철학이다.

마이크로서비스 아키텍처는 단일 책임 원칙^{SRP, Single Responsibility Principle}을 중시한다. 마이크로서비스 아키텍처는 비즈니스 태스크를 작은 태스크로 나누며, 각 태스크마다 마이크로서비스를 정의한다. 비즈니스 요구 사항과 태스크를 얼마나 잘 나눴는지에 따라 시스템에 두 개 혹은 100개의 마이크로서비스가 존재할 수도 있다. 모놀리스 형태의 애플리케이션을 가진 조직이 가질 수 없는 많은 이점을 마이크로서비스 아키텍처가 제공하지만 동시에 나름대로의 어려움이 있다. 다음 절에서는 마이크로서비스 아키텍처의 장단점을 설명한다.

▌ 일반적인 마이크로서비스 아키텍처

마이크로서비스 아키텍처는 기본적으로 SOA로부터 많은 영향을 받았지만, 마이크로서비스에는 아키텍처에 대해 정해진 규칙 같은 것은 없다. 이미 구축된 여러 마이크로서비스 아키텍처를 살펴보면 사람마다 마이크로서비스 아키텍처에 대한 생각이 다른 것을 알 수 있다. 이처럼 마이크로서비스에는 완벽하거나 확실한 정의는 없다. 대신, 마이크로서비스 아키텍처를 다음과 같은 몇 가지 특성이나 원칙으로 요약할 수 있다.

▌ 마이크로서비스 아키텍처의 특성

아키텍처가 다음에 나열하는 여섯 가지의 원칙 또는 특성을 가졌다면 마이크로서비스 아키텍처라고 할 수 있다.

- 시스템을 둘 이상의 실행 단위 또는 컴포넌트로 구성한다. 컴포넌트는 기능을 서비스 형태로 표출한다. 각 컴포넌트는 결합도가 낮게 분리된 채, 비즈니스 목적에 맞게 동작한다. 각 컴포넌트는 메시징 큐, HTTP 요청/응답 모델 등 미리 정의된 프로토콜을 기반으로 서로 통신한다.

- 시스템은 특정 언어에 구애받지 않는다. 컴포넌트는 자바 언어로 개발할 수도 있고, 닷넷으로 개발할 수 있다. 특정 서비스의 기술 플랫폼 선택 결정이 애플리케이션 아키텍처에 영향을 주지 않는다.

- 시스템에는 분산된 데이터베이스가 있어야 한다. 이상적으로, 각 컴포넌트 또는 마이크로서비스는 자신하고만 상호작용하는 자체 데이터베이스가 있고, 다른 컴포넌트나 서비스에서 해당 데이터베이스의 데이터를 읽거나 수정할 수 없다.

- 시스템 내의 각 컴포넌트는 응집력 있고 독립적이며 자체 배포가 가능해야 하며, 작업이나 배포할 컴포넌트 또는 자원에 의존하지 않는다. 좀 더 신속한 출시를 위해서 지속적인 통합^{CI, Continuous Integration}과 지속적인 배포^{CD, Continuous Deployment}를 수행한다.

- 자동화된 테스트가 필요하다. 속도는 마이크로서비스 아키텍처에서 가장 중요한 특징이다. 빌드, 테스트, 출시라는 주기에서 자동화된 테스트가 없다면 원하는 목표를 달성할 수 없다.

- 모든 컴포넌트나 서비스의 실패는 격리돼야 하며, 특정 서비스가 실패해도 전체 애플리케이션이 중단되는 일은 없어야 한다. 서비스 실패가 다른 컴포넌트나 서비스에 영향을 미치지 않아야 하며, 실패에 대한 롤백 메커니즘이 있어야 한다. 즉 특정 서비스가 실패하면 이전에 작업했던 버전으로 쉽게 되돌릴 수 있어야 한다.

다음은 아키텍처의 원칙을 이해하고 관련된 통찰을 얻는 데 도움이 되는 간단한 예제다.

문제 정의

등록된 사용자에게 부여된 기본 권한에 맞게, 온라인 쇼핑의 쿠폰 생성 애플리케이션을 다음과 같이 가정한다. 사용자가 플래티넘 등급인 경우 20%, 골드 등급은 15%, 실버 등급은 10%, 게스트는 5%의 할인 쿠폰을 받는다.

해결 방안

온라인 쇼핑용 쿠폰 생성 아키텍처에는 마이크로서비스에 관련된 두 가지 사항이 있다. 첫 번째는 인증에 관한 것으로, 사용자가 로그인하면 미리 제공된 인증 정보에 따라 권한 수준을 사용자에게 부여한다. 두 번째는 권한 수준에 바탕을 둔 것으로, 서비스는 사용자가 만든 장바구니에 적용될 할인율을 제공한다.

다음 그림을 보면 각기 다른 데이터베이스를 가진 두 개의 컴포넌트가 있다. 두 컴포넌트가 모두 REST 인터페이스로 서비스를 제공한다고 가정해보자. 그러면 사용자는 인증 정보를 제공하는 인증 서비스 MS1을 통해 권한 수준을 비롯한 사용자 정보를 가져오고, 두 번째 마이크로서비스를 통해 권한 수준에 따른 할인 쿠폰을 가져올 수 있다.

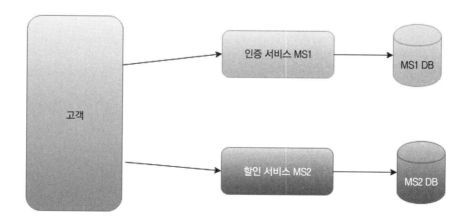

제시된 해결 방안이 마이크로서비스 아키텍처와 얼마나 일치할까

각 서비스는 한 가지 비즈니스 목적을 처리한다(규칙 1). 두 서비스는 서로 다른 플랫폼에 있을 수 있으며, 서로 다른 서비스에 영향을 주지 않는다(규칙 2). 두 서비스 모두 특정 서비스만 다루는 서로 다른 데이터베이스를 갖고 있다(규칙 3). 서비스는 서로 독립적이고, 서로 데이터베이스를 공유하지 않으며 독립적 배포가 가능하다(규칙 4).

인증 서비스 MS1이 런타임 예외 또는 메모리 누수 문제로 인해 드물지만 죽는 일이 발생한다고 가정하면, 사용자는 404 HTTP 응답(찾을 수 없음)을 받는다. 404로 인해 사용자를 데이터베이스에서 찾을 수 없는 상태가 되면, 시스템은 사용자를 게스트로 취급하고 게스트 할인 쿠폰을 요청한다. 시스템과 웹사이트는 여전히 계속 실행되고, 인증 서비스를 실패한 MS1은 다른 실행 중인 서비스를 방해하지 않는다(규칙 6).

모놀리스 애플리케이션에서 같은 문제가 발생해(메모리 누수 등) 컴포넌트뿐 아니라 전체 애플리케이션을 재부팅해야 한다면, 이는 시스템 중단으로 이어진다.

마이크로서비스 아키텍처의 성공은 얼마나 효율적으로 애플리케이션을 더 작은 컴포넌트로 나누는가에 달렸다. 문제 영역을 더 잘 분류할 수 있다면 아키텍처를 더욱 개선시킬 수 있다. 전형적인 마이크로서비스 아키텍처는 다음 그림과 같다.

일반적으로 각 팀은 하나의 마이크로서비스를 담당한다. 팀 규모는 마이크로서비스의 크기와 복잡성에 따라 한 명에서 여러 명까지 다양할 수 있다. 각 마이크로서비스에는 자체 릴리스 계획이 있다. 각 마이크로서비스 배치는 다른 마이크로서비스 배치에 영향을 주지 않는다. 예를 들어, 특정 시간에 다섯 개의 마이크로서비스가 테스트 및 품질 관리 중에 있고, 그 중 두 개만이 QA 단계를 통과했다고 가정하면, 다른 서비스와는 상관없이 통과된 두 개의 서비스만 프로덕션[1] 영역으로 배포될 수 있다.

---

1 프로덕션(Production)이라는 말에는 생산, 제품, 제작이라는 의미도 있지만, 소프트웨어 생명주기 관점에서 실제 운영되는 환경을 의미할 때는 프로덕션이라고 번역한다. 즉 개발 환경, 테스트 환경, 스테이징 환경, 프로덕션 환경으로 이어진다. – 옮긴이

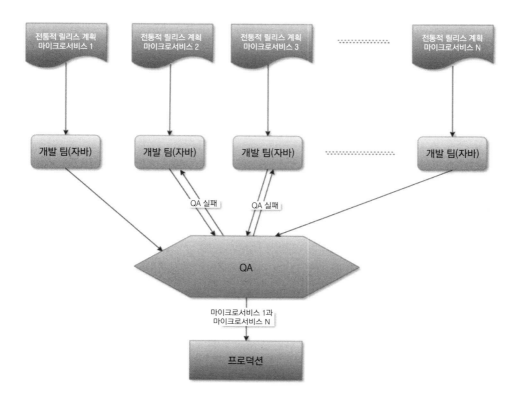

▌ 성공적인 마이크로서비스 아키텍처에 대한 어려움

마이크로서비스 아키텍처가 기존의 모든 아키텍처 문제를 해결하는 만병통치약은 아니다. 마이크로서비스가 기존에 있던 많은 문제의 해결책을 제시하지만 다른 문제도 함께 존재한다. 데이터베이스의 분해, API 간 통신, 가중된 데브옵스 작업, 새로운 방식에 적응해야 하는 팀은 마이크로서비스로 전환하는 동안 대책이 필요한 초기 요인 중 일부다. 마이크로서비스의 성공적인 구현까지 가기 위해, 조직이 당면하게 될 어려움에는 다음과 같은 사항이 있다.

로깅을 통한 디버깅

개발자에게는 마이크로서비스 아키텍처에서의 디버깅이 어렵다. 애플리케이션에 대한 단일 요청이 여러 마이크로서비스 호출을 발생시킬 수 있다. 각 마이크로서비스는 자체 로그를 생성한다. 이런 상황에서 특정 요청에 대한 잘못된 동작의 근본 원인을 찾는 것은 개발자에게 매우 어려운 일이다. 분산 로깅 환경에서 문제를 디버깅하기는 어렵다. 또한 중앙에서 여러 서비스로부터 로그를 수집하는 적절한 도구/스크립트 설정도 데브옵스 팀에게는 어려운 문제가 될 수 있다.

마이크로서비스 모니터링

모놀리스 애플리케이션은 모니터링이 비교적 쉽다. 모놀리스 애플리케이션 관점에서는 하나의 큰 서비스로 인식되기 때문에 모니터링해야 할 지점이 많지 않다. 모니터링 지점에는 데이터베이스 서비스, 디스크 공간, CPU 사용량, 타사 도구 등이 포함된다. 반면, 마이크로서비스 아키텍처에서는 모니터링 노력이 기하급수적으로 증가한다. 여러 개의 서비스에 대해 모놀리스 애플리케이션에서 일반적으로 볼 수 있는 것과 동일한 수만큼의 지점을 모니터링해야 한다. 마이크로서비스가 수백 개로 늘어날 때 경고의 빈도를 생각해보자. 나기오스Nagios[2]나 모닛Monit 같은 모니터링 및 개선 도구/스크립트는 여러 서비스에서 오는 경고를 처리하고 대응할 수 있어야 한다.

공통 라이브러리

마이크로서비스에서는 여러 서비스에서 공유하는 라이브러리 사용은 좋지 않다. 마이크로서비스 A가 사용자 객체 JSON[3]을 생성하고, 다른 마이크로서비스 B가 사용자 객

---

2 이 책에는 마이크로서비스와 제품이나 기술에 대한 이름이 많다. 웹사이트나 책과 같은 다른 레퍼런스들이 이름을 한글로 표시하지 않는 경우에는 영문을 그대로 표기했다. 익숙하지 않은 영어 이름이 나타나면 제품 또는 기술에 대한 고유명사로 생각하자. 예를 들어, 영문을 표기한 용어로는 SOA, REST, JSON, JAR 등이 있고, 한글로 표기한 용어로는 도커, 스프링, 나기오스, 라이브러리 등이 있다. – 옮긴이

3 JSON은 자바스크립트 객체 문법을 따르는 문자 기반의 데이터 포맷이다. JSON이 자바스크립트 객체 문법과 매우 유사하지만 자바스크립트가 아니더라도 JSON을 읽고 쓸 수 있는 기능이 다수의 프로그래밍 환경에서 제공된다. – 옮긴이

체 JSON을 사용한다고 가정하자. 하나의 JAR에 사용자 클래스를 정의하고 이 JAR를 두 마이크로서비스에 추가한다. 이는 두 가지 새로운 문제를 발생시킨다. 첫 번째, 공통 라이브러리를 공유하면 마이크로서비스가 동일한 언어 사용에 고착될 수밖에 없다. 두 번째, 이 방식은 서비스 간의 결합을 증가시키기 때문에 마이크로서비스 원칙에 위배된다. 해결 방법은 사용자 클래스를 두 마이크로서비스로 각각 작성하는 것이다. 다만, 이 해결 방법을 큰 시각에서 볼 때, 반복하지 말라 DRY, Don't Repeat Yourself 는 원칙에 위배될 수는 있다.

서비스 간 메시징

외부(웹 화면 또는 API 사용자)로부터의 단일 요청을 처리하는 마이크로서비스 아키텍처에서는 서로 다른 마이크로서비스 사이에 이뤄지는 내부 통신이 발생할 수 있으므로 네트워크 지연이 나타날 수 있다. 이는 전체 애플리케이션 성능을 저하시키는 요인이 된다. API 간의 적절한 통신 유형을 선택하면 해결할 수 있다. RESTful 웹 서비스 또는 비동기 메시징이 해결 방안이 될 수 있다. 애플리케이션 요구 사항에 따라 두 가지 통신 유형이 한 곳에 공존할 수 있다. 즉각 응답이 필요한 경우에는 HTTP와 마찬가지로 동기식으로 처리한다. 다음 서비스로 전달되는 중간 과정이 필요한 경우, 이를 수행하는 가장 좋은 방법은 카프카 Kafka 또는 SNS 등을 활용해서 이벤트를 큐에 게시하는 것이다.

마이크로서비스의 배포와 버전 관리

마이크로서비스는 여러 방식으로 배포할 수 있다. 마이크로서비스는 일반적으로 패커, 도커 또는 AWS Amazon Web Services 와 같은 컨테이너와 함께 배포되는데, AMI Amazon Machine Image 를 사용해 배포할 수도 있다. 그러나 AMI는 마이크로서비스를 작성하는 데 도커보다 시간이 더 오래 걸리기 때문에, 도커가 마이크로서비스를 배포하는 데 더 적절한 도구라고 말할 수 있다. 적절한 버전 관리 규칙이 없다면, 전체 아키텍처의 버전 관리가 어려워질 수 있다. 일반적인 버전 형식은 xx.xx.xx 형태다. 오른쪽 부분은 작은 버그나 패치를 위한 것이고 가운데 부분은 컴포넌트에 새로운 기능을 추가할 때마다 증가시킨다.

통신 인터페이스 모델처럼 큰 변경이 있는 경우에는 가장 왼쪽에 있는 숫자를 증가시킨다. 이후의 장들에서 좀 더 자세히 이야기한다.

▌ 마이크로서비스의 미래

장점도 있고 단점도 있지만, 마이크로서비스는 점점 더 인기를 얻고 있다. 마이크로서비스를 사용하는 사람들이 점점 더 많아지면서 새로운 문제가 등장할 수도 있고, 마이크로서비스의 구현 패턴이 만들어지거나, 마이크로서비스에 대한 새로운 요구가 나타날 수도 있다. 이런 요구, 문제점, 패턴이 마이크로서비스의 미래 방향을 제시하거나 이끌어 갈 것이다.

조직 내 마이크로서비스의 수를 늘리면 데브옵스 작업이 늘어난다. 데브옵스는 많은 배포 파이프라인, 중앙에서의 로그 처리, 서비스 및 서버 속성 모니터링, 자체 치유 스크립트 등과 같은 문제를 처리해야 한다. 데브옵스 방식을 사용하면 개발자는 비즈니스 로직 개발 외에도 많은 것을 할 수 있다. 데브옵스 적용이 증가함에 따라 마이크로서비스는 다음과 같은 두 가지 방향으로 우리를 이끌 수 있다.

- 서버리스 아키텍처
- PaaS로서의 마이크로서비스

서버리스 아키텍처

머지않아 서로 다른 클라우드 제공 업체의 서비스를 사용하는 서버리스 아키텍처를 보게될 것이다. 예를 들어 AWS에는 람다라는 놀라운 피처가 있다. 람다는 일반적으로 압축파일 형태로 된 S3 환경 안에 파일 형태로 동작한다. 특정 이벤트가 트리거될 때마다 미리 정의된 매개 변수를 기반으로 새 인스턴스가 생성된다. 이 특정 코드는 지정된 위치에 새 인스턴스로 복사되며 코드가 실행되고, 작업이 끝나면 인스턴스가 종료된다. 서비스 디스커버리 패턴과 함께, 서버리스 개념은 매우 흥미롭다. 이런 유형의 환경에서 서비스는 수요에 따라 나타나거나 사라진다. 새로 나타나는 서비스는 각각 자신을 등록하고, 없어질 때는 등록을 취소하고, 디스커버리 프로토콜을 사용해 통신할 서비스를 찾는다.

앞에서 언급한 내용이, 서버리스 아키텍처의 전체 해결 방법을 설명한 것은 아니다. 예를 들어 서비스 버전 관리, 대기 시간 처리 방법, 새로운 HTTP 요청에 대한 새로운 요청 기반 서비스의 제공 방법 등은 다루지 않았다. 또한 인스턴스와 서비스의 생성 시간 등도 매우 중요하다. 클라우드 공급자가 제공하는 람다 같은 요소가 발전함에 따라, 서버리스 컴포넌트 환경의 대세가 될 수 있다. 그에 맞춰, 개발자는 비즈니스 컴포넌트 개발에 좀 더 중점을 둘 것이고, 데브옵스 작업은 점점 더 적어질 수 있다.

PaaS로서의 마이크로서비스

PaaS Platform as a Service 로서의 마이크로서비스는 또 다른 미래 방향이다. 마이크로서비스는 PaaS로 제공된다. 패커 packer 나 도커 같은 컨테이너를 사용하면 가능한 상황이다. 이 경우 마이크로서비스는 모니터링, 로깅, 서비스 등록 메커니즘, 공통 라이브러리, 부하 균형 조정, 버전 관리 및 이와 유사한 종류의 기능 대부분을 갖고 있는 프레임워크와 함께 제공된다. 컨테이너도 유사한 방향으로 마이크로서비스를 이끌고 있다. 컨테이너도 이미 모든 모니터링, 로깅 등을 포함하고 있기 때문에 프레임워크로 볼 수도 있다. 개발자가 걱정해야 할 것들이 점점 더 줄고 있다.

컨테이너가 점점 더 성숙해지고 클라우드 컴포넌트들이 발전함에 따라, 앞에서 언급한 두 가지 방향이 결국 하나로 귀결되는 것을 보게 될 것이다.

▌ 마이크로서비스 아키텍처는 전통적인 아키텍처보다 우세한 것인가?

개발자 존의 이야기

존은 훌륭한 개발자로, 증권 거래소 소프트웨어를 다루는 회사에 입사한다. 이 회사의 소프트웨어는 사용자에게 가까운 미래에 상승할 만한 주식을 추천한다. 확률적 논리에 기반을 둔 추천이다. 존은 자기가 해야 할 일을 잘 알고 있고, 입사 첫날은 주식의 예측을 향상시킬 수 있는 확률 논리 조정을 제안했다. 이 제안은 코드 몇 줄을 바꾸는 것이었고, 존은 점심 식사 전에 모든 작업을 끝낼 수 있다고 생각했다. 문제는, 이 회사의 소프트웨어가 내부에 40개 이상의 모듈이 포함된 모놀리스 애플리케이션이라는 점이었다. 존은 코드를 변경해야 하는 모듈을 파악하고, 코드를 복제하고, 설치 프로그램을 로컬에서 실행하기 위해 하루 종일 노력했다. 하지만 서드파티 도구에 대한 종속성, 설정 불일치, 그 외 많은 문제가 있어 애플리케이션을 실행하기까지 오랜 시간이 걸릴 수밖에 없었다.

존이 모놀리스 환경에서 직면한 문제는 모놀리스의 일반적인 문제로, 다음과 같이 요약할 수 있다.

- 모놀리스는 하나의 커다란 코드 베이스를 사용한다. 내부적으로 작은 하위 모듈이 있을 수는 있지만 다른 모듈에 대한 의존성이 없다거나, 해당 모듈만 배포할 수도 없다.
- 전체 코드 베이스는 하나의 특정 언어로 작성된다. 신규 개발자나 특정 환경에 집착하는 개발자는 이와 같은 기술 환경에서 작업한다.
- 하나로 묶인 애플리케이션이므로, 트래픽이 증가하면 전체 코드의 한 모듈에만 관계된 트래픽이라도 전체 애플리케이션을 확장해야 한다. 모놀리스 애플리케이션은 전체 애플리케이션에 대한 여러 인스턴스를 실행하는 수평적인 방식으로만 확장할 수 있기 때문이다.
- 코드 베이스가 커질수록 새로운 기능을 도입할 때 버그 발생이 쉬워진다. 모듈이 서로 상호 의존적일 수 있기 때문에 모놀리스 애플리케이션의 경우 테스트 주기와 배포 주기가 늘어난다.

- 모놀리스 애플리케이션의 경우 소유권을 파악하기 어렵다. 직원들은 일반적으로 큰 프로젝트에 대한 소유권을 갖고 싶어하지 않는다.

다른 경우를 생각해보자. 애플리케이션이 마이크로서비스 아키텍처 기반일 때 존이 코드 개선을 제안했다. 존은 리포지토리를 복제한다. 일반적으로 코드 복제는 매우 빠르게(적은 코드, 적은 분기) 이뤄진다. 전체 코드가 적기 때문에 존은 어디를 변경해야 하는지 쉽게 판단할 수 있다. 로컬 환경에서 마이크로서비스를 실행하는 것은 매우 쉽다. 존은 코드를 커밋하고 검토를 요청했다. CI/CD 체계가 있기 때문에 존의 코드는 브랜치에 병합돼 데브옵스 환경에 배포된다. 존은 점심 식사 후에 프로젝트를 출시할 준비가 됐다.

가상 상황이기는 하지만 비슷한 종류의 상황이 여러 신입사원에게 발생할 수 있다. 첫날부터 코드를 작성한다면 직원의 신뢰도는 높아진다. 새로운 참여자가 처음부터 작은 코드 베이스에서 작업을 할 수 있다면, 첫날부터 생산성을 보여줄 수도 있다. 하지만 시작부터 커다란 모놀리스 코드 베이스를 이해하고 수많은 모듈의 실무 지식을 알아야 한다면, 신규 입사자에게는 간단한 개선조차 일주일도 충분하지 않은 시간이 될 것이다.

마이크로서비스 아키텍처는 조직에 많은 이점을 제공한다. 마이크로서비스 아키텍처는 전체 애플리케이션을 각각 다른 코드 리포지토리를 가진 작은 서비스로 나눈다. 코드 베이스가 작을수록 이해하기도 쉽다. 마이크로서비스는 분리된 상황에서도 작동하므로 각 마이크로서비스의 배포가 다른 마이크로서비스의 존재에 영향을 미치지 않는다. 따라서 애플리케이션이 언어에 종속적이지 않을 수 있다. 각 마이크로서비스는 다른 데이터베이스(SQL, 몽고DB, 카산드라 등)를 사용하고, 다른 언어로 만들 수도 있다. 애플리케이션은 완전히 다른 이기종 기술 스택을 수용할 수도 있다. 이와 같은 상황이라면 개발자는 마이크로서비스에 가장 적절한 언어를 자유롭게 선택할 수 있다.

▌ 마이크로서비스가 SOA로 보이지 않는다?

대답은 간단하다. 당연하지! 둘 사이에 차이가 있냐고? 당연히 있지! 마이크로서비스 아키텍처가 SOA로부터 영향을 받았기 때문에, 마이크로서비스 아키텍처가 SOA처럼 보일 수는 있지만, 마이크로서비스는 SOA보다 세련되면서도 더 체계적으로 만들 수 있다. SOA는 문제 영역을 서비스로 나누고, 일반적으로 SOAP 기반 통신을 사용하며, 서비스 버스를 통해 많은 서비스와 많은 사용자를 연결시킨다. 사용자는 ESB^{Enterprise Service Bus}를 통해 메시지를 전송하며, 어떤 서비스라도 호출할 수 있다. 마이크로서비스와 마찬가지로 SOA도, 각 서비스를 만들 때 동일한 언어를 사용할 수도 있지만, 서로 다른 언어를 사용할 수도 있다. SOA는 서비스 개발에 대해 바운디드 컨텍스트[4]를 언급하지 않는다. 바운디드 컨텍스트가 마이크로서비스에 대해서도 엄격한 규칙은 아니지만 마이크로서비스 아키텍처는 단일 책임 원칙^{SRP, Single Responsibility Principle}을 통해 서비스 개발에 대한 바운디드 컨텍스트를 이야기한다. SOA는 일반적으로 서비스끼리 데이터베이스를 공유하지만 마이크로서비스에서는 각 서비스가 자체 데이터베이스를 가지며 다른 서비스에 속한 데이터베이스를 직접 처리할 수 없다. SOA는 가능한 공유가 중요하다는 원칙을 믿기 때문에, 여러 서비스 사이에서 데이터베이스와 같은 리소스 공유를 촉진시켜, 실제로는 서비스 간의 결합을 증가시킨다. 이런 것은 마이크로서비스 아키텍처와 대비된다. 마이크로서비스는 가능한 공유를 하지 않는다. 이는 아키텍처 관점에서, 모든 서비스를 설계하는 기본 접근 방식에 대한 근본적 변화를 의미한다.

SOA의 미들웨어인 ESB는 커뮤니케이션 레이어에 존재하는 단일 장애점^{SPOF, single point of failure}[5]이다. ESB에 장애가 발생하면 서비스 작동이나 데이터 사용이 안 되고, 서로 통신도 할 수 없다. 마이크로서비스는 이를 격리 원칙의 실패로 간주한다. 일반적으로 마이크로서비스는 RESTful 기반으로 통신하기 때문에, 무거운 미들웨어 통신 채널이 필요 없다. SOA가 갖는 또 다른 문제점으로 서비스 계약이 있다. SOA에는 바운디드 컨텍스트

---

4   바운디드 컨텍스트는 도메인 주도 설계(DDD, Domain Driven Design)에서 전체 애플리케이션의 도메인 관점 경계를 말한다. – 옮긴이
5   시스템 구성 요소 중에서 장애가 발생했을 때 전체 시스템을 중단시키는 요소를 말한다. – 옮긴이

라는 개념이 없기 때문에 동일한 서비스가 다른 데이터 모델을 변경할 수 있으며, 데이터를 공유하기도 하고, 데이터 모델이 계층 또는 복합적인 데이터 유형이 될 수도 있다. 이와 같은 데이터 모델은 단일 필드의 변경조차, 모든 서비스의 인터페이스가 변경되고 전체 애플리케이션이 재배포될 수도 있다. 다음 그림은 SOA 애플리케이션의 일반적인 아키텍처를 보여준다.

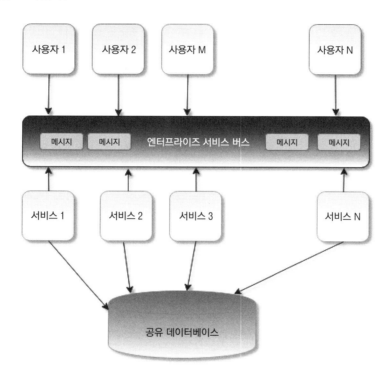

앞서 SOA에서 언급한 문제 중 일부는 아키텍처를 효율적으로 구현해 처리할 수도 있지만 모든 문제를 해결할 수 있는 것은 아니다. SOA는 매우 광범위한 용어다. 마이크로서비스를 서비스 지향 설계에 대해 더욱 정교한 규칙을 갖고 있는 SOA의 하부 집합으로 바라볼 수도 있다. 이와 관련된 유명한 말이 있다. "마이크로서비스는 더 나은 방법으로 수행한 SOA다."

모놀리스 애플리케이션에 비해 마이크로서비스 아키텍처의 주요 장점 중 하나는 프로덕션 환경에 이르는 속도에 있다. 소규모 창업뿐만 아니라 대기업에서도 마이크로서비스가 널리 보급되고 있다. 가장 큰 목표 중 하나는 제품을 시장에 내놓기까지 걸리는 시간, 즉 타임 투 마켓^{TTM, Time to Market}을 줄이는 것이다. 역동적이고 끊임없이 변화하는 시장 요구사항으로 인해 TTM은 점점 더 중요해지고 있다. 제품 요구 사항은 시장 반응에 따라 매일 바뀐다. 마이크로서비스 아키텍처는 빌드, 테스트, 배포를 빠르게 해야 하는 상황에 완벽하게 부합한다. 요즘 시장은 매우 경쟁이 치열하며, 고객 피드백을 중심으로 진화하고 있다. 시장으로부터 피드백을 얻고, 다시 빌드하고, 다시 테스트하고, 다시 배포한다. 어떤 제품의 새로운 기능을 더 짧은 시간 내에 시장에 출시하거나 시장으로부터의 피드백을 빠르게 업그레이드할 수 있다면 경쟁 업체보다 확실히 우위를 점할 수 있다. 모놀리스 환경에서 마이크로서비스처럼 빠른 속도를 얻는 것은 쉽지 않다. 작은 애플리케이션을 위해 전체 애플리케이션을 다시 출시해야 하기 때문이다.

▌ 대규모 비즈니스 도메인을 마이크로서비스 컴포넌트로 세분하기

견고한 마이크로서비스 아키텍처를 만드는 것은 비즈니스 도메인을 식별하고, 해당 도메인의 기능을 정의한 다음, 마이크로서비스를 정의하는 것으로 시작한다. 비즈니스 도메인을 나눌 때 도메인 주도 설계^{DDD, Domain-Driven Design} 방식을 사용할 수 있다. DDD는 진화시킬 수 있는 모델 기반의 구현을 통해, 복잡한 소프트웨어 개발을 효과적으로 수행하기 위한 방법론이다.

DDD라는 용어는 2004년 모델링, 바운디드 컨텍스트, 엔티티, 리포지토리, 유비쿼터스 언어와 같은 다소 진부한 키워드와 함께 소개됐다. DDD가 마이크로서비스 원칙과 완벽하게 부합하기 때문에 이 개념은 마이크로서비스 아키텍처의 인기에 편승해서 함께 인기를 얻기 시작했다. DDD가 가진 철학은 해결하고자 하는 문제 영역을 이해하고 이 영역을 중심으로 모델을 작성하는 것이다. DDD는 실제 비즈니스를 기반으로 모델을 생성한다. DDD 모델에는 도메인 개념, 도메인 기능, 바운디드 컨텍스트 정의가 포함된다. DDD의 몇 가지 기본 개념을 살펴보자.

- **유비쿼터스 언어**: 모든 이해관계자(비즈니스, 개발, 운영)가 기술이 아닌, 비즈니스에 중심을 둔 공통 언어를 공유한다는 것을 의미한다. 유비쿼터스 언어는 도메인의 바운디드 컨텍스트와 관련된다.

- **바운디드 컨텍스트**: 기본 개념은 모델의 범위와 컨텍스트가 갖는 경계를 명확하게 정의하여, 모델을 최대한 일관성 있게 만들기 위한 수단이자 모델링 단위다. 바운디드 컨텍스트 모델은 정의된 범위로 제한적이면서 일관성이 있어야 한다. 또한 각 바운디드 컨텍스트는 다른 컨텍스트와 독립적이어야 한다. DDD는 바운디드 컨텍스트를 통해 도메인 간 기능을 분리시킨다. 특정 비즈니스에는 배송, 재고, 판매, 마케팅 등과 같은 여러 도메인 기능이 포함될 수 있다. 각 도메인마다 자체의 고유 기능이 존재하며, 각 기능을 구성하는 엔티티 또는 컴포넌트는 특정 바운디드 컨텍스트에서만 의미를 갖는다. DDD는 이처럼 도메인 내에 존재하는 경계 또는 분리점 식별에 도움을 준다. DDD의 이런 특성은 마이크로서비스 원칙과 일치한다. 도메인 모델을 분석하면서, 모델을 바운디드 컨텍스트로 나누면 마이크로서비스 설계에 적절한 모델을 정의할 수 있다.

마이크로서비스는 각각을 분리시켜야 하기 때문에, 마이크로서비스가 명확한 책임이나 경계를 갖는 것이 중요하다. DDD를 활용하면 바운디드 컨텍스트를 기반으로 큰 문제 영역을 작은 문제 영역으로 분해할 수 있으며, 이로 인해 작은 서비스를 더 잘 정의할 수 있다. 전체 모델을 명확한 경계로 분리시키지 못한다면, 마이크로서비스 사이에 책임이 불명확해지고 명확한 경계가 없는 커다란 모듈이 만들어질 것이다. DDD는 바운디드 컨텍스트를 이해하고 정의하는 데 도움을 준다. DDD에 관한 좋은 책이 있는데, 반 버논 Vaughn Vernon의 『도메인 주도 설계 구현』(에이콘출판, 2016)이다. 이 책을 읽어보면 DDD를 이해하는 데 많은 도움이 될 것이다.

비즈니스 중심으로 마이크로서비스 컴포넌트 구성하기

마이크로서비스는 조직의 속도를 향상시켜, 조직이 더 빠른 방식으로 시장에 응답할 수 있게 해준다. 마이크로서비스는 생산성과 출시를 개선시키고, 프로젝트 완료 속도를 향상시킨다. 이때 아키텍처를 중심으로 조직에 팀을 효율적으로 배분하는 것은 매우 어려운 일이다. 마이크로서비스가 모든 조직에 적합한 것은 아니지만, 마이크로서비스 아키텍처를 구현하면서 조직 내부 개선을 기대해볼 수도 있다.

특정 비즈니스 목적에 맞게 독립적으로 운영할 수 있는 서비스를 비즈니스 기능이라고 정의해보자. 조직에서 비즈니스 기능을 여러 관점에서 정의해 볼 수 있다. 상위의 관리 계층에 바라보는 비즈니스 기능, 운영이나 영업 관점에서 생각하는 비즈니스 기능, 기술 영역에서 정의하는 비즈니스 기능은 서로 다를 수 있다. 따라서 다양한 관점에서 비즈니스 기능을 생각해보면서 비즈니스 경계를 나누고, 마이크로서비스를 정의할 필요가 있다.

비즈니스 기능과 마이크로서비스는 의미가 동일한 것처럼 보이지만 그렇지는 않다. 프로모션 캠페인을 운영하는 것은 마케팅 부서의 비즈니스 기능이다. 마케팅 부서의 기능을 식별한 후 이메일 발송 서비스, 프로모션 링크 생성 서비스, 데이터 수집 서비스 등의 마이크로서비스 컴포넌트를 마케팅 부서 기능에 배치시키자. 이는 다음과 같은 2단계 프로세스다.

1. 올바른 비즈니스 기능 식별
2. 기능에 마이크로서비스 컴포넌트 정의

두 단계를 거치면서 가능한 구체적으로 분석하고 정의하는 것이 아키텍처를 효율적으로 설계하는 데 도움이 된다.

또 다른 중요한 점이 있는데, 그것은 의사소통이다. 의사소통은 모든 형태의 비즈니스를 서로 조율시킬 수 있는 수단이다. 팀 간, 사용자와 피드백을 얻으려는 조직 간, 관리 관점에서의 여러 조직 간 의사소통이 있을 수 있으며, 조직의 소프트웨어 시스템 내에 존재하는 컴포넌트 간 통신이 있을 수 있다. 조직 내 의사소통과 소프트웨어 컴포넌트 간 통신이 이뤄지는 방식을 서로 연관 짓는 이론이 있는데, 이를 콘웨이의 법칙이라 부른다.

콘웨이의 법칙에 따르면 시스템을 설계하는 모든 조직은 조직의 의사소통 구조 형태로 모델을 정의한다.

믿기 어려운 말일 수도 있고, 틀린 말처럼 들릴 수도 있다. MIT나 하버드처럼 잘 알려진 일부 조직이 이 법칙을 신중하게 생각했다. 그들은 콘웨이의 법칙에 관한 연구를 수행하면서, 개발 조직의 구조와 그 조직이 개발 중인 코드를 비교했다. 그리고 콘웨이의 법칙이 믿을만하다는 사실을 발견했다! 연구를 위해 다양한 영역에서 선택한 90%의 코드는 콘웨이의 법칙을 완벽하게 따른다. 이를 이해하기 위해 모놀리스 애플리케이션 사례를 통해 콘웨이의 법칙을 살펴보자. 같은 건물에 함께 배치된 하나의 큰 개발 팀은 모놀리스 애플리케이션을 만든다. 반면에, 팀원은 함께 있지만, 각 팀은 일부 떨어져 있는 소규모 팀의 경우에 상황은 달랐다. 오픈 소스 프로젝트처럼 분산 또는 여러 모듈로 구성된 애플리케이션 아키텍처를 만들었다. 오픈 소스 프로젝트에는 분산되고 모듈화된 아키텍처가 존재하며, 이런 프로젝트에는, 많은 인원으로 구성된 하나의 큰 팀이 아닌 팀원이 한 명 뿐인 팀이 있을 정도로 작은 여러 팀들로 구성되고, 이들 팀들은 같은 위치에 있지도 않았다. 이 법칙이 마이크로서비스에 대해 말하는 것은 아니지만, 팀 구조 또는 조직 구조가 애플리케이션 설계에 어떤 영향을 미칠 수 있는지에 대해서는 이야기하고 있다.

콘웨이의 법칙에 따르면 애플리케이션 아키텍처는 조직 구조를 모방하지만 조직 구조가 애플리케이션 아키텍처에 영향을 받을 수도 있다. 팀 위치와 팀 간의 의사소통은 애플리케이션 아키텍처에 영향을 미치고, 조직 구조도 아키텍처로부터 조정될 수도 있다.

팀에 4명의 팀원이 있는 총 5개의 팀으로 구성된 조직이 있을 때, 각 팀이 처리할 수 있도록 서비스를 세분화하는 것이 쉽지 않은 상황을 생각해보자. 이 경우 두 팀을 통합하는 것이 해결책이 될 수도 있다. 즉 애플리케이션 아키텍처를 기반으로 조직 구조를 변경한 것이다.

하지만 모든 회사에는 그들만의 패러다임, 비즈니스 기능 및 목표, 역동성, 팀 구조 및 의사소통 방법이 있다. 마이크로서비스 아키텍처를 구현하면 조직의 역동성과 구조가 바뀔 수 있다. 따라서 조직은 현재의 조직 구조와 커뮤니케이션 방법을 분석해 마이크로서비스 아키텍처를 최대한 효율적으로 활용할 수 있는 방안을 고민해야 한다.

▌ 마이크로서비스를 도입해야 할까 도입하지 말아야 할까

마이크로서비스 아키텍처는, 모놀리스 아키텍처로는 어려운 흥미진진하고 매력적인 기능을 시스템에 가져다 줄 수 있다고 이야기한다. 마이크로서비스는 확장성, 고가용성, 컴포넌트 간의 낮은 결합도, 높은 응집력 같은 많은 이점을 제공하지만 마이크로서비스 아키텍처 구현에는 문제점도 존재한다. 마이크로서비스로의 전환은 쉽지 않은 결정이다. 마이크로서비스는 비교적 새로운 분야이기 때문에 대부분의 사람은 이 분야에 경험이 부족하다. 이 문제에 관심을 갖는 사람이 점점 더 많아져야 한다. 조직이 마이크로서비스 아키텍처로 전환하기 전에 고려해야 할 요소가 여러 가지 있다. 큰 진전을 하기 전에 모든 조직은 다음 요소를 먼저 고려해야 한다.

조직 도입

마이크로서비스 환경에서 일하려면 이와 관련된 교육을 받아야 한다. 기술에만 국한되지 않고, 일하는 영역과 관련된 개념 및 지식도 필요하다. 마이크로서비스 관련 사람이나 팀은 개발자에게 필요한 전반적인 철학을 받아들여야 하며, 사고 방식은 데브옵스에 대한 지식과 어울려야 한다. 개발자는 마이크로서비스 환경에서 일하며 마이크로서비스에 대한 완전한 소유권을 갖는다. 사용자 기능 개발자, 내부 관리 업무 개발자, 데브옵스 전문가 등 개발자로서 마음에 경계를 두지 않아야 한다. 팀은 모든 것을 독자적으로 할 준비가 되어 있어야 한다. 데브옵스 조직을 갖는다는 것은 좋은 일이지만, 작업 처리에 충분한 역량도 갖춰야 한다.

데브옵스 경험

조직에 성숙한 데브옵스 팀이 있고 하루에도 여러 번 출시 작업을 처리할 수 있는 절차가 있는지 확인하자. 모놀리스 서비스에서 마이크로서비스 아키텍처로 전환할 때, 각 서비스를 별도로 모니터링해야 한다. 인프라 및 데브옵스 팀이 추가적으로 고민할 부분도 있다. 빠르고 독립적으로 결과를 내보내야 하는 경우, 데브옵스 및 모니터링 시스템은 문제가 발생할 경우 효율적으로 롤백할 수 있도록 세심한 주의를 기울이고 있어야 한다.

기존 데이터베이스 모델 분석

데이터베이스의 효율적인 분할이 문제다. 때로는 데이터베이스를 나누기가 어려울 수도 있고, DB 테이블에 대한 중요한 설계 변경이 필요한 경우도 있다. 조직이 이런 문제점을 받아들이고 해결할 준비가 되어 있을까? 하나의 큰 DB를 논리적으로 또한 물리적으로 서로 다른 훨씬 작은 데이터베이스로 분해할 수 있을까? 데이터가 분산된 다른 데이터베이스에 있기 때문에 테이블에 물리적인 연결이 없을 수도 있다. 이 경우에는 기존 소스 코드에 주요 변경 사항이 발생한다.

자동화 및 CI/CD

젠킨스 또는 팀시티 같은 테스트 자동화 및 CI/CD 도구는 마이크로서비스의 전달 또는 출시에 자주 활용돼야 한다. 각 마이크로서비스에는 자체 배포 파이프라인 및 설정에 대한 관리가 필요하다. 이는 데브옵스 팀에게 오버헤드가 될 수 있다. 따라서 TDD[Test-Driven Development]는 이 관점에서 매우 중요하다. 단위 테스트 케이스와 통합 테스트 케이스는 자동화 테스팅과 지속적 전달에 맞게 준비돼야 한다.

통합

애플리케이션에서 서로 다른 장소에서 실행되는 여러 마이크로서비스로부터 원하는 결과를 얻으려면 많은 통합 작업이 필요하다. 이런 서비스 간의 통신이나 유지관리 작업과 같은 통합 작업은 마이크로서비스로 이동하면서 생겨나는 작업이다.

보안

많은 컴포넌트가 API 또는 메시징을 통해 서로 상호작용할 때 보안은 주의해야 할 중요한 부분이다. 인증 정보 기반 또는 토큰 기반 마이크로서비스는 문제를 처리하는 많은 해결 방안을 제공하지만 개발 및 인프라 팀이 관리해야 하는 부담이다.

마이크로서비스 아키텍처에 노력을 들일 준비가 된 조직이라면 보안뿐만 아니라 앞서 언급한 요소들을 고려해야 한다. 이를 성공적으로 구현한다면 어떤 조직이라도 확장성, 가용성, 배포 용이성의 개선뿐만 아니라, 다운타임을 없앨 수도 있다.

성공적인 전환 사례

넷플릭스는 2009년 전통적인 모놀리스 애플리케이션에서 마이크로서비스로 발돋움한 대형 사례 중 하나다. 넷플릭스는 전환의 각 단계에 대한 경험을 공개했다. 오늘날 넷플릭스는 약 800건 이상의 마이크로서비스를 운영하고 있으며, 매일 약 20억 건의 요청을 처리하고, 마이크로서비스에 대한 200억 건의 내부 API 호출이 발생한다.

넷플릭스가 모놀리스에서 마이크로서비스 아키텍처로 전환하기 시작했을 때만해도 '마이크로서비스'라는 용어는 없었다. 초기의 넷플릭스는 큰 모놀리스 애플리케이션을 사용했다. 고객과 직접적인 연관이 없는 애플리케이션인, 영상 인코딩 관련 코드부터 작고 새로운 마이크로서비스로 옮기기 시작했다. 이는 마이크로서비스 아키텍처로 전환하는 최상의 접근 방식으로, 고객과의 접점이 없는 컴포넌트부터 시작해서 모놀리스 아키텍처를 마이크로서비스 아키텍처로 전환시켜야 한다. 이런 유형의 컴포넌트는 전환에 실패해도 트래픽이나 고객에게 미치는 영향이 적다. 넷플릭스는 초기의 성공적인 작업 후에, 고객과 연관된 컴포넌트도 마이크로서비스로 이동하기 시작했다. 2011년 말이 되자 수많은 마이크로서비스가 실행되는 AWS 클라우드로의 전환을 완성시킬 수 있었다. 넷플릭스는 단일 구조에서 마이크로서비스 아키텍처로 성공적으로 이전하는 데 도움되는 도구를 오픈 소스 기반으로 작업했다. 이 도구는 http://netflix.github.io/에서 액세스할 수 있다.

▌ 예제 프로젝트(신용 리스크 엔진)

이 책은 여러 장을 통해 신용 리스크 엔진을 점차 발전시킨다. 리스크 분석 알고리즘을 작성하는 데 필요한 여러 복잡한 설명은 없다. 대신, 리스크 분석을 받아들이거나 거절하는 데는 간단한 규칙 두세 가지로 제한을 둘 것이다. 여기에서 주목해야 할 부분은 리스크 분석이 수행되는 방식이 아닌, 마이크로서비스를 설계, 보안, 통신하는 방식과 같은 요소다.

프로젝트를 수행하는 동안 개발 환경에는 스프링 부트를 포함시키고, 마이크로서비스는 도커와 함께 배포할 것이다.

▌ 스프링

스프링은 뛰어난 프레임워크다. 과거에 스프링을 써봤거나 현재 스프링을 사용하는 자바 개발자들은 그 이점을 이미 알고 있다. 자바 개발자이면서도 아직 스프링을 사용하지 않는다면 사용을 심각하게 고려해보기 바란다. 스프링은 기본적으로 의존성 주입 원칙을 가진 POJO[6] 객체가 동작하는 경량 프레임워크다. 스프링에서 새로운 빈 또는 객체를 생

---

6   POJO(Plain Old Java Object)를 말그대로 해석하면 오래된 방식의 간단한 자바 오브젝트라는 말로, 자바 EE 등의 프레임워크를 사용하면서 이들 프레임워크에 종속된 '무거운 객체'를 만들게 된 것에 반발해서 사용하기 시작한 용어다. - 옮긴이

성하는 책임은 프레임워크 자체의 역할이다. 이런 유형의 객체 생명주기는 프레임워크에 의해 유지관리되며, 모듈 기반의 프로그래밍이 권장된다. AOP[7] 및 트랜잭션 관리는 스프링 프로젝트의 필수 요소 중 일부분으로, 스프링에서 쉽게 사용할 수 있도록 코드 및 환경을 제공한다.

아키텍처를 잘 구성한 스프링에는 핵심 컨테이너와 다양한 상황을 지원하는 많은 프로젝트가 있다. 스프링 핵심 컨테이너에는 다음 모듈이 포함된다.

- 스프링 코드 모듈
- 스프링 빈 모듈
- 스프링 컨텍스트
- 스프링 표현 언어 SpEL, Spring Expression Language

위의 핵심 모듈뿐만 아니라, 스프링에는 강력한 자바 기반의 애플리케이션을 만드는 많은 모듈이 있다. 예를 들면, 데이터베이스 액세스, 트랜잭션 관리, 보안, 스프링 통합, 배치 처리, 메시징, 소셜 플러그인, 스프링 클라우드 등 코드를 훨씬 간단하고 효율적으로 만드는 모듈이 있다. 스프링의 이점은 논의할 내용이 많을 뿐만 아니라, 이 책의 범위를 벗어난다. 간단히 말해 스프링의 모듈 방식은 자바 기반 개발자가 더욱 깨끗하고 효율적인 코드를 작성하는 데 도움을 준다. 그러나 설정 측면에서 볼 때 스프링에는 작은 위험 요인도 있다. 스프링에서 작성된 애플리케이션은 스프링의 4개 이상의 모듈(핵심 컨테이너, 스프링 MVC, 트랜잭션 관리, 데이터베이스 액세스)을 사용한다. 프로젝트가 커짐에 따라 이런 모듈 사용이 증가할 수 있으며, 모듈의 서로 다른 버전 간 설정 및 호환이 점점 더 번거로워질 수 있다. 다행히 개발자의 편리함을 위해 스프링 부트가 등장했다.

---

7 관점 지향 프로그래밍(AOP, Aspect-Oriented Programming)은 횡단 관심사(cross-cutting concern), 즉 컴포넌트의 공통적인 관심사의 분리를 허용함으로써 모듈성을 증가시키는 것이 목적인 프로그래밍 패러다임이다. – 옮긴이

▌ 스프링 부트

스프링 부트는 지루한 설정 작업을 피하면서 부트스트랩과 함께 개발을 좀 더 편리하게 만들어준다. 스프링 부트는 별도의 프레임워크가 아니며, 개발 노력을 줄여주기 위해 스프링 프레임워크에 추가된 도구다. 스프링 부트는 XML 설정이나 애노테이션을 포함한 많은 노력을 줄여주고, 다른 스프링 모듈을 쉽게 통합할 수 있게 해준다. 또한 웹 애플리케이션에는 HTTP 웹 서버가 내장돼 있고, CLI도 있다. 스프링 부트는 메이븐이나 그래이들 같은 여러 빌드 도구와 완벽하게 어울린다.

스프링 부트로 쉽게 할 수 있다!

스프링 부트에서 개발된 예제 애플리케이션은 앞에서 이야기했던 내용을 보여줄 것이다. 여기에서는 사용자가 URL로 보낸 이름을 사용해 사용자에게 환영 메시지를 보내는, 한 개의 컨트롤러 클래스가 있는 매우 작은 애플리케이션을 개발할 것이다.

예제 프로젝트에 필요한 환경에는 다음이 포함된다.

- 자바 1.8
- STS Spring Tools Suite
- 메이븐

FirstBoot라는 이름으로 STS에서 새 메이븐 프로젝트를 만들고, 다음 코드와 같이 프로젝트의 pom.xml 파일을 수정한다.

```xml
<?xml version="1.0" encoding="UTF-8"?>
<project xmlns="http://maven.apache.org/POM/4.0.0"
xmlns:xsi="http://www.w3.org/2001/XMLSchema-instance"
xsi:schemaLocation="http://maven.apache.org/POM/4.0.0
http://maven.apache.org/xsd/maven-4.0.0.xsd">

<modelVersion>4.0.0</modelVersion>
```

```
<groupId>com.sample</groupId>
<artifactId>firstboot</artifactId>
<version>0.0.1-SNAPSHOT</version>

<parent>
<groupId>org.springframework.boot</groupId>

  <artifactId>spring-boot-starterparent</
artifactId><version>1.2.0.RELEASE</version>
</parent>
<dependencies>

  <dependency>
  <groupId>org.springframework.boot</groupId>
<artifactId>spring-boot-starter-web</artifactId>

  </dependency>
</dependencies>
<!-- more dependency if required , like json converter -->
</project>
```

spring-boot-startter-web 의존성은 톰캣 웹 서버를 포함한 많은 요소를 가져온다.

/src/main/java/com/sample/firstboot/controller 폴더에 SampleController.java 파일을 만든다. 이것은 톰캣에 오는 HTTP 요청을 처리하는 애플리케이션의 컨트롤러 클래스다. 이 파일의 내용은 다음과 같다.

```
package com.sample.firstboot.controller;

import org.springframework.boot.*;
import org.springframework.boot.autoconfigure.*;
import org.springframework.stereotype.*;
import org.springframework.web.bind.annotation.*;

@RestController
public class SampleController {
```

```
@RequestMapping("/greeting/{userName}")
String home(@PathVariable("userName") String userName) {
return "Welcome, "+userName +"!";
   }
}
```

이 간단한 컨트롤러 클래스가 가진 의미는 다음과 같다. @RequestMapping 애노테이션은
이 메소드가 처리해야 하는 URL을 지정하기 위한 것으로, /greeting/{userName}URL,
then}을 처리한다. 그런 다음 Welcome이라는 환영의 말과 함께 userName에 있는 문자열
을 반환한다. 기본적으로 URL에 데이터를 붙여서 보내는 HTTP GET 메소드 방식을 사용
한다. 여기에서 본 것은 아주 작고 간단한 컨트롤러 클래스다.

다음 단계에서는 SampleApplication.java라는 이름의 새 파일을 다음과 같은 내용으로
작성한다.

```
packagecom.sample.firstboot.controller;

importorg.springframework.boot.SpringApplication;
importorg.springframework.boot.autoconfigure.SpringBootApplication;
importorg.springframework.context.ApplicationContext;

@SpringBootApplication
public class SampleApplication {

public static void main(String[] args) {
ApplicationContext ctx = SpringApplication.run(SampleApplication.class, args);
System.out.println("Application Ready to Start. Hit the browser.");

   }

}
```

@SpringBootApplication 애노테이션은 스프링 프레임워크에 필요한 여러 개의 애노테이션을 한 번에 대신해준다. 즉 @Configuration, @EnableAutoConfiguration, @ComponentScan 애노테이션의 사용을 없애준다.

이제 코드를 실행하기 위해 콘솔을 열고 애플리케이션 경로로 이동한 다음 mvn spring -boot:run 명령을 입력하자.

이 명령은 @SpringBootApplication 애노테이션이 있는 파일을 검색하고 애플리케이션을 실행한다. 이 명령을 성공적으로 실행하면 다음 내용이 나타난다.

```
Started SampleApplication in 2.174 seconds
Application Ready to Start. Hit the browser.
```

이제 애플리케이션을 테스트할 준비가 됐다. 브라우저를 열고 http://localhost:8080/greeting/john을 입력해 예제 애플리케이션을 테스트하자. 다음과 비슷한 결과가 화면에 나타난다.

localhost 주소는 사용자 컴퓨터를 가리키며, 8080은 스프링 부트에서 톰캣이 기본적으로 시작하는 포트다. /greeting/john은 컨트롤러 클래스에서 언급한 URL의 일부다. 이름은 John 대신에 다른 것이 될 수 있다.

이처럼 스프링 부트로 애플리케이션을 작성하기는 아주 쉽다. 개발자가 설정이나 종속성을 걱정하지 않아도 괜찮다. 개발자는 비즈니스 로직 개발에 집중할 수 있으며 생산성을 높일 수 있다.

▌요약

1장에서는 마이크로서비스와 마이크로서비스 아키텍처에 대해 학습하면서, 마이크로서비스 아키텍처를 사용할 때의 장점과 단점을 함께 살펴봤다. 2장에서는 예제 프로젝트로 마이크로서비스 아키텍처를 활용한 리스크 평가 시스템을 정의할 것이다. 이 시스템은 책의 각 장마다 계속 진화되어 갈 것이다. 리스크를 계산하는 프로젝트는 개발과 배포를 위해 1장에서 간단히 소개한 스프링 부트와 도커를 사용한다. 2장에서는 마이크로서비스의 정의와 서비스 디스커버리를 설명한다. 또한 스프링 부트를 사용해 사용자 등록에 관한 첫 마이크로서비스를 정의한다.

02

마이크로서비스 컴포넌트 정의

1장에서 마이크로서비스 아키텍처를 배우면서, 마이크로서비스를 사용하는 다양한 관점을 이해했다. 이미 언급했듯이, 마이크로서비스가 모든 문제를 해결할 수 있는 만병통치약은 아니며, 모든 조직에 바로 구현할 수도 없다. 조직은 마이크로서비스 아키텍처를 사용하기로 결정하기 전에 많은 것을 알아볼 필요가 있다. 마이크로서비스 아키텍처를 충분히 학습한 후 이를 도입하기로 결론을 내렸다면, 다음 문제를 떠올릴 수밖에 없다. 마이크로서비스를 어떻게 정의하지?

▌ 마이크로서비스의 정의

누구나 받아들일 수 있는 마이크로서비스 정의는 없지만 위키피디아에서는 마이크로서비스를 다음과 같이 정의한다.

> 마이크로서비스는 분산 소프트웨어 시스템을 구축하는 데 사용되는 SOA를 더욱 구체적이고 현실에 맞게 해석한다. SOA와 마찬가지로 마이크로서비스 아키텍처(MSA)에서 언급하는 서비스도 목표를 달성하기 위해 네트워크를 통해 서로 통신하는 프로세스다.

마이크로서비스를 정의하는 방법에 대한 명확한 설명은 없으며, 많은 사람이 서로 다른 견해를 표명하고 있다. 그 중 대부분은 다음과 같은 특성을 정의에 준하는 개념으로 생각한다. 주요 특성은 단일 책임, 느슨한 결합, 높은 결합력, 비즈니스 목적 제공, 경량 통신 및 10~100의 적은 LOC[Line of Code][1]다. LOC 규칙을 정량화하기는 어려우며 모든 언어는 구문이나 라이브러리가 다르기 때문에 LOC가 다양할 수 있다.

아마존은 두 피자 팀[two-pizza team]이라는 유명한 용어를 만들었다. 이 용어에 따르면 마이크로서비스는 최대 두 판의 피자를 먹을 수 있는 팀, 즉 최대 12명까지로 팀을 구성한다. 팀 안에는 테스터와 개발자가 포함되며 애자일 방법을 적용하고 있다면 제품 책임자를 포함시켜야 한다. 마이크로서비스를 정의할 때 관련된 특성의 변경은 반드시 함께 수행해야 한다. 마이크로서비스는 소프트웨어 애플리케이션으로 정의할 수도 있다. 이 소프트웨어 애플리케이션은 독립적으로 배포할 수 있는 작은 서비스로, 비즈니스 목표를 달성하기 위해, 잘 정의되고 가벼운 메커니즘을 통해 통신한다.

사람은 얼마나 작은가 또는 큰가에 관심이 많다. 마이크로서비스 구현에 대해 다양한 생각을 가진 사람이 점점 많아지면서, 마이크로서비스 디자인 패턴이 형성됐다. 간단히 표현하면 단일 비즈니스 목표를 제공하며, 잘못될 경우 이를 전파하지 않고, 독립적으로 배포 가능한 모듈이라고 정의할 수 있다.

---

[1] 주석과 공백을 제외한 전체 소스 코드의 라인 수를 의미한다. – 옮긴이

다음 절에서는 서비스 디스커버리 및 API 게이트웨이라는 두 가지 중요한 측면에 대해 설명한다. 이 두 가지는 앞에서 설명한 마이크로서비스를 정의하는 데 중요한 역할을 한다.

▌ 서비스 디스커버리와 역할

마이크로서비스는 서로 통신해야 하며, 이를 위해 각 서비스는 서로의 위치를 알 수 있어야 한다. 위치를 찾는 방법 중 하나로 IP와 URL 경로를 마이크로서비스 안에 포함시킬수 있다. 다만, 이 경우에 마이크로서비스의 IP가 변경되면 문제가 발생할 수 있다. IP나서비스가 변경되면 이를 사용하는 마이크로서비스의 코드를 변경하고, 마이크로서비스를 다시 배포해야 한다. 이에 대한 해결책으로 IP 주소를 코드에서 추출해 외부 설정에배치할 수 있는데, 이처럼 마이크로서비스를 외부에 알리는 내용은 다음 절에서 더 자세히 이야기하겠다. 일반적으로 서비스가 많지 않다면 문제점을 어렵지 않게 해결할 수 있다. 하지만 시스템이 진화하기 시작하면 마이크로서비스의 수가 증가하고, 환경은 점점더 복잡하면서도 역동적으로 변한다. 마이크로서비스는 서비스 사용 규모에 따라 바로IP를 할당해 이동시킬 수 있기 때문이다. 이렇게 하면 특정 서비스 또는 서버를 찾는 일은 점점 더 어려워진다. 또한 증가하는 마이크로서비스를 모니터링하려면 또 다른 어려움에 직면하게 된다. 이 상황에서 어떤 특정 서비스의 위치를 식별하는 것은 책을 보관하고 찾는 것처럼 쉬운 일이 아니다. 여기서 시스템 내에 존재하는 특정 마이크로서비스를찾을 수 있는 메커니즘의 필요성이 제기된다. 이 메커니즘을 통해 개발자는 어떤 순서로든 서비스를 시작하거나 중지하고 서비스를 쉽게 재구성할 수도 있어야 한다. 이를 위해,메커니즘은 시스템에 동적으로 나타났다가 사라지는 마이크로서비스에 대한 정보를 제공할 수 있어야 한다. 이와 같은 서비스의 위치 문제를 해결할 수 있는 방법이 몇 가지 있다. 하지만 각 조직의 마이크로서비스 아키텍처에 가장 적합한 방법을 찾기 위해서는 충분한 연구가 필요하다.

DNS

바로 떠올릴 수 있는 첫 번째 해결책은 DNS다. DNS는 이름을 IP 주소와 매칭시켜준다. 여러 주소를 특정 서비스에 매칭시킬 수도 있다. 하지만 새로운 서비스가 시작되면 어떻게 될까? 먼저, DNS에 항목을 추가해야 한다. 또한 서비스의 IP 주소를 변경하는 경우, DNS에 입력된 변경 사항이 즉시 반영되지는 않는다. TTL$^{\text{Time to live}}$[2]이 모든 곳에 반영될 때까지 기다려야 한다. DNS는 간단하고 쉽게 사용할 수 있다는 장점이 있지만 동적인 마이크로서비스 환경에는 유연성이 없다. 입력 트래픽이 많은 회사는 여러 개의 서비스 복사본을 수행시키는 것이 일반적이다. 이런 환경에서 어떤 서비스가 동적 확장을 수행하는 다른 서비스의 특정 인스턴스와 상호작용하기를 원한다면 DNS는 별로 도움이 되지 못한다. 인스턴스가 자기 의도대로 나타났다가 사라지는 상황에서, DNS를 통해 정보를 유지하는 방식으로는 정보를 즉각적으로 반영시킬 수 없기 때문이다.

디스커버리 서비스의 필요성

동적인 환경에서 DNS 성능의 부적절함을 보고 나면, 특별한 목적에 부합하는 다음과 같은 기능을 제공하는 서비스의 필요성을 느낄 수 있다.

- 서비스 사용을 등록 또는 취소할 수 있어야 한다.
- 서비스 변경 내용을 다른 서비스에 알릴 수 있어야 한다.
- 서비스는 특정 서비스의 인스턴스를 찾을 수 있어야 한다.

서비스는 디스커버리 서비스로 제공된다. 디스커버리 서비스는 시스템에서 가용한 서비스 인스턴스에 대한 데이터베이스다. 생성되고 사라지는 각 마이크로서비스는 디스커버리 서비스를 통해 등록하거나 삭제해야 한다. 모든 마이크로서비스는 이를 통해 메타 정보를 얻을 수 있으며, 메타 정보에는 호스트, 포트, 서비스 제안, 그 밖의 마이크로서비스

---

2   TTL은 컴퓨터나 네트워크에서 데이터의 유효기간을 나타내는 방법이다. TTL은 계수기나 타임스탬프의 형태로 데이터에 포함되며, 정해진 유효기간이 지나면 데이터는 폐기된다. 여기서의 TTL은 사용자의 DNS 레코드 정보를 서버가 캐시하는 시간을 말한다. – 옮긴이

인스턴스의 세부 정보 등이 포함된다.

디스커버리 서비스는 동적으로 업데이트되며, 모든 서비스가 디스커버리 서비스에 등록되므로 특정 서비스 인스턴스를 요청한 호출 서비스에게 원하는 결과를 제공해줄 수 있다. 요청된 서비스 인스턴스는 동일한 시스템, 동일한 VPC, 다른 VPC 또는 다른 지역에서 실행될 수 있으며, 호출 서비스는 이를 인식할 필요가 없다. 가용성 외에, 각 마이크로서비스는 서비스 이름이나 서비스 상태 변경, 마스터인지 슬레이브인지, 그 외의 메타데이터 변경 사항 등을 디스커버리 서비스에 알려야 한다. 시장에는, 고객 플랫폼 안에서 디스커버리 서비스로 활용되면서, 환경 내의 모든 서비스를 추적 관리해주는 솔루션이 있다. 그 중 일부의 디스커버리 서비스 솔루션은 다음과 같다.

- CoreOS의 Etcd
- 넷플릭스의 유레카[Eureka]
- 해시코프[HashiCorp]의 콘솔[Consul]
- 아파치의 주키퍼[ZooKeeper]
- SkyDNS
- 에어비앤비[Airbnb]의 스마트스택[SmartStack]

여기에 나열된 순서에 특별한 의미가 있는 것은 아니지만 콘솔, 주키퍼, 유레카를 검토해보기 바란다. 스프링은 세 솔루션 모두를 잘 지원하기 때문에 스프링에 익숙한 개발자라면 즉시 사용할 수 있다.

서비스 등록과 취소

디스커버리 서비스 패턴을 성공적으로 만들려면 디스커버리 검색 서비스의 데이터를 최신 상태로 유지하는 것이 가장 중요한 요소다. 새로 정의된 서비스, 유지보수를 위해 빼거나 삭제시킨 서비스들은 모두 사용자에게 이벤트로 상황을 알려줘야 한다. 우선, 두 가지 유형의 등록 메커니즘을 살펴보자.

- 자체 등록
- 서드파티 등록

자체 등록의 경우, 시스템에 등록되는 각 마이크로서비스는 스스로를 디스커버리 서비스에 등록시켜야 한다. 서비스가 없어질 때도 마찬가지로 디스커버리 서비스에 통지해야한다. 이렇게 디스커버리 서비스와의 상호작용을 통해 서비스를 사용할 수 있는지 없는지를 명시할 수 있다. 자가 등록이 단순하고 깨끗한 해결책처럼 보이지만, 단일 책임 원리와는 모순된다. 마이크로서비스는 디스커버리 서비스와 관련된 이벤트를 알리는 책임을 하나 더 갖는 것이다.

다음 그림은 자체 등록 방법을 설명한다. 여기서 서비스 B는 서비스 A 인스턴스를 찾기위해 디스커버리 서비스에 요청을 보낸다. 서비스 A가 생성되면 자체 등록을 한다. 이후, A가 가용한 상태인 경우, 서비스 A의 상태 및 메타데이터를 서비스 B와 공유한다.

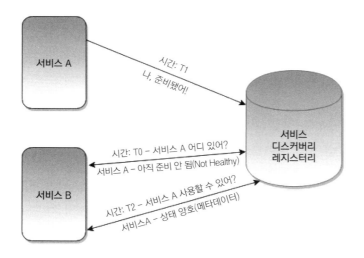

서드파티 등록에서는 디스커버리 서비스와는 별도의 프로세스가 실행 중인 모든 마이크로서비스를 주시한다. 새로운 프로세스는 폴링, 하트비트 또는 마이크로서비스 URL 점검과 같은, 마이크로서비스의 상태를 확인하기 위한 메커니즘을 사용하면서, 내부 정보

를 업데이트한다. 이와 함께, 마이크로서비스의 실패를 감지할 수 있는 메커니즘도 필요하다.

디스커버리 서비스

서비스 디스커버리 등록 이외에도, 이 서비스는 시스템의 다른 서비스에 대한 메타데이터를 제공할 목적을 갖는다. 어떤 서비스가 다른 서비스와 통신하기를 원하는 경우, 디스커버리 서비스를 통해 원하는 서비스를 찾을 수 있어야 한다. 다음은 다른 서비스의 위치를 요청하는 서비스와 그에 응답하는 디스커버리 서비스 간의 두 가지 통신 패턴이다.

- 클라이언트측 디스커버리
- 서버측 디스커버리

클라이언트측 디스커버리 패턴에서는 각 마이크로서비스가 디스커버리 서비스와 직접 통신한다. 이 패턴에서 서비스는 필요한 서비스를 요청하기 전에 디스커버리 서비스에서 다른 모든 서비스 및 해당 인스턴스의 네트워크 위치를 가져온다. 위치를 얻은 후, 로드 밸런싱 알고리즘을 구현해 필요한 서비스의 적절한 인스턴스를 선택하는 방법을 택한다. 넷플릭스의 유레카는 이 패턴을 사용하는 좋은 예다. 이후 내용에는 스프링에 유레카를 적용한 코드 예제가 있다. 리본^{Ribbon}은 유레카와 함께 작동하는 도구로, 서비스가 로드 밸런싱을 통해 인스턴스를 효율적으로 선택할 수 있도록 도와준다.

클라이언트측 디스커버리 패턴은 사용할 수 있는 도구가 많고, 간단하고, 구현하기도 쉽다. 자체 등록과 마찬가지로 마이크로서비스의 기본 단일 책임 규칙을 위반한다. 각 서비스는 네트워크에서 일부 알고리즘을 사용해 다른 마이크로서비스의 위치를 찾을 책임이 있으며, 트래픽 부하의 균형을 맞추기 위해 특정 서비스 인스턴스 요청을 조정한다. 조직에서는 사용 편이를 위해 이 패턴을 사용한다.

서버측 디스커버리 패턴에서 서비스는 로드 밸런서 또는 게이트웨이와 같은 미들웨어 요소에 필요한 서비스를 요청한다. 게이트웨이는 디스커버리 서비스와 통신해 요청된 서비스를 찾고, 논리에 부합하는 정확한 인스턴스를 찾는다. API 게이트웨이는 트래픽 부하를 관리하면서, 특정 서비스에 대한 최상의 인스턴스를 선택한다. 이 경우 마이크로서비스는 비즈니스 로직 자체에 집중할 수 있기 때문에, 마이크로서비스에 대한 단일 책임 원칙에 부합된다. API 게이트웨이 패턴은 다음 절에서 설명한다.

어떤 패턴을 선택하든 서비스는 서비스와 함께 제공되는 정보를 활용하면 더욱 유용해진다. 예를 들면, 활성화 상태인지 비활성화 상태인지에 따라 디스커버리 서비스는 어떤 인스턴스가 핵심이고 어떤 인스턴스가 보조인지에 대한 정보를 제공할 수 있다. 또한 읽기나 쓰기처럼 작업 유형을 안다면 요청하는 서비스가 달라질 수 있고, 디스커버리 서비스는 상황에 더 적절한 서비스를 선택해낼 수도 있다.

디스커버리 서비스는 실행 중인 서비스의 버전 정보를 제공할 수도 있다. 서비스 X가 두 개의 서로 다른 버전을 실행 중인 상황에서 서비스 Y가 서비스 X를 호출하려는 경우, 디스커버리 서비스는 실행 중인 버전과 게이트웨이의 정보를 서비스 Y에게 제공해 서비스 Y가 최적의 X 버전을 선택하게 할 수 있다. 또는 서비스 Y가 필요한 버전의 X에 대한 정보를 디스커버리 서비스에게 보내고, 디스커버리 서비스가 서비스 Y에게 필요한 버전을 반환할 수도 있다. 이런 기능은 동일한 환경에서 여러 버전의 서비스를 동시에 실행하는 경우에 도움된다.

디스커버리 서비스는 호출에 대한 네트워크 대기 시간을 줄이는 데 도움을 줄 수도 있다. 서비스 Y가 서비스 X의 위치를 찾을 때, 디스커버리 서비스는 서비스 Y에 가까이 위치한 인스턴스 위치를 제공할 수 있다. 필요한 서비스 버전 X는 동일한 랙, VPC^Virtual Private Cloud[3], 존, 또는 리전에 존재할 수도 있다. 따라서 디스커버리 서비스는 통신 관점에서 최상의 서비스 인스턴스를 찾아 줄 수 있으며, 이는 네트워크 지연 시간을 줄이는 데 도움이 된다.

---

3 VPC 서비스는 AWS 사용자가 직접 가상 네트워크 환경을 구성하는 서비스다. 이 서비스를 이용하면 퍼블릭 네트워크 환경과 프라이빗 네트워크 환경을 사용자가 원하는 대로 디자인하고 구축할 수 있다. – 옮긴이

디스커버리 서비스는 요청한 서비스에 대해 적절한 인스턴스를 찾는 책임을 맡았고, 요청하는 서비스에 물리적으로 가까운 위치의 서비스를 알려줄 수 있다. 또한 로드 밸런싱을 통해 가장 부하가 적은 서비스를 먼저 선택한다. 따라서 디스커버리 서비스는 장애 요소를 최소화하면서 동적 환경에서 더 많은 유연성을 제공한다. 다음 절에서 디스커버리 서비스의 작동 방법에 대한 아주 작은 예를 살펴보자.

서비스 디스커버리 패턴의 예

서비스 디스커버리 패턴을 구현하는 방법은 많다. 이 중 일부는 앞에서 언급한 넷플릭스의 유레카를 사용한다. 스프링에는 넷플릭스 유레카(1.4.0 이상)를 지원하는 기능이 있다. 몇 가지 애노테이션을 사용해 레지스트리 서비스 및 클라이언트를 매우 쉽게 만들 수 있다. 이 예제에서는 레지스트리 서비스와 클라이언트를 각각 하나씩 만들고, 이들이 생성되면서 스스로를 등록시키도록 할 것이다. 먼저 스프링의 initializer 또는 메이븐의 archetype을 통해 유레카 서버에 대한 예제 코드를 생성한다. 이 서비스의 경우 springcloud-starter-eureka-server를 정의하기 위한 몇 가지 의존성이 필요하다. 유레카의 Pom 의존성은 다음과 같다.

```
<dependency>
  <groupId>org.springframework.cloud</groupId>
  <artifactId>spring-cloud-starter-eureka</artifactId>
</dependency>
```

스프링은 주키퍼와 콘솔을 위한 것도 제공한다. 즉 spring-cloud-starter-consul-discovery 및 spring-cloud-starter-zookeeper-discovery으로 의존성으로 쉽게 포함시킬 수 있다.

애플리케이션의 메인 클래스에, 사용자는 @EnableEurekaServer 애노테이션을 붙여야 한다.

```
package com.practicalMicroservcies;

import org.springframework.boot.SpringApplication;
import org.springframework.boot.autoconfigure.SpringBootApplication;
import org.springframework.cloud.netflix.eureka.server.EnableEurekaServer;

@EnableEurekaServer
@SpringBootApplication
public class EurekaServerDemoApplication {

    public static void main(String[] args) {
        SpringApplication.run(EurekaServerDemoApplication.class, args);
    }
}
```

@EnableEurekaServer 애노테이션은 유레카 서비스의 디스커버리 서버를 활성화시킨다. src/main/resources/application.property에 있는 application.properties에서 다음 정보를 등록한다.

```
server.port=8761
```

mvn spring-boot:run을 실행한다. 사용자는 다음과 같은 경고를 받는다.

```
WARN 24432 --- [nfoReplicator-0] c.n.discovery.InstanceInfoReplicator :
There was a problem with the instance info replicator.
```

기본적으로 유레카 서버는 복제 모드로 설정돼 있는데, 다른 복제 노드를 찾지 못할 때 이 경고가 발생된다. 또한 자기 등록을 시도한다. 이에 대한 해결안으로, 다음 두 가지 속성을 추가한다.

```
eureka.client.register-with-eureka=false
eureka.client.fetch-registry=false
```

이런 등록 관련 정보를 추가한 후, 서버를 포트 8761에서 실행시킨다. 주소 표시 줄에 http://locahost:8761을 입력하면 다음 화면에서 보는 것처럼 브라우저를 통해 대시 보드를 볼 수 있다.

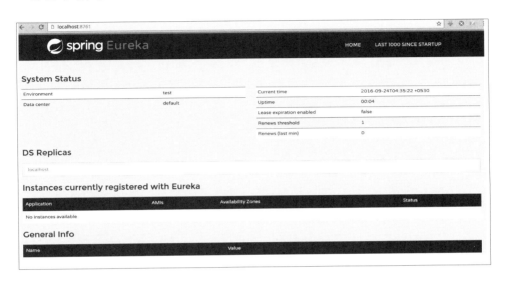

보다시피 현재 유레카에 currently registered with Eureka라는 표제 아래에는 아무런 항목도 없다. 이 서버에 등록된 서비스 인스턴스가 아직 없기 때문이다. 이 외에도 CPU, 메모리, IP 주소 등과 같은 서버 관련 정보는 General Info라는 제목 아래에서 볼 수 있다. 이처럼 하나의 애노테이션과 일부 속성의 추가를 통해, 서비스 레지스트리 서버를 가동시켰다.

클라이언트를 생성하려면 EurekaClientApplication 애플리케이션/프로젝트 이름으로 스프링 부트용 템플릿 코드를 생성한다.

```
package com.practicalMicroservcies;

import java.util.List;

import org.springframework.beans.factory.annotation.Autowired;
```

```
import org.springframework.boot.SpringApplication;
import org.springframework.boot.autoconfigure.SpringBootApplication;
import org.springframework.cloud.client.discovery.DiscoveryClient;
import org.springframework.cloud.client.discovery.EnableDiscoveryClient;
import org.springframework.web.bind.annotation.PathVariable;
import org.springframework.web.bind.annotation.RequestMapping;
import org.springframework.web.bind.annotation.RestController;

@EnableDiscoveryClient
@SpringBootApplication

public class EurekaClientApplication {

    public static void main(String[] args) {
        SpringApplication.run(EurekaClientApplication.class, args);
    }
    @RestController
    class ServiceInstanceRestController {

        @Autowired
        private DiscoveryClient discoveryClient;

        @RequestMapping("/Demo/{UserName}")
        public String serviceInstancesByApplicationName(
                @PathVariable String UserName) {
          return "Hello "+UserName;
        }
    }
}
```

http://localhost:8080/Demo/Alice를 입력해 URL을 테스트하면 Hello Alice를 응답으로 볼 수 있다.

@EnableDiscoveryClient 애노테이션을 사용해, 클라이언트가 나타나면 서비스 레지스트리를 찾아 application.properties 파일 내부의 spring.application.name 키에 언급된 이름을 통해 등록한다. 이 예제에서는 PracticalMicroservice-Demo라는 이름을 사용했다. 클라이언트 로그에서 다음 내용을 볼 수 있다.

```
c.n.e.registry.AbstractInstanceRegistry : Registered instance
PRACTICALMICROSERVICE-DEMO/192.168.1.4:PracticalMicroService-Demo with status UP
(replication=false)
```

다음 화면에서 보는 것처럼, 서버 콘솔에 등록된 서비스와 동일한 이름을 화면에서 볼 수 있다. 다음 코드를 사용하면 모든 서비스 인스턴스를 가져올 수 있다.

```
this.discoveryClient.getInstances(serviceName);
```

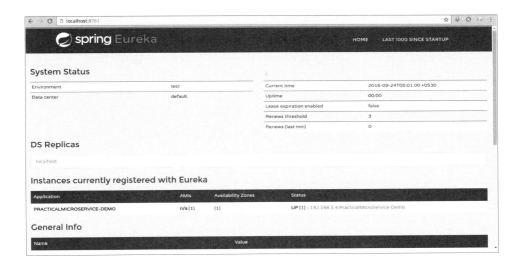

기본적으로, 이 코드는 서비스 레지스트리를 로컬 호스트에서 찾는다. 프로퍼티 파일에 서비스 URL을 추가해 설정을 바꿀 수 있다. 서버가 서비스 인스턴스를 생성하면서 서비스 클라이언트에서 가져오는 메타데이터를 채워넣기 때문에, 서버의 서비스 레지스트리 등록 속도가 느려질 수 있다. 등록 후에도 30초 간격으로 서버와 클라이언트 사이에 신호를 주고 받는다. 이 간격은 조절할 수 있다.

스프링에는 마이크로서비스 아키텍처 및 관련 패턴을 지원하는 좋은 기능이 많다. spring-cloud를 사용하면 마이크로서비스에 관련된 여러 상황들을 조정하는 다양한 피처들을 가져올 수 있다. 예를 들면, 클라이언트측 로드 밸런싱을 위한 리본(유레카는 클라이언트측 로드 밸런싱을 인지함), 서킷 브레이커 패턴$^{circuit\ breaker\ patter}$[4]용 히스트릭스^{Hystrix}(넷플릭스에서 개발함) 등이 있다. 이들의 구현 및 사용에 대해 논의하는 것은 이 책의 범위가 아니며, 스프링 클라우드와 마이크로서비스 아키텍처 제공에 더 집중하기 위해 독자에게 맡긴다.

아키텍처 전반에 걸친 외부 설정

설정 내용을 어디에 유지하느냐의 문제는 개발자에게 또 다른 어려움을 준다. 코드 내부에 설정을 정의하는 것은 분명히 좋은 생각이 아니다. 설정이 변경될 때마다 다시 릴리스를 수행해야 하기 때문이다. 또한 데이터베이스 서버 IP처럼, 여러 마이크로서비스에서 동일하게 설정하는 유형의 정보를 모든 서비스에 복제하는 것은 바람직하지 못하다.

따라서 코드 밖에 설정을 유지하는 것이 더 좋다. 이를 위해 마이크로서비스는 프로퍼티의 정의 위치를 공유한다. 데브옵스 관계자는 마이크로서비스 인스턴스에 적용되는 드라이브를 마운트할 수 있다. 이때 NFS 드라이브 같은 옵션을 사용할 수 있으며, 각 환경마다 다른 NFS 서버와 드라이브를 마운트시킬 수 있다.

AWS를 사용하는 경우 전체 마이크로서비스 인스턴스에 S3 버킷을 마운트하면 다른 옵션이 실행된다. 버킷은 모든 마이크로서비스의 프로퍼티를 개선할 수 있도록 일부 계층 구조를 가질 수 있다. 즉 버킷 내에서 각 마이크로서비스는 다른 폴더 이름과 프로퍼티 파일을 가질 수 있다.

프로퍼티 파일을 저장하는 일반적인 규칙은 다음과 같다.

```
s3://<bucketName>/<Environment_Name>/<microservice_name>.
```

---

4   서킷 브레이커 패턴은 장애가 발생한 서비스에 계속 접속할 경우, 다른 서비스에도 장애가 전이되는 것을 막기 위해 일정 시간 에러나 타임아웃이 지정한 수치를 넘어 발생하는 서비스에 서킷 브레이커를 발동시켜 서비스를 사용 불가 상태로 전환시키는 것을 말한다. - 옮긴이

이 유형에는 설정 변경 이력이 포함되지 않는다. 이를 해결하기 위해 버전 관리 시스템을 도입하여 설정을 유지관리할 수 있다. 개발자는 마이크로서비스를 배포하는 동안 공유 공간에 또는 CI/CD 도구에서 설정을 변경할 수 있다. 개발자는 공통 공유 경로에 이런 설정을 배포하며, 버전 관리 로그를 보면 어떤 설정이 어떤 버전의 마이크로서비스와 함께 설치됐는지 확인할 수 있다. 모든 마이크로서비스 릴리스 설정에 태그를 지정하는 것이 중요하다. 히스토리는 버전 관리에서 유지되지만 대개 조직에는 여러 환경이 있으며 각 환경마다 고유한 설정을 갖는다. 이 문제는 환경마다 여러 개의 브랜치 또는 여러 리포지토리를 두어 해결할 수 있다. 이 경우 CI/CD 도구는 배포할 환경과 해당 브랜치나 리포지토리에 설정을 배포하거나 정보를 가져온다는 사실을 알고 있어야 한다.

이 책에서 스프링 부트를 다루므로, 스프링 부트에서는 이 문제를 어떻게 다루는지 살펴보자. 스프링 부트는 코드에서 언급된 프로퍼티를 검색하는 특별한 순서가 있다. 순서는 다음과 같다.

1. 명령줄 인수를 찾는다.

2. 두 번째 단계에서는 SPRING_APPLICATION_JSON(환경 변수 또는 시스템 속성에 포함된 인라인 JSON)에서 프로퍼티를 찾는다.

3. 다음 단계에서는 기본 java:comp/env의 JNDI 속성에서 프로퍼티를 찾는다.

4. 네 번째는 System.getProperties()를 통해 찾는다.

5. 다섯 번째는 운영체제별 환경 변수를 조사한다.

6. 그다음은 RandomValuePropertySources에서 찾는다.

7. 그다음은 JAR(application- {profile} .properties) 내부/외부에 패키지된 프로파일에 명시된 애플리케이션의 프로퍼티에서 찾는다.

8. 그다음은 패키지된 JAR 내부/외부의 애플리케이션 등록 정보에서 찾는다.

9. 그다음은 @PropertySource 애노테이션에서 찾는다.

10. 마지막으로, 최근 스프링 부팅 시 SpringApplication.setDefaultProperties를 사용해 프로퍼티 값을 찾는다.

여기서 모든 흐름을 논의하지는 않는다. 프로젝트에서 프로퍼티를 설정하는 가장 좋은 방법을 찾기 위해 여기서 언급한 여러 가지 방법을 시도해보기 바란다. 예제 프로젝트에서는 @PropertySources를 사용한다. 따라서 코드에서는 이 애노테이션을 사용하는 예를 볼 수 있다. 일반적으로 @PropertySources 애노테이션은 다음과 같이 설정 관련 클래스에서 사용된다.

```
@PropertySources ({@PropertySource ("file:/home/user/microserviceA.props")})
```

위 예제에서는 경로가 /home/user/microserviceA.props로 언급된 파일에서 등록 정보를 찾을 수 있다. 일반적으로 이 파일에는 다음과 같은 형태로 애플리케이션의 모든 빈에서 사용할 수 있는 키/값쌍 유형의 등록 정보가 정의돼 있다.

```
@Value("${Connect.ip}")
private String connectionIp;
```

위 문장을 사용해 스프링은 앞에서 언급한 파일을 보고 Connect.ip=xx.xx.xx.xx와 같은 속성을 찾는다. 이 문장에서 프로퍼티 파일로부터 connectionIp 변수에 값을 할당한다.

이런 유형의 설정에서는 애노테이션에 언급된 고정 경로 문제가 있다.

환경 변수를 사용하면 정적 경로를 제거할 수 있다. 설정이 프로덕션 환경의 /mnt/share/prod/config와 스테이징 환경의 /mnt/share/stag/config에 있다고 가정해보자. 그러면 애노테이션은 다음과 같이 보일 것이다.

```
@PropertySources({
@PropertySource("file:${CONFIG_PATH}/microserviceA.props") })
```

여기서 CONFIG_PATH는 환경 변수일 수 있으며, 환경에 정의된 내용에 따라 값을 가질 수 있다. 리눅스에서는 다음과 같이 설정할 수 있다.

```
export CONFIG_PATH=/mnt/share/stag/config
```

때때로 개발자는 동일한 마이크로서비스에 논리적으로 다른 설정 파일을 갖는다. 이 애노테이션은 여러 파일의 등록 정보 로딩을 지원한다. 다음은 그 예다.

```
@PropertySources({
@PropertySource("file:${CONFIG_PATH}/microserviceA.props"),
@PropertySource("file:${CONF IG_PATH}/connect.props") })
```

위 예제에서 프로퍼티는 두 파일에서 로드된다. 임의의 플레이스홀더[5]에 대해 스프링은 두 파일에서 속성을 찾는다.

스프링 부트를 사용해 스프링 클라우드로 주어진 URL에서 프로퍼티를 읽는 설정 서버를 가질 수 있다. 모든 클라이언트 서비스는 설정 서비스가 실행되는 곳을 알 수 있다. 클라이언트 서비스는 자신과 관련된 프로퍼티가 있다면 설정 서비스에 요청한다. 설정 서버는 클라이언트 애플리케이션 이름과 일치하는 파일 이름의 URI 설정 경로를 보고 JSON을 클라이언트로 다시 보낸다. 설정 서비스를 시작하는 것은 매우 쉽다. 단지 @EnableConfigServer 애노테이션을 사용하면 된다. 설정 서비스가 묻는 프로퍼티 파일을 찾는 URI는 스프링 클라우드 프로퍼티 파일에서 다음과 같은 내용에서 찾아 볼 수 있다.

```
Server.port=8888
spring.cloud.config.server.git.uri =
    https://github.com/abc/microserviceA-configuration
```

설정이 YAML 형식일 수도 있다. 이는 클라이언트 설정 파일에서 설정 서비스 IP 및 포트를 정의한 것과 같은 방식이다. 클라이언트가 나타나서 설정 서비스를 실행해 설정을 얻는 동안 설정은 클라이언트 설정에서 프로퍼티 이름(spring.application.name)을 찾고

---

5 값을 담는 공간 또는 매개변수를 의미한다. – 옮긴이

언급된 위치에서 {clientName}.props 파일을 찾는다.

스프링 클라우드에서 클라이언트는 @RefreshScope 애노테이션을 달 수 있다. 이 애노테이션은 다시 시작하지 않고도 프로퍼티를 동적으로 로드하는 데 사용한다. 그러면 <service endpoint>/refresh와 같은 엔드포인트를 노출하게 되며, 이 url에 접속하면 해당 빈(스프링 빈)을 다시 생성시킬 수 있다.

이번 절에서는 외부에서 설정하는 여러 가지 방법을 살펴봤다. 그러나 여기서는 단지 몇 가지 방법만을 다뤘고 추후 독자가 시도해볼 수 있는 방법도 있다. 설정 서비스를 사용하면 수백 개의 서비스를 실행하고 공통 속성을 공유함으로써 환경을 동적으로 변경하는 데 편리하다. 물론 이 방법을 사용하면 개발자가 설정 서버를 유지관리하고 계속 실행하는 오버헤드 작업이 늘어날 수도 있다. 또한 설정 서비스가 실패할 경우 캐싱이 서버 요청을 할 수 있도록 구성 서버 앞에 캐싱을 사용할 수도 있다. API 게이트웨이 패턴은 일부 마이크로서비스 설정을 외부에서 하는 데 도움이 될 수도 있다. 다음 절에서는 지금 언급한 게이트웨이 패턴 사용에 대해 자세히 설명한다.

▌ API 게이트웨이 및 필요성

동적 웹사이트는 단일 페이지에 많은 것을 보여 주며, 향후에도 페이지를 통해 보여줄 많은 정보가 있다. 주문 성공에 대한 일반적인 요약 페이지에는 장바구니 세부 정보와 고객 주소가 표시된다. 이를 위해 프론트엔드에서는 고객 상세 서비스 및 주문 상세 서비스에 대해 다른 쿼리를 실행해야 한다. 이것은 단일 페이지에 여러 서비스가 맞물리는 매우 간단한 예시다. 하나의 마이크로서비스가 하나의 관심사만 처리하는 것이 맞지만, 동일한 페이지에 많은 정보를 표시하다 보니, 여러 API 호출의 결과가 동일한 페이지에 나타날 수밖에 없다. 따라서 동일한 페이지에 데이터를 표시하는 관점에서 볼 때, 웹사이트 또는 모바일 페이지는 매우 혼잡한 느낌을 줄 수 있다.

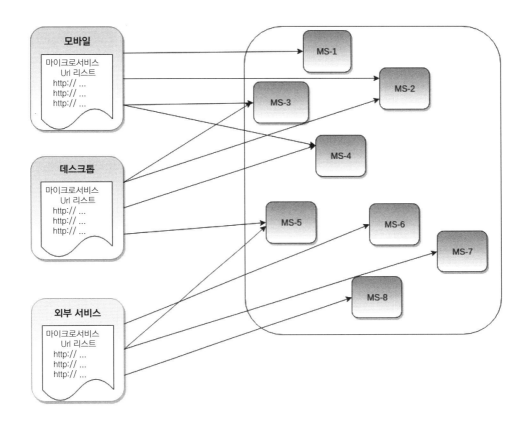

또 다른 문제는 마이크로서비스가 때로는 드리프트 콜$^{thrift\ call6}$과 같은 다른 프로토콜과 연계한다는 점이다. 외부에서 호출하는 소비자는 해당 프로토콜에서 마이크로서비스를 직접 처리할 수는 없다. 모바일 화면이 웹 페이지보다 작기 때문에 모바일과 데스크톱 API 호출에 필요한 데이터 결과를 다르게 제공하는 경우를 생각해보자. 개발자는 모바일 API를 통해 더 적은 데이터를 제공하거나, 모바일 및 데스크톱 등 다양한 버전의 API를 개발할 수도 있다. 따라서 다음과 같은 문제에 직면할 수 있다. 각 클라이언트들마다 서로 다른 웹 서비스를 호출하고 웹 서비스를 계속 추적 관리한다. 그런데 모바일 앱과 같은 경우에는 API URL이 클라이언트에 심어져 있기 때문에 개발자는 이전 버전과의 호환

6   확장성을 높이기 위해, 언어 간 서비스 개발을 위한 아파치의 소프트웨어 프레임워크다. – 옮긴이

성을 제공해야만 하며, 복잡도가 늘어만 간다.

여기에 API 게이트웨이가 필요하다. 앞에 언급된 모든 문제는 API 게이트웨이를 통해 해결할 수 있다. API 게이트웨이는 API 사용자와 API 서버 간의 프록시 역할을 한다. 이 시나리오의 첫 번째 문제를 해결하기 위해 API 게이트웨이에 /successOrderSummary 같은 호출 하나를 정의한다. API 게이트웨이는 고객을 대신해 주문 및 사용자 세부 정보를 호출한 다음 결과를 통합해 클라이언트에 전달한다. 그래서 게이트웨이는 기본적으로 내부적으로 많은 API를 호출할 수 있는 퍼사드^{façade} 또는 API 콜의 역할을 한다. 다음 그림은 API 게이트웨이가 작동하는 방식을 보여준다.

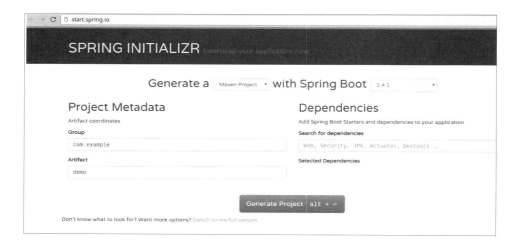

API 게이트웨이는 많은 상황을 해결할 수 있으며, 그 중 일부는 이후 절에서 설명한다.

인증

API 게이트웨이는 외부에서의 API 호출에 대한 인증을 수행할 수 있다. 그 후의 모든 내부 호출에서는 보안 검사를 제거한다. VPC 내부에서 요청이 오는 경우, 보안 검사를 제거하고 네트워크 대기 시간을 조금이라도 줄이면서, 개발자가 보안에 관련된 것보다 비즈니스 논리에 더 집중할 수 있게 해준다.

다양한 프로토콜

때로는 마이크로서비스가 내부적으로 서로 다른 프로토콜을 사용해 상호 간 통신을 할 수 있다. 드리프트 콜, TCP, UDP, RMI, SOAP 등 다양한 프로토콜이 있다. 클라이언트에는 REST 기반 HTTP 호출 하나만 존재할 수도 있다. 클라이언트는 HTTP 프로토콜을 사용해 API 게이트웨이를 호출하고, API 게이트웨이는 필요한 프로토콜로 내부 호출을 수행해, 모든 웹 서비스의 결과를 최종적으로 결합할 수 있으며, 필요한 프로토콜로 클라이언트에 응답할 수 있다. 이 경우의 프로토콜은 HTTP이다.

로드 밸런싱

API 게이트웨이는 부하의 균형을 조절해, 가장 효율적인 방식으로 요청을 처리할 수 있다. 특정 서비스의 다른 노드로 보낸 요청을 추적할 수도 있다. 게이트웨이는 특정 서비스의 다른 노드 사이에서 로드 밸런싱을 수행할 만큼 지능적이어야 한다. NGINX Plus를 사용하면 NGINX를 API 게이트웨이로 사용할 수 있다. API 게이트웨이는 그 외에도 일반적으로 문제를 해결하는 많은 기능이 있다.

디스패치 요청(서비스 디스커버리 포함)

게이트웨이의 주요 기능 중 하나는 클라이언트와 마이크로서비스 간의 통신을 줄이는 것이다. 클라이언트가 필요로 하는 경우, 병렬로 마이크로서비스를 수행한다. 이 경우 클라이언트측에서는 단 하나의 요청만 있을 것이다.

게이트웨이는 필요한 모든 서비스를 요청하고 모든 서비스의 결과를 기다린다. 모든 서비스에서 응답을 얻은 후 결과를 결합해 클라이언트에 다시 보낸다. 반응형 마이크로서비스 설계는 이를 달성하는 데 도움을 줄 수 있다.

서비스 디스커버리 작업은 많은 추가 기능을 제공할 수 있다. 이는 서비스의 마스터 노드와 슬레이브 노드로 구분할 수 있는데, DB에 대한 요청이라고 해도, 쓰기 요청은 마스터에게 가고, 읽기 요청은 슬레이브로 보내질 수 있다. 이것이 기본 규칙이지만 사용자는 API 게이트웨이에서 제공하는 메타 정보를 기반으로 더 많은 규칙을 적용할 수 있다.

게이트웨이는 서비스 인스턴스의 각 노드에서 기본 응답 시간을 기록할 수 있다. 우선순위가 높은 API 호출의 경우 가장 빠른 응답 노드로 라우팅될 수도 있다. 다시 말하지만 규칙은 사용 중인 API 게이트웨이와 구현 방법에 따라 얼마든지 정의할 수 있다.

응답 변환

API 게이트웨이는 모든 API 호출에 대한 처음이자 단일 진입점이므로 모바일이나 웹 클라이언트 또는 다른 외부 클라이언트의 유형을 알고 있다. 게이트웨이는 클라이언트 유형에 맞춰 내부 호출을 수행하고, 클라이언트의 필요나 설정에 따라 다른 클라이언트에 데이터를 제공할 수 있다.

서킷 브레이커

부분적 오류 상황을 관리하기 위해 API 게이트웨이는 서킷 브레이커Circuit breaker 패턴이라는 기술을 사용한다. 어떤 서비스의 장애로 인해 스택에 있는 모든 서비스 호출 흐름에서 연속적인 오류가 발생할 수 있다. API 게이트웨이는 모든 마이크로서비스의 임계점을 지켜볼 수 있다. 서비스가 해당 임계점을 넘어서면 해당 API를 오픈 서킷으로 표시하고 설정된 시간 동안은 호출하지 않는다(서비스에 대한 유입을 차단함). 히스트릭스Hystrix(넷플릭스 제공)는 이런 기능을 효율적으로 잘 처리하는데, 이 경우에 대한 기본 허용 수준은 5초 안에 20개의 요청 실패. 개발자는 오픈 서킷의 우회 처리 방식도 지정할 수 있다. 예를 들면, 더미dummy 서비스를 호출하는 우회 경로Fallback를 설정할 수 있다. 일단, API가 예상대로 결과를 제공하기 시작하면 게이트웨이는 이를 정상 서비스로 다시 관리할 수 있다.

API 게이트웨이의 장단점

API 게이트웨이에는 장단점이 있다. 앞 절에서 API 게이트웨이를 사용하는 이점에 대해 설명했다. 여기에서는 API 게이트웨이의 장점만 간단히 추려본다.

장점:

- 마이크로서비스는 비즈니스 로직에 집중할 수 있다.
- 클라이언트는 한 번의 요청으로 인증, 로깅, 모니터링 등 API 게이트웨이에서 처리할 수 있는 모든 데이터를 가져올 수 있다.
- 클라이언트와 마이크로서비스가 완전히 독립적으로 상호작용하도록 프로토콜을 지정할 수 있는 유연성을 제공한다.
- 클라이언트의 요청에 맞는 맞춤형 결과를 줄 수 있다.
- 부분적 오류를 처리할 수 있다.

앞에서 언급한 장점들 외에, 이와 비슷한 패턴을 사용하기도 한다.

단점:

- API 게이트웨이에서 다양한 문제로 인해 성능이 저하될 수 있다.
- 문제점들을 고려해서 디스커버리 서비스를 구현해야 한다.
- 때로는 단일 장애 지점이 된다.
- 라우팅 관리는 디스커버리 서비스에 부담을 준다.
- 서비스 요청에 부가적 네트워크에 대한 추가 희망이 있을 수 있다.
- 전반적으로 시스템의 복잡성이 증가한다.
- 게이트웨이에 지나치게 많은 로직을 구현하면 다른 의존성 문제가 발생할 수 있다.

따라서 API 게이트웨이를 사용하기 전에 장점과 단점 모두를 고려해야 한다. 시스템에 API 게이트웨이를 포함하기로 결정하면 비용도 증가한다. 노력, 비용, 관리를 장단점에 포함시키기 전에, 게이트웨이를 통해 얻을 수 있는 것들이 얼마나 많은지 분석해보는 것이 좋다.

▌ API 게이트웨이 예제

API 게이트웨이 예제에서는 제품의 상세 정보를 제공하는 서비스 내용 중에서 예제 제품 페이지만 표시해본다. 이 예는 향후 여러 측면에서 개선될 수 있을 것이다. 이 예제의 초점은 API 게이트웨이 패턴이 작동하는 방법을 보여주는 것이다. 그래서 이 예제를 가능한 간단하고 작게 유지하고자 한다.

API 게이트웨이 예제에서는 넷플릭스의 Zuul[7]을 API 게이트웨이로 사용한다. 스프링 또한 Zuul을 구현했으므로 스프링 부트를 사용해 이 예제를 작성한다. 예제 API 게이트웨이 구현의 경우 http://start.spring.io/를 사용해 코드의 초기 템플릿을 생성한다. 스프링 이니셜라이저[itializer]는 초보자가 기본 스프링 부트 코드를 생성할 수 있도록 도와주는 스프링 프로젝트다. 설정을 최소화하면서 프로젝트를 만들어야 하며, Generate Project 버튼을 누를 수 있다. 사용자가 프로젝트와 관련된 세부 정보를 설정하려는 화면 아래에 있는 Switch to the full version(전체 버전으로 전환) 버튼을 클릭해 설정 관련 모든 상황을 볼수 있다.

7　백엔드의 어디에서 어떤 애플리케이션이 동작하고 있는지에 대한 정보는 유레카를 통해서 받고, 이렇게 얻은 정보를 통해 요청을 전달하는 것이 Zuul이라는 도구가 하는 역할이다. – 옮긴이

Zuul 사용자는 **Advance**를 클릭하고 **Zuul** 확인란을 선택하고 프로젝트 생성 버튼을 누른다. 프로젝트가 다운로드될 것이다.

다운로드된 프로젝트의 pom.xml을 열면 다음과 같이 Zuul 의존성을 볼 수 있다.

```xml
<dependency>
    <groupId>org.springframework.cloud</groupId>
    <artifactId>spring-cloud-starter-zuul</artifactId>
</dependency>
```

메인 애플리케이션 클래스와 동일한 패키지에 컨트롤러를 만들고 다음 코드를 파일에 추가한다.

```java
@SpringBootApplication
@RestController
public class ProductDetailConrtoller
  {
    @Resource
    ProductDetailService pdService;

    @RequestMapping(value = "/product/{id}")
    public ProductDetail getAllProduct( @PathParam("id") String id)
    {
        return pdService.getProductDetailById(id);
    }
  }
```

위 코드에서 **pdService** 객체는 제품 세부 사항에 대한 스프링 데이터 저장소와 상호작용하면서 필수 제품 ID의 결과를 가져온다고 가정하자. 또한 이 서비스가 포트 10000에서 실행되고 있다고 가정하자. 모든 것이 실행 중인지 확인하기 위해 http://localhost:10000/product/1과 같은 URL에 대한 요청의 응답으로 JSON 피드백을 줄 수 있어야 한다.

API 게이트웨이를 위해, Zuul 지원이 있는 다른 스프링 부트 애플리케이션을 생성하고
자 한다. Zuul은 간단히 @EnableZuulProxy 애노테이션을 추가해 활성화시킬 수 있다.

다음은 Zuul 프록시를 시작하는 간단한 코드다.

```
@SpringBootApplication
@EnableZuulProxy
public class ApiGatewayExampleInSpring
{
    public static void main(String[] args)
    {
        SpringApplication.run(ApiGatewayExampleInSpring.class, args);
    }
}
```

이외의 사항은 설정에서 관리한다. API 게이트웨이의 application.properties 파일의 내
용은 다음과 같다.

```
zuul.routes.product.path=/product/**
zuul.routes.produc.url=http://localhost:10000
ribbon.eureka.enabled=false
server.port=8080
```

이 설정에서는 다음과 같은 규칙을 정의한다. /product/xxx와 같은 URL에 대한 요청의
경우, 이 요청을 http://localhost:10000으로 전달한다. 즉 외부에서는 http://
localhost:8080/product/1과 같은 형태로 보이지만, 이를 내부적으로 10000 포트로 전
송한다. spring.application.name 변수를 제품 상세product detail 마이크로서비스 내의 제
품product으로 정의했다면, 여기에 URL 경로 프로퍼티(zuul.routes.product.path=/
product/**)를 정의할 필요가 없다. 기본적으로 Zuul은 URL/product 경로를 만들기 때
문이다.

여기에 제시된 API 게이트웨이 관련 예는 별로 지능적이지는 않지만, 그래도 매우 쓸만한 API 게이트웨이이다. Zuul 프로퍼티에 정의한 경로, 필터, 캐싱에 따라 매우 강력한 API 게이트웨이를 만들 수도 있다.

책 전반에 걸쳐 사용된 예제 애플리케이션

이 책에서 개발할 예제 애플리케이션은 신용 리스크 엔진이다. 리스크 엔진이란 위험이 얼마나 큰지에 대한 일련의 규칙을 담은 것으로 설명할 수 있다. 이때 리스크는 주어진 입력 값들을 분석해 계산한다. 리스크 엔진에 신용도를 추가하면 신용 거래의 리스크 규모를 계산하는 신용 리스크 엔진을 정의할 수 있다. 신용 리스크는 대출, 뮤추얼 펀드, 채권, 주식 등과 같은 다양한 유형이 대상이 될 수 있으며, 기관이나 사람에게 돈을 빌려주는 것은 항상 위험 요소가 포함된다.

기본적으로 신용 리스크 엔진은 사람이나 기관의 현재와 과거의 일부 관련 요인과 데이터를 받아, 엔진에 정의된 규칙에 따라 신용 점수를 부여한다. 신용 점수에 기초해 엔진은 신용을 부여하거나 특정 개인에게 신용을 주지 않기로 결정할 수 있다. 은행 및 금융기관은 차용인에게 돈을 빌려준다. 이때 기관들은 모두 리스크 엔진을 사용해 사람 또는 시장에서의 과도한 투자 등에 대한 리스크를 평가한다. 분석에 포함될 수 있는 많은 관련 요인들과 특정 투자와 관련된 모든 리스크 요소들을 엔진에 포함시킨다.

현재의 신용 리스크 엔진 프로젝트에서는 5,000에서 40,000 범위에서 제품을 사려고 하는 사람에게 돈을 빌려주는 데 초점을 둘 것이다. 제스트머니(http://zestmoney.in)에서 나는 대출과 관련된 리스크를 계산하는 많은 복잡한 규칙과 알고리즘을 경험했다. 하지만 여기에는 3-4가지의 요인만 고려해서 구현하겠다. 이런 몇 가지 요인들을 기반으로 당사의 신용 리스크 엔진은, 특정 대출 신청을 수락하거나 거절하는 것을 결정할 것이다.

이 책에서는 다음과 같은 서비스를 개발할 예정이다.

- 사용자 등록
- 재무 세부 정보
  - 소득 세부 사항
  - 책임 세부 사항
- 신용 평가

이 서비스에 대한 자세한 내용은 관련 절과 장에 정의되어 있다.

사용자 등록 마이크로서비스 개발

이번 절에서는 설정 서비스와 메인 애플리케이션을 만든다.

서버 설정

먼저, 앞의 예제에서 언급했듯이 start.spring.io로 가서 스프링 부트 애플리케이션을 만든다. 이 프로젝트의 신청서 그룹 이름은 com.practicalMicroservcies이다. 먼저 프로젝트의 다양한 서비스에 대한 설정을 제공할 설정을 생성한다. configServer를 이름으로 사용하고 클라우드 스타터 옵션을 사용해 스프링 부트 프로젝트를 만든다. start.spring.io에서 프로젝트를 다운로드하면 폴더 구조는 다음과 같다.

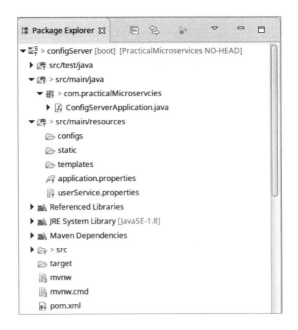

pom.xml 파일은 다음과 같다.

```xml
<?xml version="1.0" encoding="UTF-8"?>
<projectxmlns="http://maven.apache.org/POM/4.0.0"
xmlns:xsi="http://www.w3.org/2001/XMLSchema-instance"
xsi:schemaLocation="http://maven.apache.org/POM/4.0.0
http://maven.apache.org/xsd/maven-4.0.0.xsd">

    <modelVersion>4.0.0</modelVersion>
    <groupId>com.practicalMicroservcies</groupId>
    <artifactId>configServer</artifactId>
    <version>0.0.1-SNAPSHOT</version>
    <packaging>jar</packaging>
    <name>configServer</name>
    <description>Configuration Server to provide configuration for
    different services</description>

    <parent>
```

```xml
        <groupId>org.springframework.boot</groupId>
        <artifactId>spring-boot-starter-parent</artifactId>
        <version>1.4.1.RELEASE</version>
        <relativePath/> <!-- lookup parent from repository -->
    </parent>

    <properties>
        <project.build.sourceEncoding>UTF-
        8</project.build.sourceEncoding>
        <project.reporting.outputEncoding>UTF-
        8</project.reporting.outputEncoding>
        <java.version>1.8</java.version>
    </properties>

    <dependencies>
        <dependency>
            <groupId>org.springframework.cloud</groupId>
          <artifactId>spring-cloud-starter-config</artifactId>
        </dependency>
        <dependency>
            <groupId>org.springframework.cloud</groupId>
            <artifactId>spring-cloud-config-server</artifactId>
        </dependency>
        <dependency>
            <groupId>org.springframework.cloud</groupId>
            <artifactId>spring-cloud-starter</artifactId>
        </dependency>
        <dependency>
            <groupId>org.springframework.boot</groupId>
            <artifactId>spring-boot-starter-web</artifactId>
        </dependency>

        <dependency>
            <groupId>org.springframework.boot</groupId>
            <artifactId>spring-boot-starter-test</artifactId>
            <scope>test</scope>
        </dependency>
    </dependencies>
```

```xml
        <dependencyManagement>
            <dependencies>
                <dependency>
                    <groupId>org.springframework.cloud</groupId>
                    <artifactId>spring-cloud-dependencies</artifactId>
                    <version>
.RELEASE</version>
                    <type>pom</type>
                    <scope>import</scope>
                </dependency>
            </dependencies>
        </dependencyManagement>

        <build>
            <plugins>
                <plugin>
                    <groupId>org.springframework.boot</groupId>
                    <artifactId>spring-boot-maven-plugin</artifactId>
                </plugin>
            </plugins>
        </build>
</project>
```

보시다시피 POM에 cloud-started 의존성을 추가했다. 또한 클라우드 의존성을 위해 Camden 클라이언트를 갖게 된다 . 이 책을 쓰는 시점에 1.4.1 릴리스는 가장 안정적인 스프링 부트 버전이므로 코드에서는 이 버전을 사용하고 있다.

메인 애플리케이션 클래스 코드는 다음과 같다.

```java
package com.practicalMicroservcies;

import org.springframework.boot.SpringApplication;
import org.springframework.boot.autoconfigure.SpringBootApplication;
import org.springframework.cloud.config.server.EnableConfigServer;

@EnableConfigServer
```

```
@SpringBootApplication
public class ConfigServerApplication {

    public static void main(String[] args) {
        SpringApplication.run(ConfigServerApplication.class, args);
    }
}
```

여기에는 특별한 것이 없다. 유일한 변경은 @EnableConfigServer 애노테이션이다. 이것은 스프링에게 이를 설정 서버로 처리하도록 지시한다.

이제 다음 단계는 이 설정 서버가 실행해야 하는 포트를 정의하는 것이다. 또한 다양한 마이크로서비스에 의해 질의될 다양한 특성 파일을 정의해야 한다.

이 구성 서버의 포트를 정의하려면 다음 코드와 같이 src/main/resources/application. properties 파일에서 설정 값을 언급해야 한다.

```
server.port=8888
spring.profiles.active=native
spring.cloud.config.server.native.searchLocations=classpath:/
```

이 프로퍼티들은 스프링에게 서버가 실행돼야 하는 포트를 알려준다. 이 경우는 8888이다. 다음 두 개의 프로퍼티는 프로퍼티 파일의 위치에 관한 것이다. 설정 값으로 native가 언급됐으므로, Git 위치 대신 config 서버는 native 프로파일에 언급된 검색 위치에서 프로퍼티 파일을 찾아야 한다. 다음 속성인 spring.cloud.config.server.native. searchLocations는 모든 프로퍼티 파일이 클래스 경로에 있어야 한다는 것을 스프링에 알려준다. 이 경우 프로퍼티 파일은 기본적으로 클래스 경로에 있는 resources 폴더에 있다.

다음 단계는 resources에 새 프로퍼티 파일을 작성하는 것이다. 지금은 다음과 같이 userService.properties를 이름으로 하나의 파일만 생성한다.

```
Connect.database=practicalMicroservice
spring.datasource.url=jdbc:mysql://localhost:3306/practicalMicroservice
spring.datasource.username=password
spring.datasource.password=password
# To generate SQL optimized for a Mysql
spring.jpa.properties.hibernate.dialect =
org.hibernate.dialect.MySQL5Dialect
# Naming strategy, it can resolve the issue of uppercase table or column name
spring.jpa.hibernate.naming-strategy =
org.hibernate.cfg.ImprovedNamingStrategy
```

이 프로퍼티들이 userService에서 어떻게 될지를 여기에서 설명하겠다. 이것으로 설정 서버 코드는 완성된다. 터미널에서 mvn spring-boot:run 명령을 실행하면 애플리케이션이 실행되는 것을 볼 수 있다. curl 명령을 입력하면 다음과 같은 프로퍼티 파일 결과가 표시된다.

curl http://localhost:8888/userService/default

- http://localhost:8888: 서버가 실행 중인 장소
- userService: 프로퍼티들을 원하는 서비스 이름
- default: 활성화된 프로파일 이름. 특정 프로파일을 정의하지 않으면 항상 기본 값으로 되돌아간다.

명령의 결과는 다음과 같다.

```
{
  "name": "userService",
  "profiles": [
    "default"
  ],
  "label": null,
```

```
    "version": null,
    "state": null,
    "propertySources": [
      {
        "name": "classpath:/userService.properties",
        "source": {
          "spring.jpa.show-sql": "true",
          "spring.datasource.username": "root",
          "spring.jpa.hibernate.naming-strategy":
          "org.hibernate.cfg.ImprovedNamingStrategy",
          "spring.datasource.password": "root123",
          "Connect.database": "practicalMicroservice",
          "spring.jpa.properties.hibernate.dialect":
          "org.hibernate.dialect.MySQL5Dialect",
          "spring.datasource.url":
          "jdbc:mysql://localhost:3306/practicalMicroservice"
        }
      }
    ]
}
```

<source> 태그 다음에서 userService.properties에 정의한 모든 프로퍼티를 볼 수 있다.

User service

이 사용자 서비스는 사용자와 관련된 모든 작업을 책임진다. 여기에는 등록, 수정, 검색, 삭제가 포함된다. 컨트롤러, 저장소, 서비스, 모델 패키지가 있으며, 사용자 세부 정보 및 주소 요청을 처리하는 컨트롤러가 하나 있다. 노출된 서비스는 사용자 정보를 추가, 수정, 삭제하고 사용자 데이터를 추가하는 것과 같다. 레코드는 실제로 데이터베이스에서 삭제되지 않고 데이터베이스의 deletedOn 필드를 채울 것이다.

테이블 구조

사용자 서비스는 두 개의 테이블을 사용한다. 하나는 이름, 고유 ID 번호, 생년월일, 성별 등과 같은 사용자의 개인 데이터를 기록하는 것이고, 다른 하나는 사용자의 주소를 저장하는 테이블이다. 스키마와 테이블을 작성하기 위해 다음 SQL 파일과 flywaydb를 사용한다. 플라이웨이^{Flyway}는 오픈 소스 데이터베이스 마이그레이션 도구로, 스프링 부트와 잘 작동하는 메이븐 플러그인이 있다. 스프링 부트에서 플라이웨이를 사용하려면 POM 파일에 다음 의존성을 추가해야 한다.

```
<dependency>
    <groupId>org.flywaydb</groupId>
    <artifactId>flyway-core</artifactId>
    <version>4.0.3</version>
</dependency>
```

플라이웨이는 자체 컨벤션에 따라 동작하므로, 마이그레이션을 처리하기 위해 파일 이름이 V1_0__DESCRIPTION.sql로 시작하는 src/main/resources/db/migration 경로에서 파일을 찾는다. 플라이웨이는 데이터베이스에 스키마 리비전^{Revision}[8]을 저장한다. 성공적으로 실행된 파일과 실행할 새 파일을 스키마 버전에서 읽을 수 있다. 이제 사용자 상세 및 주소 테이블을 만들 수 있다. 다음은 user_details 테이블을 생성하는 SQL 코드다.

```
CREATE TABLE `user_details` (
  `id` int(11) NOT NULL AUTO_INCREMENT,
  `user_id` char(36) NOT NULL,
  `first_name` varchar(250) NOT NULL,
  `middle_name` varchar(250) DEFAULT NULL,
  `last_name` varchar(250) DEFAULT NULL,
  `created_on` TIMESTAMP DEFAULT CURRENT_TIMESTAMP,
  `deleted_on` TIMESTAMP DEFAULT NULL,
  `leagal_id` varchar(10) NOT NULL,
```

---

8   소스 파일 등을 수정해 커밋하면 일정한 규칙에 의해 숫자가 증가한다. 저장소에 저장된 각각의 파일 버전이라 할 수 있다. − 옮긴이

```
  `date_of_birth` TIMESTAMP NOT NULL,
  `gender` int(11) NOT NULL,
  PRIMARY KEY (`id`),
  KEY `user_id` (`user_id`),
  KEY `user_details_userId_DeletedOn` (`user_id`,`deleted_on`),
  KEY `user_id_deleted` (`deleted_on`)
) ENGINE=InnoDB DEFAULT CHARSET=latin1;
```

addresses 테이블을 생성하기 위한 SQL 코드인 table.user_id는 User_details 테이블의 ID다.

```
CREATE TABLE `addresses` (
  `id` int(11) NOT NULL AUTO_INCREMENT,
  `user_id` char(36) NOT NULL,
  `city` varchar(25) NOT NULL,
  `address_line_1` varchar(250) NOT NULL,
  `address_line_2` varchar(250) DEFAULT NULL,
  `pincode` char(6) NOT NULL,
  `created_on` TIMESTAMP DEFAULT CURRENT_TIMESTAMP,
  `deleted_on` TIMESTAMP DEFAULT NULL,
  PRIMARY KEY (`id`),
  KEY `user_id` (`user_id`),
  KEY `addresses_user_id_DeletedOn` (`user_id`,`deleted_on`)
) ENGINE=InnoDB DEFAULT CHARSET=latin1;
```

설정 서비스에서 했던 것처럼 애플리케이션 이름이 userService인 새 부트 애플리케이션 코드가 start.sping.io에서 다운로드된다. 이번에는 스프링 데이터와 MySQL 커넥터를 선택해 새 프로젝트를 만든다. 이를 위해 STS 버전 3.8.3을 사용한다.

특정 폴더에서 코드를 다운로드하고 압축을 풀면 mvn eclipse:eclipse 명령을 실행해 이클립스 관련 파일을 생성할 수 있다. 이후에는 프로젝트를 이클립스 또는 메이븐 프로젝트인 STS로 쉽게 가져올 수 있다. 프로젝트를 선호하는 IDE로 가져온 후에는 해당 파일을 볼 수 있다.

최종 프로젝트 구조는 다음 화면과 유사하다.

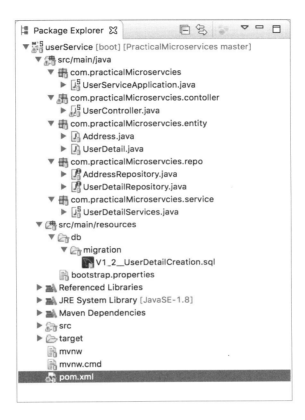

위 이미지 모양으로 프로젝트를 만들자. POM 파일부터 시작하자. POM은 다음과 같다.

```xml
<?xml version="1.0" encoding="UTF-8"?>
<project xmlns="http://maven.apache.org/POM/4.0.0"
xmlns:xsi="http://www.w3.org/2001/XMLSchema-instance"
    xsi:schemaLocation="http://maven.apache.org/POM/4.0.0
http://maven.apache.org/xsd/maven-4.0.0.xsd">
    <modelVersion>4.0.0</modelVersion>

    <groupId>com.practicalMicroservcies</groupId>
    <artifactId>userService</artifactId>
```

```xml
<version>0.0.1-SNAPSHOT</version>
<packaging>jar</packaging>

<name>userService</name>
<description>Demo project for Spring Boot</description>

<parent>
    <groupId>org.springframework.boot</groupId>
    <artifactId>spring-boot-starter-parent</artifactId>
    <version>1.4.1.RELEASE</version>
    <relativePath /> <!-- lookup parent from repository -->
</parent>

<properties>
    <project.build.sourceEncoding>UTF-
    8</project.build.sourceEncoding>
    <project.reporting.outputEncoding>UTF-
    8</project.reporting.outputEncoding>
    <java.version>1.8</java.version>
</properties>
<dependencyManagement>
    <dependencies>
        <dependency>
        <groupId>org.springframework.cloud</groupId>
        <artifactId>spring-cloud-dependencies</artifactId>
        <version>Camden.RELEASE</version>
        <type>pom</type>
        <scope>import</scope>
    </dependency>
    </dependencies>
</dependencyManagement>

<dependencies>
    <dependency>
        <groupId>org.springframework.cloud</groupId>
        <artifactId>spring-cloud-config-client</artifactId>
    </dependency>
    <dependency>
```

```xml
            <groupId>org.springframework.boot</groupId>
            <artifactId>spring-boot-starter-web</artifactId>
        </dependency>
        <dependency>
            <groupId>org.springframework.boot</groupId>
            <artifactId>spring-boot-starter-data-jpa</artifactId>
        </dependency>
        <dependency>
            <groupId>mysql</groupId>
            <artifactId>mysql-connector-java</artifactId>
            <scope>runtime</scope>
        </dependency>
        <dependency>
            <groupId>org.springframework.boot</groupId>
            <artifactId>spring-boot-starter-test</artifactId>
            <scope>test</scope>
        </dependency>
        <dependency>
            <groupId>org.flywaydb</groupId>
            <artifactId>flyway-core</artifactId>
            <version>4.0.3</version>
        </dependency>
    </dependencies>
    <build>
        <plugins>
            <plugin>
                <groupId>org.springframework.boot</groupId>
                <artifactId>spring-boot-maven-plugin</artifactId>
            </plugin>
        </plugins>
    </build>
</project>
```

여기서 볼 수 있는 새로운 것들 중 일부는 플라이웨이 의존성, spring-data-jpa, POM 의 MySQL 커넥터다. 메인 애플리케이션 클래스에 다음 코드를 추가한다.

```java
package com.practicalMicroservcies;

import org.flywaydb.core.Flyway;
import org.springframework.beans.factory.annotation.Value;
import org.springframework.boot.SpringApplication;
import org.springframework.boot.autoconfigure.SpringBootApplication;
import org.springframework.context.annotation.Bean;

@SpringBootApplication
public class UserServiceApplication {
    @Value("${spring.datasource.url}")
    private String url;
    @Value("${spring.datasource.username}")
    private String userName;
    @Value("${spring.datasource.password}")
    private String password;
    @Value("${Connect.database}")
    private String database;
    @Bean(initMethod = "migrate")
    public Flyway flyway() {
        /**
        Flyway는 url을 별도로 요구하기 때문에, 주어진 문자열에서 url을 추출한다.
        */
        String urlWithoutDatabaseName=
        url.substring(0,url.lastIndexOf("/"));
        Flyway flyway = new Flyway();
        flyway.setDataSource(urlWithoutDatabaseName, userName,
        password);
        flyway.setSchemas(database);
        flyway.setBaselineOnMigrate(true);
        return flyway;
    }

    public static void main(String[] args) {
        SpringApplication.run(UserServiceApplication.class, args);
    }
}
```

여기서는 설정 서버에 정의된 프로퍼티들을 사용하기 때문에, 이 서비스가 서버에서 해당 프로퍼티들을 가져오는 방법을 정의해야 한다. 이를 수행하려면 resources 폴더에 bootstrap.properties 파일을 추가하고 파일 안에 다음 행을 추가하자.

```
spring.application.name=userService
spring.cloud.config.uri=http://localhost:8888
```

두 프로퍼티 모두 자체적으로 의미가 잘 나타난다. `spring.application.name` 키는 현재 서비스의 이름을 정의한다. 이 이름은 설정 서버와 통신하며, 설정 서버는 이 이름으로 프로퍼티 파일을 찾아 제공한다. 부트스트랩 프로퍼티는 프로젝트에서 다른 것이 초기화되기 전에 실행되므로, 이 프로퍼티에 대한 내용이 가장 먼저 채워진다.

`spring.datasource`로 시작하는 프로퍼티 이름이 중요하다. 이 프로퍼티는 코드를 작성하지 않고 자동으로 데이터 소스를 생성하기 위해 스프링 부트에 의해 사용된다. `connect.database`는 스프링 부트의 내부 프로퍼티가 아니다. 이 이름은 데이터베이스 이름을 정의하는 어떤 이름으로도 정의될 수 있다.

`flyway` 빈에서는 이 버전의 Flyway로 스키마 이름을 설정했다. 이때 스키마가 아직 없다면 스키마를 생성한다.

이어 터미널에서 `mvn spring-boot:run` 명령을 실행하면 MySQL에 만들어진 데이터베이스와 테이블을 볼 수 있다.

엔티티 패키지 아래에 이 두 테이블의 모델 클래스를 작성해 보겠다. 하나는 `Address`고 하나는 `UserDetail`이다. Address.java 파일에 다음 코드를 작성하자.

```
package com.practicalMicroservcies.entity;

import static javax.persistence.GenerationType.IDENTITY;

import java.io.Serializable;
```

```java
import java.util.Date;

import javax.persistence.Column;
import javax.persistence.Entity;
import javax.persistence.GeneratedValue;
import javax.persistence.Id;
import javax.persistence.Table;
import javax.persistence.Temporal;
import javax.persistence.TemporalType;

@Entity
@Table(name = "addresses")
public class Address implements Serializable {

    /**
     * 직렬화를 위한 시리얼 ID
     */
    private static final long serialVersionUID = 1245490181445280741L;
    /**
     * 각 레코드마다 유일한 ID
     */

    @Id
    @GeneratedValue(strategy = IDENTITY)
    @Column(name = "id")
    private int id;

    /**
     * 모든 사용자마다 유일한 사용자 ID
     */

    @Column(name = "user_id", nullable = false, unique = true, length =
    36)
    private String userId;

    /**
     * 사용자 거주 도시
     */
    @Column(name = "city", nullable = false, length = 25)
```

```java
    private String city;

    /**
     * 사용자 주소 첫 번째 줄
     */
    @Column(name = "address_line_1", nullable = false, length = 250)
    private String addressLine1;

    /**
     *
     * 사용자 주소 두 번째 줄
     */
    @Column(name = "address_line_2", nullable = false, length = 250)
    private String addressLine2;

    /**
     * 사용자 도시 핀코드
     */
    @Column(name = "pincode", nullable = false, length = 36)
    private String pinCode;

    /**
     * 사용자 생성일
     */
    @Temporal(TemporalType.TIMESTAMP)
    @Column(name = "created_on", columnDefinition = "TIMESTAMP DEFAULT
CURRENT_TIMESTAMP", length = 0)
    private Date createdOn;

    /**
     * 사용자 삭제일
     */
    @Temporal(TemporalType.TIMESTAMP)
    @Column(name = "deleted_on", columnDefinition = "TIMESTAMP DEFAULT
NULL", length = 0)
    private Date deletedOn;
}
```

클래스 변수의 setter 및 getter 메소드를 여기에 만들어야 한다. 사용자는 다음과 같이 클래스의 toString 메소드를 재정의할 수도 있다.

```java
@Override
public String toString() {
    return "Address [id=" + id + ", userId=" + userId + ", city=" +
    city + ", addressLine1=" + addressLine1 + ", addressLine2=" +
    addressLine2 + ", PinCode=" + pinCode + ", createdOn=" +
    createdOn + ", deletedOn=" + deletedOn + "]";
}
```

다음은 Repository 클래스다.

```java
package com.practicalMicroservcies.repo;

import org.springframework.data.jpa.repository.JpaRepository;

import com.practicalMicroservcies.entity.Address;

public interface AddressRepository extends JpaRepository<Address, Integer>
{
    Address findByUserId(String userId);
}
```

UserDetail의 Entity 클래스는 다음과 같다.

```java
package com.practicalMicroservcies.entity;

import static javax.persistence.GenerationType.IDENTITY;

import java.io.Serializable;
import java.util.Date;

import javax.persistence.Column;
import javax.persistence.Entity;
```

```java
import javax.persistence.GeneratedValue;
import javax.persistence.Id;
import javax.persistence.Table;
import javax.persistence.Temporal;
import javax.persistence.TemporalType;

@Entity
@Table(name = "user_details")
public class UserDetail implements Serializable {

    /**
     *
     */
    private static final long serialVersionUID = 48042788048746171960L;

    /**
     * 각 레코드별 유일한 ID
     */

    @Id
    @GeneratedValue(strategy = IDENTITY)
    @Column(name = "id")
    private int id;

    /**
     * 모든 사용자마다 유일한 사용자 ID
     */

    @Column(name = "user_id", nullable = false, unique = true, length =
    36)
    private String userId;

    /**
     * 사용자 이름
     */
    @Column(name = "first_name", nullable = false, unique = true,
    length = 250)
    private String firstName;

    /**
```

```java
 * 사용자 성
 */
@Column(name = "last_name", nullable = false, unique = true, length
= 250)
private String lastName;

/**
 * 사용자 중간 이름
 */
@Column(name = "middle_name", nullable = false, unique = true,
length = 250)
private String middleName;

/**
 * 주민등록번호 등 사용자의 법적 ID
 */
@Column(name = "legal_id", nullable = false, unique = true, length
= 20)
private String legalId;

/**
 * 사용자 성별
 */
@Column(name = "gender", nullable = false, unique = true, length =
20)
private String gender;

/**
 * 사용자 생일
 */
@Temporal(TemporalType.TIMESTAMP)
@Column(name = "date_of_birth", columnDefinition = "TIMESTAMP",
length = 0)
private Date dateOfBirth;

/**
 * 사용자 생성일
 */
@Temporal(TemporalType.TIMESTAMP)
@Column(name = "created_on", columnDefinition = "TIMESTAMP DEFAULT
CURRENT_TIMESTAMP", length = 0)
```

```
    private Date createdOn;

    /**
     * 사용자 삭제일
     */
    @Temporal(TemporalType.TIMESTAMP)
    @Column(name = "deleted_on", columnDefinition = "TIMESTAMP DEFAULT
    NULL", length = 0)
    private Date deletedOn;
}
```

UserDetail의 모든 인스턴스 변수에 대한 setter와 getter 메소드를 갖는다. 다음 클래스에서는 toString 메소드를 오버라이드한다.

```
    @Override
    public String toString( ) {
        return "UserDetail [id=" + id + ", userId=" + userId + ",
        firstName=" + firstName + ", lastName=" + lastName + ",
        middleName=" + middleName + ", legalId=" + legalId + ",
        gender=" + gender + ", createdOn=" + createdOn + ", deletedOn="
        + deletedOn + "]";
    }
}
```

toString 엔티티의 저장소 클래스도 필요하다.

```
package com.practicalMicroservcies.repo;

import org.springframework.data.jpa.repository.JpaRepository;

import com.practicalMicroservcies.entity.UserDetail;

public interface UserDetailRepository extends JpaRepository<UserDetail,
Integer> {
    UserDetail findByUserId(String userId);
}
```

이제 이 저장소를 다루는 서비스 클래스가 필요하다.

```java
package com.practicalMicroservcies.service;

import java.util.Date;
import java.util.UUID;

import javax.annotation.Resource;
import javax.transaction.Transactional;

import org.springframework.stereotype.Service;

import com.practicalMicroservcies.entity.Address;
import com.practicalMicroservcies.entity.UserDetail;
import com.practicalMicroservcies.repo.AddressRepository;
import com.practicalMicroservcies.repo.UserDetailRepository;

@Service
@Transactional
public class UserDetailServices {

    @Resource
    AddressRepository addressRepo;

    @Resource
    UserDetailRepository userRepo;

    public void saveAddress(Address address) {
        addressRepo.save(address);
        System.out.println("User Saved!");
    }

    public void saveUser(UserDetail userDetail) {
        userRepo.save(userDetail);
        System.out.println("User Saved!");
    }

    public Address getAddress(UUID userId) {
```

```
            Address returnAddressObject =
            addressRepo.findByUserId(userId.toString());
            return returnAddressObject;
        }

        public UserDetail getUser(UUID userId) {
            UserDetail userObjectToRetrun =
            userRepo.findByUserId(userId.toString());
            System.out.println("User Saved!");
            return userObjectToRetrun;
        }

        public void deleteUser(UUID userId) {
            Address addressObject =
            addressRepo.findByUserId(userId.toString());
            addressObject.setDeletedOn(new Date());
            addressRepo.saveAndFlush(addressObject);
            UserDetail userObject =
            userRepo.findByUserId(userId.toString());
            userObject.setDeletedOn(new Date());
            userRepo.saveAndFlush(userObject);
            System.out.println("User Deleted!");
        }
    }
```

마지막으로 프론트엔드 요청을 처리할 컨트롤러가 필요하다. 이 서비스의 사용자 ID는 UUID가 되며 프론트엔드에서 생성돼야 한다. 그렇게 함으로써 프론트엔드 또는 소비자는 다음 코드와 같이 동일한 사용자 ID를 사용해 마이크로서비스를 병렬로 실행할 수 있다.

```
@RestController
@RequestMapping("/PM/user/")
public class UserController {

    @Resource
    UserDetailServices userService;
```

```
@Resource
ObjectMapper mapper;
```

여기에는 두 가지 서비스가 필요하다. 하나는 사용자 관련 작업을 수행하는 데 필요한 UserDetailServices이고, 다른 하나는 JSON을 객체로 또는 그 역으로 변환하는 객체 매퍼다.

또한 모든 사용자의 데이터베이스에 새 주소를 추가하는 방법이 필요하다.

```
    @RequestMapping(method = RequestMethod.POST, value =
"{userId}/address", produces = "application/json", consumes =
"application/json")
    public ResponseEntity<String> createUserAddress(@RequestBody
    Address address, @PathVariable("userId") UUID userId) {
        logger.debug(createUserAddress + " Address for user Id " +
        userId + " is updated as " + address);
        address.setUserId(userId.toString());
        userService.saveAddress(address);
        return new ResponseEntity<>(HttpStatus.CREATED);
    }

    // 사용자 생성

    public static final String createUser = "createUser(): ";

    @RequestMapping(method = RequestMethod.POST, value = "{userId}",
    produces = "application/json", consumes = "application/json")
    public ResponseEntity<String> createUser(@RequestBody UserDetail
    userDetail, @PathVariable("userId") UUID userId) {
        logger.debug(createUser + " creating user with Id " + userId +
        " and details : " + userDetail);
        userDetail.setUserId(userId.toString());
        userService.saveUser(userDetail);
        return new ResponseEntity<>(HttpStatus.CREATED);
    }
```

다음은 ID를 기반으로 데이터베이스에서 사용자를 삭제하는 삭제 요청이다.

```
@RequestMapping(method = RequestMethod.DELETE, value = "{userId}", produces
= "application/json", consumes = "application/json")
    public ResponseEntity<String> deleteUser(@RequestBody UserDetail
    userDetail, @PathVariable("userId") UUID userId) {
        logger.debug(deleteUser + " deleting user with Id " + userId);
        userService.deleteUser(userId);
        return new ResponseEntity<>(HttpStatus.CREATED);
    }
```

다음 메소드는 GET 요청에 따라, ID로 사용자 세부 사항을 가져오는 역할을 담당한다.

```
    @RequestMapping(method = RequestMethod.GET, value = "{userId}",
    produces = "application/json", consumes = "application/json")
    public ResponseEntity<UserDetail> getUser(@PathVariable("userId")
    UUID userId) {
        logger.debug(getUser + " getting information for userId " +
        userId);
        UserDetail objectToReturn = userService.getUser(userId);
        if (objectToReturn == null)
            return new ResponseEntity<>(HttpStatus.NOT_FOUND);
        else
            return new ResponseEntity<>(objectToReturn, HttpStatus.OK);
    }
```

다음 메소드는 데이터베이스에서 특정 사용자 ID에 해당하는 주소를 가져오는 역할을
정의한다.

```
    @RequestMapping(method = RequestMethod.GET, value = "
    {userId}/address", produces = "application/json", consumes =
    "application/json")
    public ResponseEntity<Address> getAddress(@PathVariable("userId")
    UUID userId) {
```

```
logger.debug(getAddress + " getting address for user Id: " +
userId);
Address objectToReturn = userService.getAddress(userId);
if (objectToReturn == null)
    return new ResponseEntity<>(HttpStatus.NOT_FOUND);
else
    return new ResponseEntity<>(objectToReturn, HttpStatus.OK);
}
```

이 컨트롤러에 사용된 URL은 다음과 같다.

```
Post http://localhost:8080/PM/user/<user_Id>
Post http://localhost:8080/PM/user/<user_Id>/address
Get Post http://localhost:8080/PM/user/<user_Id>
Get Post http://localhost:8080/PM/user/<user_Id>/address
Delete Post http://localhost:8080/PM/user/<user_Id>
```

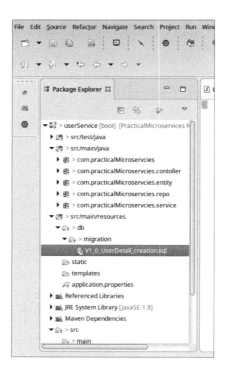

이 시점에서 간단한 사용자 서비스를 테스트하는 것이 좋다. `mvn spring-boot:run` 명령을 사용해 다른 터미널에서 설정 서버 및 사용자 정보 서비스를 시작하자. 그런 다음 데이터베이스가 생성된 것을 볼 수 있고, postman이나 curl과 같은 다른 클라이언트를 통해 URL이 제대로 작동하는지 테스트할 수 있다. address 엔티티는 다음과 같은 JSON 값으로 POST 요청을 시도하자.

```json
{
    "userId": "93a52ce4-9331-43b5-8b56-09bd62cb0444",
    "city": "New York",
    "addressLine1": "4719 Fermun Road",
    "addressLine2": "Yorktown Heights",
    "pinCode": "10004"
}
```

사용자를 만들기 위해 다음과 같이 JSON을 정의한다.

```json
{
    "userId": "93a52ce4-9331-43b5-8b56-09bd62cb0444",
    "firstName": "John",
    "lastName": "Montgomery",
    "middleName": "Allen",
    "legalId": "B053-62-64087",
    "gender": "1",
    "dateOfBirth": "2010-10-27T11:58:22.973Z",
}
```

여기에서 본 기본 서비스로 시작해 보안 및 테스트 관련 내용을 이후의 각각 관련된 장에 포함시킬 것이다.

▮ 요약

2장에서는 서비스 디스커버리, 외부 설정, API 게이트웨이 개념을 다뤘다. 또한 각 개념에 대해 간결하고 짧은 예제를 살펴봤다. 스프링 부트는 이 책의 코드를 수반한 기술이기 때문에 예제에서는 스프링 부트에서 이런 개념을 구현하는 데 집중했다. 또한 이 책 최초의 마이크로서비스인 사용자 등록을 정의했다. 이 서비스는 아직 초기 단계에 있는 프로그램이며 3장에서 보안, 통신 등 여러 측면에서 서비스를 점차 개선시킬 것이다. 3장에서는 마이크로서비스가 서로 통신하는 방법과 함께 금융 서비스를 설명한다. 또한 사용자 등록 마이크로서비스의 통신 부분을 개선시킬 것이다.

03

마이크로서비스 엔드포인트 간의 통신

2장에서는 서비스 발견 및 API 게이트웨이 패턴을 학습했다. 마이크로서비스를 찾는 방법과 마찬가지로, 마이크로서비스가 실제 프로토콜 수준에서 통신하는 방법을 자세히 살펴보는 것도 흥미로울 것이다. 이런 서비스 간 통신 패턴에는 다양한 선택이 가능하다. 요구 사항에 맞는 패턴을 선택했다면, 그 패턴에 어울리는 프로토콜을 좀 더 살펴볼 수 있으며, 여기에는 SOAP, REST, XML-RPC 등 다양한 기술과 표준이 있다. 3장에서는 인터서비스^{Interservice} 마이크로서비스 통신에서 발견되는 주요 패턴을 알아보고, 패턴 중 하나를 예제에서 살펴볼 것이다.

3장에서 다루는 내용은 다음과 같다.

- 마이크로서비스는 어떻게 서로 통신하는가
- 오케스트레이션 대 커리어그래피
- 동기 대 비동기 통신
- 이벤트 기반 마이크로서비스를 위한 메시지 브로커 사용
- 금융 마이크로서비스 개발

▌ 마이크로서비스는 어떻게 통신하는가

최근의 안드로이드 앱 또는 웹페이지에서는 한 페이지에 다양한 카테고리의 데이터가 표시된다. 마이크로서비스 아키텍처를 기반으로 하는 시스템의 경우, 단일 마이크로서비스는 다른 카테고리에 존재하는 데이터를 생성할 수 없다. 서로 다른 마이크로서비스는 각각 자기 영역으로 분류된 데이터를 생성하면서, 서로 다른 마이크로서비스 간에 커뮤니케이션을 수행한다.

모놀리스 유형의 애플리케이션이 비즈니스를 처리할 때, 전체 소스 코드는 동일한 위치와 동일한 언어에 기반을 둔다. 따라서 서로 다른 모듈 간의 통신은 함수 호출을 통해 이뤄진다. 그러나 마이크로서비스는 이와 다르다. 각 마이크로서비스는 완전히 다른 컨텍스트에서 실행되는 다른 프로세스이거나 다른 하드웨어에 존재할 수 있다. 따라서 다양한 형태의 마이크로서비스 통신이 나타날 수 있다.

마이크로서비스 간의 제어 및 통신 흐름을 다음과 같이 분류할 수 있다.

- 오케스트레이션
- 커리어그래피

▌ 오케스트레이션과 커리어그래피의 차이

하나의 목표를 위해 함께 노력하고 있는 어떤 팀을 생각해보자. 여기에는 두 가지 상황이 있을 수 있다. 첫 번째 상황은 팀에 리더가 있고 팀의 두뇌 역할을 하는 경우인데, 그는 팀의 역량을 잘 알고 있으면서 팀 내 다른 팀원들의 작업을 조율한다. 어떤 팀원이 작업을 끝내고 연관된 작업이 있는 경우라면, 다른 팀원에게 종속된 작업을 시작하라고 지시한다. 두 번째 상황은 팀이 스스로 동기를 부여하거나, 서로 대화하면서(메일, 전화, 메신저 또는 그 밖의 매체를 통해서) 리더의 지시없이 자발적으로 소통하며 일하는 경우다. 첫 번째 상황에서는 팀을 운영하기 위해 리더를 고용해야 하는데, 맞는 인재를 구하기가 쉽지 않을 뿐만 아니라 급여도 많이 주어야 한다. 두 번째 상황에서는 첫 번째 상황과 같은 문제가 없다. 하지만 팀원의 작업 상황 변화에 따라 업무 흐름을 변경해야 하는 경우, 기존 작업을 완료한 후에 모든 팀원에게 상황 변화를 알리고 다른 팀원들이 원활하게 업무를 진행할 수 있도록 해야 한다. 첫 번째 시나리오에서 리더는 언제든지 팀에서 어떤 일이 발생하는지 파악하고 알려줄 수 있지만, 두 번째 시나리오에서는 모든 팀원이 서로 상호작용하면서 상황을 파악하고 공유해야 한다.

첫 번째 시나리오에 해당하는 통신 방식을 오케스트레이션이라고 하고, 두 번째 시나리오에 해당하는 통신 방식을 커리어그래피라고 한다. 이제 자세히 살펴보자.

오케스트레이션

명칭에서 알 수 있듯이 오케스트레이션Orchestration 패턴은 오케스트라 지휘자가 지휘하는 것처럼 한 중심점을 기반으로 의사소통이 진행된다. 지휘자가 신호하는 것처럼, 서비스가 작동하도록 서비스를 요청하면, 서비스는 이에 응답한다. 합주를 하는 연주자 팀을 생각해보자. 모든 연주자는 자신의 역할을 잘 알고 연주한다. 그런데 어떤 시점에 어떤 비트 또는 스트링을 연주해야 하는지는 어떻게 알 수 있을까? 지휘자의 지휘에 따라 각 연주자들은 자신의 악기를 언제 어떻게 연주해야 하는지 알 수 있으며, 지휘를 통해서 전체 연주가 진행된다.

마이크로서비스 패턴에도 동일한 개념이 적용된다. 중재자 서비스는 오케스트라(몇 개의 관련된 마이크로서비스들)의 두뇌 또는 지휘자 역할을 하며, 중재자 서비스가 상황에 맞게 각 마이크로서비스에 작업을 요청하고, 모든 마이크로서비스는 단일 비즈니스 목적으로만 작동한다.

중재자 서비스는 원하는 서비스에 메시지를 전송한다. 이런 메시지는 HTTP 호출이나 소켓 호출처럼 다양한 방식으로 전송될 수 있다. 여기서 주목할 것은, 이 패턴이 동기식이 되거나 비동기식이 될 수도 있다는 점이다. 일반적으로 마이크로서비스 아키텍처에서는 개별 서비스들끼리 서로 통신하도록 설계하지 않는다. 오케스트레이션에서 워크플로우 수정은 용이하다. 오케스트레이션에서 프로토콜이 한정될 필요는 없다. 중재자 서비스는 다른 프로토콜을 사용하는 서비스 간의 연동도 가능해야 한다. 예를 들어, 서비스 A가 HTTP를 사용하고, 서비스 B가 XML/RPC 프로토콜을 사용하는 경우에도 연동에는 문제가 없어야 한다. 2장, '마이크로서비스 컴포넌트 정의'에서 설명한 지능형 API 게이트웨이 패턴은 이런 중재자 서비스 역할을 수행할 수 있다.

중재자 서비스 방식에는 몇 가지 문제도 있다. 여기에는 중재자 서비스가 중앙 권위자가 되며, 모든 로직이 여기에 상주하기 시작한다. 이는 훌륭한 마이크로서비스 디자인이라고 할 수 없다. 중재자 서비스 내부 로직이 서비스들끼리 많은 의존성을 초래할 수도 있다. 예를 들어, 서비스 A가 동작할 때 서비스 B를 항상 호출하는 중재자 서비스의 로직이 있다면, 이 시나리오에서 서비스 B는 서비스 A에 종속적이다.

앞의 예에서 중재자 서비스는 먼저 구매 내역과 은행 세부 정보를 확인한다. 그런 다음 의사 결정 서비스에 결정을 내리라고 요청한다. 사용자는 언제나 자신의 신청이 어느 단계에 있는지 알 수 있다. 하지만 앞서 언급했듯이, 로직이 현재 대출 서비스에 내재되어 있으며, 점차 규모가 커질수록 시스템에 영향을 주기 시작할 것이다.

중재자 서비스를 작동시키고, 운영하고, 유지시키는 것은 전체 아키텍처에서 단일 실패 지점이 될 수 있는 문제점도 있다. 이들 문제는 더 나은 도구를 사용하거나 확장이나 클러스터링 같은 클라우드 기반 기술로 해결할 수 있다. 이 외에도 오케스트레이션 모델은 매우 복잡한 도메인에서는 구현하기가 쉽지 않다. 반대로, 의사 결정자 또는 관리자가 단 한 명이라면, 분산 설계하기가 오히려 어려워진다.

커리어그래피

오케스트레이션과는 다르게 커리어그래피Choreography에서 각 구성 요소는 다른 구성 요소와 함께 미리 정의된 작업을 수행하도록 조정된다. 이것은 마치 미리 정의된 단계대로 춤을 추도록 훈련된 댄스 그룹과 같다. 댄서는 다른 댄서와 함께 혹은 각자 춤을 출 수 있다.

오케스트레이션은 항상 한 관점에서 전체를 제어하기 때문에, 공동 작업을 통해 각 마이크로서비스들끼리 서로 상호작용을 할 수 있게 하는 커리어그래피와 다르다.

커리어그래피에서 서비스는 작업을 마친 후 새로운 작업을 시작하기 위해서 다른 서비스와 통신을 하는데, 이런 통신은 일대일, 일대다 또는 다대다 등의 다양한 형태로 발생할 수 있다. 오케스트레이션과 마찬가지로 커리어그래피에서의 통신도 동기식 또는 비동기식으로 발생할 수 있다. 이상적으로 커리어그래피에서 각 서비스가 서로 통신하도록 결정하는 글로벌 프로토콜이 있다. 커리어그래피는 비동기 통신과 함께 사용하는 것이 바람직하다. 중앙 서비스가 없이 각 컴포넌트는 작업이 완료되면 이벤트가 발생돼 서비스가 분리되고 서로 독립적으로 작용한다. 각 컴포넌트는 다른 서비스에서 발생시킨 이벤트나 메시지를 받을 때 해당 메시지에 응답한다.

커리어그래피에서 서비스는 메시지 또는 요청 수단이나 요청 내용에 서로 관련성을 가지며, 서로의 환경을 파악한다. 메시지 기반 통신에서 커리어그래피는 매우 효과적으로 작동한다. 서비스 간 의존성을 없애거나, 새로운 서비스의 추가나 오래된 서비스의 삭제 등이 쉽기 때문에, 오케스트레이션 패턴에서 나타날 수 있는 의존성 문제를 해결할 수 있다. 하지만 커리어그래피는 시스템의 복잡성을 증가시킬 수 있다. 각 서비스는 런타임에 메시지를 생성하고 소비하기 때문에 트랜잭션의 정확한 상태를 식별할 수 있는 적절한 방법이 없다. 따라서 서비스가 시스템의 현재 상태를 보려면 자체적인 노력이 필요한데, 이것이 커리어그래피의 단점이 될 수 있다.

어떤 패턴이 다른 패턴보다 무조건 좋다고 보기는 어렵다. 앞에서 언급한 패턴 중에서 상황에 맞는 하나를 선택해 사용하는 것이 필요하다. 때로는 이 두 패턴을 혼합해 같은 시스템에서 사용할 수도 있다. 예를 들면, 큰 데이터를 분석하는 이벤트 스트림에는 커리어 그래피를 사용하고, 내부 시스템에는 오케스트레이션을 사용할 수 있다. 이제, 마이크로서비스에 관한 패턴을 조금 다른 각도에서 살펴보자.

관점을 바꿔, 마이크로서비스 간 데이터 흐름 및 통신 방법을 다음과 같이 분류하자.

- 동기식
- 비동기식

동기식 통신과 비동기 통신

앞 절에서는 마이크로서비스 간의 통신을 트리거하는 방법에 대해서 살펴봤다. 다른 서비스를 제어하는 하나의 서비스(오케스트레이션)가 있거나, 다른 마이크로서비스와 통신하고자 할 때 서로를 알고 있어야 하는 마이크로서비스(커리어그래피)들이 있을 수 있다. 어떤 패턴도 선택이 가능하지만 선택과 관계없이 통신의 트리거가 동기인지 비동기인지 여부를 결정해야 한다. 즉 통신 방법을 결정할 때 두 가지 방법이 있다. 첫째 방법은, 마이크로서비스가 조건을 부여하고 결과를 기다리면서(동기), 다른 마이크로서비스로부터 데이터를 수집하기를 원하나? 둘째 방법은, 다른 모든 마이크로서비스에게 그 일을 했다는 것을 알린 후, 바로 자신의 다음 작업을 수행(비동기)하기를 원하나? 다음 절에서 두 가지 방법을 모두 살펴본다.

동기식 통신

명칭에서 알 수 있듯이 동기식 통신에서는 두 서비스 간에 통신이 이뤄지며 시기 적절한 응답을 예상한다. 사용자측 서버는 리모트 서버의 응답이 수신될 때까지 기다리거나, 기다리는 것을 멈춘다. 동기식 통신에서 수신자는 통신이 성공했는지 실패했는지 즉시 알 수 있으며, 결과를 바탕으로 필요한 결정을 내린다. 이 방법을 구현하는 것은 매우 쉽다. 요청/응답 구조이기 때문에 REST가 동기식 통신을 위한 최상의 선택이 될 수 있다. 마이크로서비스 개발자는 JSON을 최상의 접근 방식이라고 생각하지만 HTTP, SOAP, XMLPRC 및 소켓 프로그래밍 등 이들 모두가 동기식 통신의 후보가 될 수도 있다. 이를 더 잘 이해하기 위해 재고 관리 시스템 예제를 살펴보자.

선글라스 웹사이트 http://myeyewear.com/를 예제로 선택하고, 이 웹사이트에서 크리스마스 판매를 발표했다고 가정해보자. 이 경우 특정 순간에 한 제품을 보고 장바구니에 추가하려는 사람이 많을 수 있다. 이 시나리오에서, 제품 판매 가능 여부를 확인한 다음 고객이 장바구니에 추가할 수 있도록 구현한다면, 회사는 고객이 구매하거나 장바구니 시간이 만료될 때까지 이 제품의 재고를 차단하고 관리할 수 있어야 한다. 이 상황을 처리할 수 있는 방법은 여러 가지가 있지만, 이번 예제에서는 마이크로서비스가 REST를 통해 통신한다고 가정하자. 이 프로세스는 다음 단계를 거쳐 수행된다.

1. 고객이 장바구니에 제품을 추가하기 위해 API 게이트웨이로 이동한다.
2. API 게이트웨이는 제품ID가 있는 장바구니 관리 서비스로 이동해 사용자 장바구니에 추가한다.
3. 장바구니 서비스가 인벤토리 서비스를 조회해 주어진 제품ID의 인벤토리에 다른 요청의 쓰기를 차단한다(블로킹한다).
4. 이때 장바구니 관리 서비스는 인벤토리 서비스의 응답을 기다린다. 한편, 인벤토리 서비스는 제품의 가용성을 확인하고 재고가 있는 경우 이를 예약 관리하여, 장바구니 관리 서비스에 응답한다.
5. 수신된 응답에 따라 장바구니 서비스는 장바구니에 제품을 추가하고 고객에게 응답한다.

이 통신에서 호출하는 서비스는 인벤토리 서비스의 존재를 알아야 하며, 결과적으로 인벤토리 서비스는 그 사이에 일종의 종속성을 만든다. 또한 호출 서비스는 호출된 서버로부터 응답을 받을 때까지 호출을 차단한다. 이것은 강하게 결합된 커플링이다. 호출 서비스는 호출된 서비스에서 발생하는 다양한 오류를 처리하거나 호출 서비스가 중단될 수도 있다. 이런 상황을 처리하기 위해 타임아웃을 활용할 수도 있지만, 타임아웃은 시스템 자원의 낭비로 연결된다. 호출에서 타임아웃이 발생되면 결과적으로 자원 소비를 제한하고 응답 시간을 지연시키게 되며, 그 이후의 호출에 대해서도 호출된 서비스로부터 아무런 응답도 얻지 못한다.

서킷 브레이커 패턴은 이러한 발신 서비스의 오류 또는 발신 서비스의 응답이 없는 상황을 해결할 수 있다. 2장에서는 서킷 브레이커를 소개만 했는데, 여기서는 좀 더 자세히 살펴보겠다.

서킷 브레이커 패턴은 미리 정의한 규칙이나 임곗값을 기반으로 오류를 식별한다. 그런 다음 호출 서비스가 문제가 발생된 서비스를 특정 기간 동안 다시 호출하지 못하게 하거나, 적절한 폴백 함수로 이동시킨다. 서킷 브레이커 패턴에는 서킷이나 호출에는 다음과 같은 세 가지 상태가 있다.

- 닫힌 상태
- 열린 상태
- 반 열린 상태

닫힌 상태에서 호출은 완벽하게 실행되고 호출하는 서비스는 호출된 서비스에서 결과를 얻는다. 열린 상태에서는 호출된 서비스가 응답하지 않고 임계치를 초과한 경우 해당 서킷은 열린 것으로 표시된다. 설정된 시간 동안 문제가 발생된 서비스에 더 많은 요청을 보내지 않고 미리 설정된 다른 서비스로 폴백한다. 마지막 상태는 반 열린 상태이다. 열린 상태에서 설정된 시간이 열린 상태를 초과할 때마다 서킷 브레이커가 반쯤 열린 상태가 된다. 이 상태에서 문제가 발생한 서비스를 가끔 호출해 문제가 해결됐는지 확인한다. 상황이 정상이면 서킷을 닫힌 상태로 표시하고, 그렇지 않으면 다시 열린 상태로 되돌린다.

이 패턴을 구현하기 위해 인터셉터^{Interceptor}가 호출 서비스측에서 사용된다. 인터셉터는 나가는 모든 요청과 응답의 수신을 감시한다. 미리 정의된 임계치에 대한 요청이 실패하면 요청을 외부로 보내는 것을 중지하고 미리 정의된 응답 또는 방법으로 응답한다. 서비스의 열린 상태를 유지하기 위해 타이머를 활용한다.

스프링은 넷플릭스 히스트릭스를 지원한다. 애노테이션을 추가해 이 기능을 사용할 수 있다. 온라인 영화 티켓 사이트를 생각해보자. 한 티켓의 예약이 실패하거나 트래픽이 많아 타임아웃되는 경우, 해당 시간에 다른 영화를 추천해 티켓을 예약할 수 있다.

티켓 예약 애플리케이션이 있고, 사용자 애플리케이션이라고 하는 호출 애플리케이션이 있다. 사용자 애플리케이션은 URL http://<application Ip:port>/bookingapplication/{userId}/{movieId}을 호출한다.

티켓 예약 신청서에 대한 URL 오류의 경우 몇 가지 간단한 주석을 사용해 폴백 메소드를 구성할 수 있다. 다음처럼 코드를 사용할 수 있다.

```
package com.practicalMicroservice.booking;

import org.springframework.boot.SpringApplication;
import org.springframework.boot.autoconfigure.SpringBootApplication;
import org.springframework.web.bind.annotation.RestController;
import org.springframework.web.bind.annotation.RequestMapping;

@RestController
@SpringBootApplication
@EnableCircuitBreaker

public class ConsumingApplication {

    @Autowired
    private ConsumingService consumingService;
```

```
    @RequestMapping(method = RequestMethod.POST,value =
"/book/{movieId}",produces = "application/json")
    public String book ticket(@PathVariable("userId") String
userId,@PathVariable("movieId") String movieId){
        return consumingService.bookAndRespond(userId,movieId);
    }

    public static void main(String[] args) {
        SpringApplication.run( ConsumingApplication .class, args);
    }
}
```

@EnableCircuitBreaker 애노테이션은 스프링 부트 애플리케이션에서 서킷 브레이커 패턴을 사용할 수 있도록 한다. 애플리케이션에서 히스트릭스를 서킷 브레이커 패턴으로 사용하려면 @HystrixCommand라는 또 다른 애노테이션이 있다. 그러나 @service 또는 @component로 애노테이션 처리된 클래스에서만 사용할 수 있다. 이제 서비스 클래스를 작성해보자.

```
@Service
public class ConsumingService {

    @Autowired
    private RestTemplate restTemplate;

    @HystrixCommand(fallbackMethod = "getAnotherCurentlyShowingMovie")
    public String bookAndRespond() {
        URI uri = URI.create("http://<application Ip:port>/bookingapplication/
        {userId}/{movieId}");

        return this.restTemplate.getForObject(uri, String.class);
    }

    public String getAnotherCurentlyShwoingMovie() {
        return "We are experiencing heavy load on booking of your movie.
        There are some other movies are running on same time, please check
        if you are interested in any one. " + getSameShowtimeMovieList() ;
```

```
    }

    public String getSameShowtimeMovieList() {
        return "fast and Furious 8, The Wolverine3";
    }
}
```

선행하는 클래스에서는 서킷이 실패할 때마다 문제가 발생된 서비스를 더 이상 호출하지 않는다. 실패한 메소드를 실행하기보다 폴백 메소드인 getAnotherCurentlyShowingMovie 를 호출해 사용자에게 동시상영 중인 영화를 보여준다.

서킷 브레이커 패턴은 동기식 통신의 장애를 처리하는 데 적합하지만 다른 문제는 해결하지 못한다. 다른 서비스의 존재를 알면 알수록 서비스 간의 커플링이 심해질 수 있으며, 결국 너무 많은 커플링은 마이크로서비스 아키텍처가 아닌, 단일 애플리케이션으로 되돌려 놓는다.

비동기식 통신

비동기식 통신에서는 동기식 서비스와 달리, 서비스를 호출한 후 응답을 기다릴 필요가 없이 나머지 작업을 계속 수행한다. 같은 방식으로, 호출 서비스 내부에는 리스너가 있어, 다른 서비스에 의해 생성된 서비스 요청을 수신하고 처리한다. 이 방식의 주요 장점은 다른 서비스의 요청을 차단하지도 않고, 요청한 다른 서비스의 응답을 기다리지도 않는 것이다. 일반적으로 메시지 브로커는 이런 비동기 통신에 사용된다. 호출하는 서비스는 메시지가 손상되지 않는 한 배달되는 메시지에만 관심이 있으며, 그다음 작업을 계속한다. 이렇게 하면 호출된 서비스가 작동하지 않아도 호출한 서비스에 영향을 주지 않는다. 이 서비스를 사용하면 서비스들이 분리되고 다른 서비스의 존재를 알 필요가 없다.

이런 유형의 패턴은 기본적으로 한 서비스에서 자체 요청 처리 중에 다른 서비스의 일부 데이터가 필요 없다는 가정하에 이뤄진다. 서비스를 요청한 후 데이터를 기다리는 대신,

다른 서비스를 호출한다. 서비스가 다른 서비스와 관련된 데이터를 필요로 하는 경우에는, 자기 컨텍스트 내에서 스스로를 복제한 후 해당 도메인으로부터 데이터를 수신하여 필요한 처리를 수행한다. 이와 같은 형태로, 결과적 일관성^{Eventual Consistency}을 얻을 수 있다.

결과적 일관성은 주어진 데이터 항목에 대한 변경이 없고 처리에 문제가 없다면, 결국 해당 항목의 모든 처리가 마지막으로 업데이트된 값을 반환한다는 것을 비공식적으로 보장하는, 고가용성을 달성하기 위해 분산 컴퓨팅에서 사용되는 일관성 모델이다.

메시지 기반/이벤트 기반 비동기 통신

비동기 통신의 기본 개념은 기본적으로 한 요소에서 다른 요소로 전달되는 메시지에 바탕을 둔다. 이런 메시지는 어떤 명령이나 이벤트, 또는 처리된 정보일 수 있다.

비동기 통신에는 일반적으로 두 가지 유형이 있다.

- 메시지 기반
- 이벤트 기반

두 유형 모두 같은 방식으로 작동한다. 다른 서비스가 자신의 작업을 수행할 수 있도록 작업이 완료되면 호출된 서비스에서 메시지가 발생된다. 두 통신 패턴 간에 명확한 차이는 없지만, 메시지 기반 통신은 피어 투 피어^{Peer to Peer} 통신에서 작동하고, 이벤트 기반 통신은 게시자/구독자^{Publisher/Subscriber}를 기반으로 작동한다. 메시지 기반 통신에서는 사전에 정의된 큐 이름이나 채널을 사용해 결합력을 얻는다. 이벤트 기반 또는 명령 기반 통신의 경우 사전에 정의된 형식을 공유해야 한다. 다음 그림에서 볼 수 있듯이, 서비스 A는 메시지를 사전 정의된 큐로 푸시하고 있는데, 논리적으로 서비스 A는 서비스 B가 메시지를 받고 이에 대해 추가 조치를 취한다는 것을 알기 때문에 서비스 B의 존재를 알고 있다는 것을 의미한다.

반면, 이벤트 기반 커뮤니케이션에서는 서비스 A가 이벤트를 발생시킨 다음 이후의 상황은 신경 쓰지 않는다. 아마도 이벤트를 서비스 B가 사용하거나, 서비스 D 또는 매우 최근에 추가된 다른 새로운 서비스가 처리할 수도 있다. 해당 이벤트를 받는 서비스가 없을 수도 있다. 그래서 사고 방식에 약간의 변화가 필요하다. 다음 그림에서 보듯이, 서비스 A는 작업을 완료하고 그것이 누구에게 필요한지 알지 못한 채 이벤트를 게시한다. 메시지 기반의 경우, 서비스 A는 서비스 B가 이벤트를 수신할 것을 안다. 서비스 A가 발송한 메시지를 서비스 B만 읽을 수 있거나 서비스 B에만 유용한 형식의 데이터일 수도 있다. 하지만 이벤트 기반 통신에서는 정해진 형식과 처리가 완료된 후의 데이터가 이벤트에 포함되어 있어, 이전의 서비스 또는 신규 서비스에서도 메시지를 읽고 처리할 수 있다. 따라서 마이크로서비스 아키텍처에서는 메시지 또는 이벤트 형식을 표준으로 정의해야 한다. 다음 그림은 이벤트 기반 통신을 위한 시나리오를 설명한다.

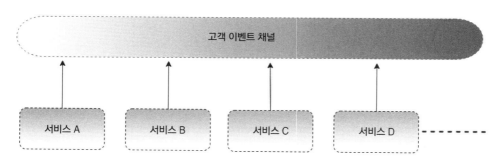

두 가지 유형에는 공통 특성이 있는데, 그 공통 특성을 메시지 기반^{Message-Driven} 통신이라고 부르자. 다음은 메시지 기반 통신의 장점을 설명하는 내용이다.

- 비동기식 통신에서는 서비스가 분리되므로, 이 스타일에서 얻을 수 있는 첫 번째 이점은 쉬운 확장이다. 새로 개발된 서비스는 메시지/이벤트를 수신하고 조치

를 취하기 위해 자동으로 추가될 수 있다. 발신자는 새로운 수신자를 알 필요가 없다.

- 메시지 기반 통신에서 배압Back Pressure은 동기식 통신보다 더 나은 방식으로 처리될 수 있다. 소비자가 소비하는 속도보다 생산자가 더 빨리 메시지를 생성한다면, 큐에 처리해야 할 메시지가 많이 쌓이는데, 이 상황을 배압이라고 부른다. 배압이라는 특별한 상황에서 소비자는 두 가지 일을 할 수 있다. 우선, 생산자에게 속도를 늦추라고 말하는 이벤트를 생성할 수 있다. 둘째로, 더 많은 작업 자원을 조용히 추가할 수 있다. 이런 종류의 문제는 주로 이벤트 처리에서 발생한다.

비동기 통신의 단점은 다음과 같다.

- 메시지 브로커는 고가용성으로 설치 및 설정해, 유지관리를 해야 하기 때문에 운영의 복잡성이 증가하는 부담이 있다.
- 시스템에서 무슨 일이 일어나고 있는지 알기 어렵다. 메시지가 흐르고 다양한 서비스가 구동되고 있지만, 자율적인 특성으로 인해 시스템에서 발생되는 일을 명확하게 파악하기 어렵다. 따라서 어떤 문제를 디버깅할 때는 추가 노력이 필요하다.
- 때로는 요청/응답 구조를 메시지 기반 통신으로 변환하기 어렵다. 열차 예약 시스템을 예로 들면, 런타임에 가용성을 확인하지 않으면 티켓을 예매할 수 없다. 이런 종류의 시나리오에서는 동기식 통신이 적합하다.

REST와의 비동기 통신 구현

비동기 통신은 모든 메시지 브로커뿐만 아니라 REST 전체 서비스에서도 발생할 수 있다. REST 기반의 비동기식 통신에서는 메시지 핸들러 허브를 마이크로서비스로 사용할 수 있다. 모든 마이크로서비스는 메시지를 허브에 전달한다. 이제 허브는 메시지를 각각의 서비스에 전달한다. 이런 식으로, 메시지 허브가 하나밖에 없기 때문에 호출하는 서비스는 메시지를 제출할 때 기다릴 수는 있지만, 호출된 서비스에서 오는 응답을 기다릴 필요는 없다. 다음 그림은 이 개념을 보여준다.

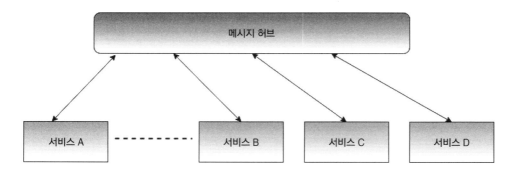

위 그림에서 볼 수 있듯이, 서비스 A는 작업을 마치고 메시지 허브에 메시지를 제출한다. 메시지 허브가 이 메시지를 다른 서비스에 전달할 수 있는 두 가지 방법이 있다. 한 가지 방법은 메시지 허브를 패킷을 읽고 패킷과 관련된 마이크로서비스로 보낼 수 있도록 지능화시키는 것이다. 두 번째 방법은 메시지 허브에 등록된 모든 서비스에 메시지를 보내는 것이다. 이 경우에, 메시지와 관련 없는 서비스는 메시지를 무시하고 메시지와 관련된 서비스만 메시지를 처리한다.

메시지 브로커와의 비동기 통신 구현

메시지 브로커 구현을 위해 '크리스피번^{Crispy Bun}'과 같은 햄버거 가게를 예로 들어보자. 고객이 한 창구에서 주문을 하고, 다음 창구에서 주문을 기다리는 자동차 전용 버거 가게다. 첫 번째 창구에서 주문을 받고 주문을 메시지 또는 이벤트로 전달하는 시스템이 있다. 요리사 앞에는 모든 주문이 나열되는 또 다른 요소가 있다. 여기에서 요구 사항은, 모든 요리사가 볼 수 있도록 주문서를 중간 브로커(큐/토픽)에 제출할 수 있어야 한다는 것이다. 바로 요리가 가능한 요리사 컴포넌트가 없다 해도 주문이 사라지지 않아야 하며, 요리사 컴포넌트가 주문을 읽어 처리할 수 있도록 주문을 저장해야 한다. 이 예제는 확장될 수도 있다. 예를 들어, 많은 컴포넌트가 토픽을 들을 수 있어야 하며, 동일한 주문이 요리사 컴포넌트와 포장 팀에게 함께 전달돼 주문을 포장할 상자를 만들고, 음료 팀이 음료를 준비할 수 있어야 한다. 따라서 서로 다른 컴포넌트들이 각각의 주문을 처리하면서 필요한 조치를 취할 수 있다. 다만 여기에서는 문제를 간단히 하기 위해 하나의 주문접수 컴포넌트와 하나의 요리사 컴포넌트만을 생각해본다.

RabbitMQ는 AMQP^Advanced Message Queing Protocol 를 구현하는 가장 인기 있는 메시지 브로커 솔루션 중 하나다. RabbitMQ는 얼랭^Erlang 언어를 기반으로 만들어졌는데, 일반 메시지 브로커와는 다른 차이점이 있다. RabbitMQ는 메시지를 익스체인지^Exchange 로 보내는 대신 큐에 직접 게시한다. 익스체인지는 속성, 바인딩, 라우팅 큐를 기반으로 다른 큐로 라우팅되는 메시지를 담당한다. 다른 라우팅 키를 갖는 많은 큐가 같은 익스체인지에 있을 수 있다. 예를 들어, 이 예제에서 음료를 주문할 수 있다. 그런 다음 게시자는 바인딩 요리사_키 또는 바인딩 전체_키로 생성된 주문에 대한 메시지를 보낼 수 있다. 바인딩 전체_키가 있는 메시지는 두 큐로 이동하지만 바인딩 요리사_키가 있는 메시지는 요리사-큐로 이동한다. 음료가 포함되어 있지 않은 주문은 바인딩 요리사_키와 함께 전달될 것이다.

다음 그림은 이 개념을 설명한다.

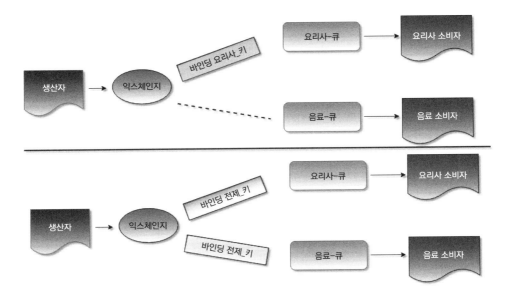

RabbitMQ에 대한 지식이 있는 것이 좋다. 다음은 유닉스 서버에 RabbitMQ를 설치하는 방법을 간단히 설명한 것이다.

1. sudo apt-get update 명령을 실행한다.
2. 다음 명령을 사용해 RabbitMQ 애플리케이션 리포지토리 및 키를 추가한다.

```
echo "deb http://www.rabbitmq.com/debian/ testing main" >> /etc/apt/
sources.list
curl http://www.rabbitmq.com/rabbitmq-signing-key-public.asc | sudo
apt-key add -
```

3. sudo apt-get update 명령을 사용해 다시 업데이트한다.
4. 다음으로 sdo apt-get install rabbitmq-server 명령을 실행한다.

이로서 서버에 얼랭과 RabbitMQ를 설치하고 RabbitMQ 서비스를 시작하자. 서비스가 자동으로 시작되지 않는 경우 service babitmq-server start 명령을 사용해 RabbitMQ를 시작할 수 있으며, 이 설치와 함께 RabbitMQ의 클러스터 및 노드를 처리하는 관리자 콘솔도 필요할 수 있다. 이렇게 하려면 다음 명령을 사용해 RabbitMQ 플러그인을 설치해야 한다.

```
sudo rabbitmq-plugins enable rabbitmq_management
```

작업이 완료되면 http://〈yourip〉:15672에서 관리 콘솔을 열 수 있으며, 다음 화면과 유사한 페이지가 나타날 것이다. 이 페이지를 여는 초기 사용자 이름과 패스워드는 guest다.

앞에서 언급했듯이 두 가지 애플리케이션이 있다. 하나는 생산자이고 하나는 소비자다. 이제 RabbitMQ가 완성됐으니, 실제로 주문을 생산해 디폴트 익스체인지에 제출하는 작은 코드를 쓸 것이다. 디폴트 익스체인지에는 이름이 없다. 빈 문자열 ""이고 메시지는 crispyBunOrder라는 이름의 큐로 전달될 것이다.

pom.xml 파일은 다음과 같다.

```xml
<?xml version="1.0" encoding="UTF-8"?>
<project xmlns="http://maven.apache.org/POM/4.0.0"
xmlns:xsi="http://www.w3.org/2001/XMLSchema-instance"
    xsi:schemaLocation="http://maven.apache.org/POM/4.0.0
http://maven.apache.org/xsd/maven-4.0.0.xsd">
    <modelVersion>4.0.0</modelVersion>

    <groupId>com.practicalMircorservice</groupId>
    <artifactId>EventProducer</artifactId>
    <version>0.0.1-SNAPSHOT</version>
    <packaging>jar</packaging>

    <name>EventProducer</name>
    <description>com.practicalMircorservice </description>
    <parent>
```

```xml
            <groupId>org.springframework.boot</groupId>
            <artifactId>spring-boot-starter-parent</artifactId>
            <version>1.4.1.RELEASE</version>
            <relativePath /> <!-- lookup parent from repository -->
        </parent>

        <properties>
            <project.build.sourceEncoding>UTF-8</project.build.sourceEncoding>
            <project.reporting.outputEncoding>UTF-8</project.reporting.outputEncoding>
            <java.version>1.8</java.version>
        </properties>

        <dependencies>
                <dependency>
                    <groupId>org.springframework.cloud</groupId>
                    <artifactId>spring-cloud-starter-stream-rabbit</artifactId>
            </dependency>
            <dependency>
                <groupId>org.springframework.boot</groupId>
                <artifactId>spring-boot-starter-web</artifactId>
            </dependency>
        </dependencies>

        <dependencyManagement>
            <dependencies>
                <dependency>
                    <groupId>org.springframework.cloud</groupId>
                    <artifactId>spring-cloud-dependencies</artifactId>
                    <version>Camden.SR1</version>
                    <type>pom</type>
                    <scope>import</scope>
                </dependency>
            </dependencies>
        </dependencyManagement>

        <build>
            <plugins>
                <plugin>
                    <groupId>org.springframework.boot</groupId>
```

```
          <artifactId>spring-boot-maven-plugin</artifactId>
        </plugin>
      </plugins>
    </build>
</project>
```

생산자 애플리케이션에는 두 개의 자바 파일이 있다.

- EventProducerApplication.java: 이 파일은 메인 애플리케이션이며 REST 컨트롤러가 포함되어 있다.
- CrispyBunOrder.java: 이것은 보낼 주문 객체다.

EventProducerApplication.java 코드는 다음과 같다.

```
@SpringBootApplication
@EnableBinding
@RestController
public class EventProducerApplication {

    private final String Queue = "crispyBunOrder";
    @Autowired
    private RabbitTemplate rabbitTemplate;

    public static void main(String[] args) {
        SpringApplication.run(EventProducerApplication.class, args);
    }

    @RequestMapping(method = RequestMethod.POST, value = "/orders/{orderId}")
    public void placeOrder(@PathVariable("orderId") UUID
    orderId,@RequestParam("itemId") Integer
    itemId,@RequestParam("userName") String userName) {
        CrispyBunOrder orderObject =
        createOrder(orderId,itemId,userName);
        rabbitTemplate.convertAndSend(Queue,orderObject);
    }
```

```java
    private CrispyBunOrder createOrder(UUID orderId,Integer itemId, String
userName){
        CrispyBunOrder order = new CrispyBunOrder();
        order.setItemId(itemId);
        order.setOrderId(orderId);
        order.setUserName(userName);
        order.setOrderPlacedTime(new Date());
        return order;
    }
}
```

위의 클래스는 orderId, itemId, userName을 매개 변수로 사용해 순서를 생성한다. CrispyBunOrder라는 이름의 큐에 주문을 제출할 것이다. POM 파일에 클라우드 스트림 RabbitMQ 종속성을 추가했으므로 스프링 부트는 자동으로 Rabbit 템플릿을 만들 것이다. RabbitMQ 템플릿의 도움으로, 어떤 오브젝트라도 주어진 큐 이름으로 보낼 수 있다. 사실 디폴트 익스체인지에 제출하고 있다. 디폴트 익스체인지는 이름이 없다. 그것은 빈 문자열 ""이다. 따라서 디폴트 익스체인지에 제출된 메시지는 큐 이름으로 직접 전달된다.

CrispyBunOrder 객체 클래스는 다음과 같이 네 개의 매개변수를 가진다.

```java
package com.practicalMircorservices.eventProducer;

import java.io.Serializable;
import java.util.Date;
import java.util.UUID;

public class CrispyBunOrder implements Serializable{
    /**
     *
     */
    private static final long serialVersionUID = 6572547218488352566L;

    private UUID orderId;
```

```
   private Integer itemId;
   private Date orderPlacedTime;
   private String userName;
   public UUID getOrderId() {
      return orderId;
   }
   public void setOrderId(UUID orderId) {
      this.orderId = orderId;
   }
   public Integer getItemId() {
      return itemId;
   }
   public void setItemId(Integer itemId) {
      this.itemId = itemId;
   }
   public Date getOrderPlacedTime() {
      return orderPlacedTime;
   }
   public void setOrderPlacedTime(Date orderPlacedTime) {
      this.orderPlacedTime = orderPlacedTime;
   }
   public String getUserName() {
      return userName;
   }
   public void setUserName(String userName) {
      this.userName = userName;
   }
}
```

application.properties의 두 가지 속성은 다음과 같다.

```
spring.rabbitmq.host=localhost
spring.rabbitmq.port=5672
```

이것은 RabbitMQ의 기본 포트다.

이제, 완전히 새로운 애플리케이션인 EventConsumerApplication으로 넘어가자. 이 애플리케이션은 start.spring.io에서 생성된 코드를 다운로드해 만들 수 있다. 다운로드하기 전에 Stream Rabbit 확인란을 클릭했는지 확인하자. 이 애플리케이션에서 CrispyBunOrder 클래스는 역직렬화해야 하므로 생산자와 동일할 것이다. 그 외에도, RabbitMQ 큐 이름인 crispyBunOrder를 받는 리스너가 있을 것이다. 이 클래스의 코드는 다음과 같다.

```
package com.practicalMircorservices.eventProducer;

import org.springframework.amqp.core.Queue;
import org.springframework.amqp.rabbit.annotation.RabbitHandler;
import org.springframework.amqp.rabbit.annotation.RabbitListener;
import org.springframework.boot.SpringApplication;
import org.springframework.boot.autoconfigure.EnableAutoConfiguration;
import org.springframework.boot.autoconfigure.SpringBootApplication;
import org.springframework.context.annotation.Bean;
import org.springframework.messaging.handler.annotation.Payload;


@SpringBootApplication
@RabbitListener(queues = "crispyBunOrder")
@EnableAutoConfiguration
public class EventConsumerApplication {

    @Bean
    public Queue crispyBunOrderQueue() {
        return new Queue("crispyBunOrder");
    }
    @RabbitHandler
    public void process(@Payload CrispyBunOrder order) {
        StringBuffer SB = new StringBuffer();
        SB.append("New Order Received : \n");
        SB.append("OrderId : " + order.getOrderId());
        SB.append("\nItemId : " + order.getItemId());
        SB.append("\nUserName : " + order.getUserName());
        SB.append("\nDate : " + order.getOrderPlacedTime());
        System.out.println(SB.toString());
```

```
    }

    public static void main(String[] args) throws Exception {
        SpringApplication.run(EventConsumerApplication.class, args);
    }
}
```

@RabbitListener(queues = "crispyBunOrder") 애노테이션은 어떤 큐를 들어야 하는지를 정의한다. 그 외에도 리스너와 함께 익스체인지 이름, 라우팅 키 등 다양한 매개변수를 정의할 수 있다. 이 경우 애노테이션은 다음과 같다.

```
@RabbitListener(bindings = @QueueBinding(
        value = @Queue(value = "myQueue", durable = "true"),
        exchange = @Exchange(value = "auto.exch"),
        key = "orderRoutingKey")
)
```

다른 콘솔에서 mvn spring-boot:run 명령으로 애플리케이션/컴포넌트를 모두 실행한다. application.properties에 server.port 속성을 추가해 두 포트 모두 다른 포트에서 실행한다.

이제 명령 줄에서 curl 명령을 사용해 생산자 URL을 활성화시켜 응답을 테스트하자.

```
curl -H "Content-Type: application/x-www-formurlencoded" --data
"itemId=1&userName=john"
http://localhost:8080/orders/02b425c0-da2b-445d-8726-3cf4dcf4326d
```

이것으로 소비자 콘솔에 주문이 표시되는데, 이것이 메시징 작동 원리의 기본 예시다. 실제 상황에서는 웹사이트에서의 사용자 액션 처리, 주식 가격 처리 등 좀 더 복잡한 예도 있다. 주로 데이터 흐름이 있을 때 유용하며, 라우팅 키를 기반으로 브로커는 다른 대기열에 데이터를 보낼 수 있다. 카프카는 이를 수행할 수 있는 또 다른 좋은 도구다. 스프링은 카프카, RabbitMQ, 그리고 몇몇 다른 메시지 브로커의 지원을 제공한다. 개발자들은 지원 메시징 브로커를 통해 빠르게 설정하고 개발할 수 있다.

금융 서비스

신용 평가 애플리케이션의 예를 확장하면서 FinancialServices라는 새로운 마이크로서비스를 추가한다. 2장, '마이크로서비스 컴포넌트 정의'에서 사용자 서비스 마이크로서비스를 작성했다. 사용자 서비스는 사용자의 개인 정보를 주소와 함께 저장한다. 3장에서는 은행 계좌 상세 정보와 이용자의 금융 의무를 포함한 이용자의 금융 상세 정보를 저장하는 금융 마이크로서비스를 배울 것이다. 금융 마이크로서비스의 테이블 구조는 다음과 같다.

```
CREATE TABLE `bank_account_details` (
    `id` int(11) NOT NULL AUTO_INCREMENT,
    `user_id` char(36) NOT NULL,
    `bank_name` varchar(100) DEFAULT NULL,
    `account_number` varchar(20) NOT NULL,
    `account_holders_name` varchar(250) NOT NULL,
    `fsc` varchar(20) DEFAULT NULL,
    `account_type` int(11) DEFAULT NULL,
    `created_on` datetime(6) NOT NULL,
    `deleted_on` datetime(6) DEFAULT NULL,
    PRIMARY KEY (`Id`)
) ENGINE=InnoDB DEFAULT CHARSET=latin1;

CREATE TABLE `obligations_details` (
    `id` int(11) NOT NULL AUTO_INCREMENT,
    `user_id` char(36) NOT NULL,
    `total_monthly_spending` decimal(10,0) NOT NULL,
    `monthly_income_supports` decimal(10,0) NOT NULL,
    `monthly_emi_payout` decimal(10,0) NOT NULL,
    `created_on` datetime(6) NOT NULL,
    `deleted_on` datetime(6) DEFAULT NULL,
```

```
  PRIMARY KEY (`Id`),
  KEY `Obligations_user_id` (`user_id`)
) ENGINE=InnoDB DEFAULT CHARSET=latin1;
```

부트스트랩 속성 파일에는 다음 두 가지 속성이 포함된다.

```
spring.application.name=financialService
spring.cloud.config.uri=http://localhost:8888
```

또한 location의 configServer 코드 내에 financialService.properties를 생성해야
한다.

```
server.port=8090
Connect.database=financialDetails spring.datasource.url=jdbc:mysql://
localhost:3306/financialDetails spring.datasource.username=xxxxxx spring.
datasource.password=xxxxxxxx
# optional Properties
spring.jpa.show-sql = true
spring.jpa.properties.hibernate.dialect =
org.hibernate.dialect.MySQL5Dialect spring.jpa.hibernate.naming_strategy=org.
hibernate.cfg.ImprovedNamingStrate gy
```

이 애플리케이션의 생성은 UserService 애플리케이션과 동일하다. start.spring.io에
서 템플릿 코드를 다운로드할 수 있다. start.spring.io에서 프로젝트를 생성하는 동안
애플리케이션 이름을 FinancialServiceApplication으로 정의하고 **Generate** 버튼을 누
르고 코드를 다운로드한다. 기본 애플리케이션 파일은 사용자 서비스 애플리케이션과 매
우 유사하게 나타난다.

```
package com.practicalMicroservcies;

import org.flywaydb.core.Flyway;
import org.springframework.beans.factory.annotation.Value;
```

```
import org.springframework.boot.SpringApplication;
import org.springframework.boot.autoconfigure.SpringBootApplication;
import org.springframework.context.annotation.Bean;

@SpringBootApplication
public class FinancialServiceApplication {
    @Value("${spring.datasource.url}") private String url;
    @Value("${spring.datasource.username}") private String userName;
    @Value("${spring.datasource.password}") private String password;
    @Value("${Connect.database}") private String database;

    @Bean(initMethod = "migrate")
    public Flyway flyway() {
        String urlWithoutDatabaseName=
        url.substring(0,url.lastIndexOf("/"));
        Flyway flyway = new Flyway();
        flyway.setDataSource(urlWithoutDatabaseName, userName, password);
        flyway.setSchemas(database);
        flyway.setBaselineOnMigrate(true);
        return flyway;
    }

    public static void main(String[] args) {
        SpringApplication.run(FinancialServiceApplication.class, args);
    }
}
```

여기에 두 개의 테이블, 즉 은행 계좌 상세 정보와 의무 상세 사항에 관한 두 개의 엔티티 테이블이 있다. 이 파일의 코드는 다음과 같다.

```
@Entity
@Table(name = "bank_account_details")
public class BankAccountDetail implements Serializable {

    private static final long serialVersionUID = 4804278804874617196L;
```

```
@Id
@GeneratedValue(strategy = IDENTITY)
@Column(name = "id") private int id;

/**
 * 각 사용자마다 유일한 ID
 */

@Column(name = "user_id", nullable = false, unique = true, length = 36)
private String userId;

/**
 * 사용자의 은행 이름
 */
@Column(name = "bank_name", nullable = false, length = 100)
private String bankName;

/**
 * 사용자의 계좌번호
 */
@Column(name = "account_number", nullable = false, unique = true, length = 20)
private String accountNumber;

/**
 * 계좌주 이름
 */
@Column(name = "account_holders_name", nullable = false, length = 250)
private String accountHolderName;

/**
 * 은행에 대한 국가 금융 시스템 코드
 */
@Column(name = "fsc", nullable = false, length = 20)
private String fsc;

/**
 * 사용자 계좌 유형
 */
@Column(name = "account_type", nullable = false)
```

```
    private Integer accountType;

    /**
     * 입력일
     */
    @Temporal(TemporalType.TIMESTAMP)
    @Column(name = "created_on", columnDefinition = "TIMESTAMP DEFAULT CURRENT_
TIMESTAMP")
    private Date createdOn = new Date();

    /**
     * 삭제일
     */
    @Temporal(TemporalType.TIMESTAMP)
    @Column(name = "deleted_on", columnDefinition = "TIMESTAMP DEFAULT NULL")
    private Date deletedOn;
}
```

다음으로, 사용자의 재정적 의무를 저장해야 하는 엔티티 클래스인 의무 정보 엔티티는 다음과 같다.

```
@Entity
@Table(name = "obligations_details")
public class ObligationDetails implements Serializable {

    /**
     *
     */
private static final long serialVersionUID = -7123033147694699766L;

    /**
     * 각 레코드마다 유일한 ID
     */

    @Id
    @GeneratedValue(strategy = IDENTITY)
    @Column(name = "id")
    private int id;
```

```java
    /**
     * 모든 사용자마다 유일한 사용자 ID
     */
    @Column(name = "user_id", nullable = false, unique = true, length = 36)
    private String userId;

    /**
     * 부부 합산 월 수입
     */
    @Column(name = "monthly_income_supports", nullable = false)
    private BigDecimal monthlyIncome;

    /**
     * 월별 EMI 지불금
     */
    @Column(name = "monthly_emi_payout", nullable = false)
    private BigDecimal monthlyemi;

    /**
     * 총 월 지출
     */
    @Column(name = "total_monthly_spending", nullable = false)
    private BigDecimal monthlySpending;

    /**
     * 생성일
     */
    @Temporal(TemporalType.TIMESTAMP)
    @Column(name = "created_on", columnDefinition = "TIMESTAMP DEFAULT CURRENT_
TIMESTAMP")
    private Date createdOn = new Date();;

    /**
     * 삭제일
     */
    @Temporal(TemporalType.TIMESTAMP)
    @Column(name = "deleted_on", columnDefinition = "TIMESTAMP DEFAULT NULL")
    private Date deletedOn;
}
```

클래스 속성에 대한 setter 및 getter 메소드가 포함돼야 하며, toString 메소드를 재정
의할 수 있다.

```java
@Override
public String toString() {
    return "ObligationDetails [userId=" + userId + ",
    monthlyIncome=" + monthlyIncome + ", monthlyemi=" + monthlyemi
    + ", monthlySpending=" + monthlySpending + ",
    createdOn=" + createdOn + ", deletedOn=" + deletedOn + "]";
}
```

사용자 서비스에서는 두 엔티티를 위한 리포지토리(은행 계좌 상세 정보. 의무 상세 정보)를
갖게 된다.

```java
package com.practicalMicroservcies.repo;
import org.springframework.data.jpa.repository.JpaRepository;

import com.practicalMicroservcies.entity.BankAccountDetail;

public interface BankAccountDetailRepository extends
JpaRepository<BankAccountDetail, Integer> {
    BankAccountDetail findByUserId(String userId);
}
```

의무 정보 리포지토리는 다음과 같다.

```java
package com.practicalMicroservcies.repo;

import org.springframework.data.jpa.repository.JpaRepository;

import com.practicalMicroservcies.entity.BankAccountDetail;
import com.practicalMicroservcies.entity.ObligationDetails;
```

```java
public interface ObligationRepository extends
JpaRepository<ObligationDetails, Integer> {
    ObligationDetails findByUserId(String userId);
}
```

두 리포지토리의 쿼리를 처리하는 FinancialServices라는 서비스 클래스가 하나 있다.

```java
@Service
@Transactional
public class FinancialServices {

    @Resource
    BankAccountDetailRepository accountDetailRepo;

    @Resource
    ObligationRepository obligationRepo;
```

사용자의 은행 계좌 상세 정보를 저장하는 데 사용되는 방법은 다음과 같다.

```java
public void saveAccountDetail(BankAccountDetail accountDetail) {
    accountDetailRepo.save(accountDetail);
    System.out.println("AccountDetails Saved!");
}

public void saveObligation(ObligationDetails obligationDetails) {
    obligationRepo.save(obligationDetails);
    System.out.println("Obligation Details Saved!");
}
```

제공된 userId를 기준으로 데이터베이스에서 은행 계좌 상세 정보와 의무 내역을 가져올
방법이 필요하다. 다음은 데이터 가져오기 작업을 수행하는 서비스 클래스의 두 가지 메
소드다.

```
public ObligationDetails getObligationDetail(UUID userId) {
    ObligationDetails returnAddressObject =
    obligationRepo.findByUserId(userId.toString());
    return returnAddressObject;
}

public BankAccountDetail getAccountDetail(UUID userId) {
    BankAccountDetail userObjectToRetrun =
    accountDetailRepo.findByUserId(userId.toString());
    return userObjectToRetrun;
}
```

다음은 이용자의 금융 상세 정보를 삭제하는 방법이다. 이 방법은 실제로 데이터베이스
에서 데이터를 삭제하지 않는다. 단지 데이터를 삭제된 것으로 표시한다. 데이터베이스
에서 데이터 완전 삭제는 가능한 한 피해야 한다.

```
public void deleteFinancialDetail(UUID userId) {
    BankAccountDetail accountObject =
    accountDetailRepo.findByUserId(userId.toString());
    accountObject.setDeletedOn(new Date());
    accountDetailRepo.saveAndFlush(accountObject);
    ObligationDetails obligationObject =
    obligationRepo.findByUserId(userId.toString());
    obligationObject.setDeletedOn(new Date());
    obligationRepo.saveAndFlush(obligationObject);
}
}
```

컨트롤러는 다음과 같다.

```
@RestController
@RequestMapping("/PM/finance/")
public class FinancialController {
    private static final Logger logger =
```

```
Logger.getLogger(FinancialController.class);

    @Resource
    FinancialServices financialService;

    @Resource
    ObjectMapper mapper;
    /**
     * 신규 계좌 상세 정보 추가
     *
     * @param address
     * @param userId
     * @return
     */
    public static final String addAccountDetails =
    "addAccountDetails(): ";

    @RequestMapping(method = RequestMethod.POST, value = "
    {userId}/account", produces = "application/json", consumes =
    "application/json")
    public ResponseEntity<String> addAccountDetails(@RequestBody
    BankAccountDetail accountDetail, @PathVariable("userId") UUID
    userId) {
        logger.debug(addAccountDetails + " Account for user Id " + userId +
        " is creating.");
        accountDetail.setUserId(userId.toString());
        financialService.saveAccountDetail(accountDetail);
        return new ResponseEntity<>(HttpStatus.CREATED);
    }

    /**
     * 의무 상세 정보 생성
     *
     * @param userDetail
     * @param userId
     * @return
     */

    public static final String addObligationDetails =
    "addObligationDetails(): ";
```

```java
@RequestMapping(method = RequestMethod.POST, value = "
{userId}/obligation", produces = "application/json", consumes =
"application/json")
public ResponseEntity<String> addObligationDetails(@RequestBody
ObligationDetails obligationDetails, @PathVariable("userId") UUID
userId) {
    logger.debug(addObligationDetails + " Creating user's obligation with Id " +
    userId + " and details : " + obligationDetails);
    obligationDetails.setUserId(userId.toString());
    financialService.saveObligation(obligationDetails);
    return new ResponseEntity<>(HttpStatus.CREATED);
}

/**
 * 사용자 상세 금융 정보 삭제
 * @param userDetail
 * @param userId
 * @return
 */

public static final String deleteFinancialDetails =
"deleteFinancialDetails(): ";

@RequestMapping(method = RequestMethod.DELETE, value = "{userId}",
produces = "application/json", consumes = "application/json")
public ResponseEntity<String> deleteFinancialDetails(
@PathVariable("userId") UUID userId) {
    logger.debug(deleteFinancialDetails + " deleting user with Id " + userId);
    financialService.deleteFinancialDetail(userId);
    return new ResponseEntity<>(HttpStatus.CREATED);
    }

/**
 * 입력 ID에 대한 상세 계좌 조회
 *
 * @param userId
 * @return
 */
public static final String getAccountDetails =
"getAccountDetails(): ";
```

```java
@RequestMapping(method = RequestMethod.GET, value = "
{userId}/account", produces = "application/json", consumes =
"application/json")
public ResponseEntity<BankAccountDetail>
getAccountDetails(@PathVariable("userId") UUID userId) {
    logger.debug(getAccountDetails + " getting information for
    userId " + userId);
    BankAccountDetail objectToReturn =
    financialService.getAccountDetail(userId);
    if (objectToReturn == null)
        return new ResponseEntity<>(HttpStatus.NOT_FOUND);
    else return new ResponseEntity<>(objectToReturn, HttpStatus.OK);
}

/**
 * 의무 상세 정보 조회
 * @param userId
 * @return
 */
public static final String getObligationDetails =
"getObligationDetails(): ";

@RequestMapping(method = RequestMethod.GET, value = "
{userId}/obligation", produces = "application/json", consumes =
"application/json")
public ResponseEntity<ObligationDetails>
getObligationDetails(@PathVariable("userId") UUID userId) {
    logger.debug(getObligationDetails + " getting Obligation
    Details for user Id: " + userId);
    ObligationDetails objectToReturn =
    financialService.getObligationDetail(userId);
    if (objectToReturn == null)
        return new ResponseEntity<>(HttpStatus.NOT_FOUND);
    else
        return new ResponseEntity<>(objectToReturn, HttpStatus.OK);
    }
}
```

금융 마이크로서비스의 코드가 완성됐다. 이 코드의 엔드포인트 URL은 다음과 같다.

의무를 만드는 엔드포인트는 다음과 같다.

```
POST http://localhost:8090/PM/finance/<user Id>/obligation
```

이 URL의 예는 다음과 같다.

```
POST http://localhost:8090/PM/finance/93a52ce4-9331-43b5-8b56-09bd62cb0444/oblig
ation
```

은행 계좌 상세 정보를 작성하는 엔드포인트는 다음과 같다.

```
POST http://localhost:8090/PM/finance/<user Id>account
```

이 URL의 예는 다음과 같다.

```
POST http://localhost:8090/PM/finance/93a52ce4-9331-43b5-8b56-09bd62cb0444/
account
```

동일한 엔드포인트에 대해 GET 요청을 하는 경우, 데이터베이스에서 사용자의 세부 정
보를 가져와 JSON으로 다시 전송한다. 예를 들어, 모든 사용자의 의무 정보를 알고자 하
는 경우, 위에서 언급한 엔드포인트에 대한 GET 요청을 다음과 같이 처리한다.

```
GET http://localhost:8090/PM/finance/93a52ce4-9331-43b5-8b56-09bd62cb0444/
obligation
```

응답은 다음 서비스와 같은 JSON이 될 것이다.

```
{
    "id": 1,
    "user_id":"3a52ce4-9331-43b5-8b56-09bd62cb0444",
    "monthlyIncome":150000,
    "monthlyemi":50000,
    "monthlySpending":50000,
    "createdOn":"1483209000000",
    "deletedOn":null
}
```

이 서비스는 사용자의 재무 정보를 저장하는 데 도움된다. 이것은 두 개의 테이블로 구성되는데, 하나는 사용자의 은행 세부 정보를 저장하는 테이블이고, 다른 하나는 월 수입, 가계 지출, 월간 EMI 지출 등을 저장하는 테이블이다. 이런 모든 결정은 신용 평가 마이크로서비스를 만드는 데 사용된다. 마찬가지로, 고용 마이크로서비스라고 하는 또 다른 마이크로서비스가 있다. 여기에는 고용주나 자영업자의 고용 세부 사항 및 직원의 현재 급여와 관련된 정보를 저장한다. 이 서비스의 구현은 이미 살펴본 것과 매우 유사한 과정이므로 독자에게 맡긴다.

▍요약

3장에서는 마이크로서비스 간의 통신 원칙과 동기식 또는 비동기식 같은 다양한 통신 방법, 그리고 커리어그래피와 오케스트레이션 같은 통신 패턴, 이벤트 기반 메시징의 예제를 살펴봤고 이와 관련된 다양한 사용 사례와 방법에 대해 살펴봤다.

REST는 동기식과 비동기식 두 가지 통신 유형 모두 사용할 수 있다. 두 가지 유형의 통신을 처리할 수 있는 여러 가지 도구가 있는데, 도구 선택은 전적으로 특정 프로젝트의 필요성과 상황에 따라 가장 적절한 패턴을 선택한다. 4장에서는 신용 평가 서비스에 대한 마이크로서비스 예를 통해 마이크로서비스의 보안을 설명한다.

04

마이크로서비스
엔드포인트 보안

3장에서는 마이크로서비스 간의 다양한 통신 방법을 알아봤다. 통신은 동기 및 비동기의 두 패턴 중 하나일 수 있는데, 이 논의는 매우 흥미로운 질문으로 이어진다. "어떻게 마이크로서비스 간의 통신이나 외부 시스템과의 통신에서 보안을 관리할 수 있는가?" 마이크로서비스 아키텍처의 각 서비스는 일련의 기능을 수행하도록 정의되는 데 더 중요한 것은 마이크로서비스의 정의에 위배되는 보안 통신이다. 보안은 인증 및 권한 측면에서 중요 관심사라고 할 수 있다.

4장에서는 마이크로서비스의 보안에 대해 자세히 살펴본다.

4장에서 다루는 내용은 다음과 같다.

- 마이크로서비스의 보안 문제
- OpenID 및 OAuth 2.0과 함께 JSON 웹 토큰^{JWT, JSON Web Token} 사용
- 샘플 애플리케이션에서 JWT를 구현하는 방법
- 신용 평가 마이크로서비스 개발

▍ 마이크로서비스의 보안 문제

우리가 속한 산업은 빠른 속도로 진화하고 있다. 신기술이 빠르게 업계로 진입하고 있고, 보안 문제도 함께 증가하고 있다. 다만, 모든 소프트웨어 아키텍처에서 보안만이 유일한 궁극적 관심사인 것은 아니다. 모놀리스 유형의 애플리케이션에서는 외부 세계에 노출되는 부분이 적지만, 해커가 한 지점으로 침입해 전체 시스템에 나쁜 영향을 줄 가능성이 높다. 모놀리스 유형의 아키텍처가 존재해 온 동안, 다양한 공격 패턴과 이를 막기 위한 표준이 개발됐다. 일부 유명한 유형의 공격에는 스푸핑, 변조, 서비스 거부^{DoS}, 에스컬레이션 또는 권한 획득, 정보 유출 등이 있다.

앞서 언급한 공격들은 마이크로서비스에서도 발생할 수 있다. 마이크로서비스가 가진 이점은 모놀리스 유형의 아키텍처와는 달리 해커가 하나의 마이크로서비스에 침투했다고 해서 다른 마이크로서비스에 영향을 주지는 못한다는 것이다. 각 마이크로서비스가 자체적인 보안 계층을 갖고 있기 때문이다. 마이크로서비스 아키텍처가 모놀리스 아키텍처와는 다르지만, 마이크로서비스에 공격이 발생하지 않도록 하기 위해 모놀리스 아키텍처가 가진 유사한 전략을 적용할 수는 있다. 마이크로서비스 환경과 몇 가지 보안 프랙티스 관점에서, 보안 문제를 살펴보겠다.

기술 스택 또는 레거시 코드의 혼합

마이크로서비스에서는 이기종의 기술 스택을 활용할 수 있다. 마이크로서비스에 사용되는 다양한 기술이 있다면 일반적인 보안 계층을 사용하려는 노력이 필요하다. 다른 언어로 구현하는 것은 그 자체로도 복잡하지만, 기존 시스템인 레거시가 있다면 복잡성은 더욱 증가한다. 개발자는 이전 코드와의 일관성을 유지해야 하는데, 기존 레거시 코드에는 여러 제한 사항도 있으며, 이로 인해 새로운 보안 계층에서 일부 절충안이 필요할 수도 있다.

인증 및 권한 부여(접근 제어)

인증 및 권한 부여는 보안의 기본적 개념이다. 쉬운 말로 인증을 설명해보자. 인증은 "누구세요?"라는 질문을 던지고 권한 부여는 "무엇을 할 수 있나요?"라고 묻는다. 모든 시스템에 로그인하는 것은 인증 프로세스다. 사용자가 관리자인지 일반 사용자인지 로그인 시 사용자에게 역할을 할당하는 것은 승인 프로세스다. 사용자는 비즈니스를 수행하는 데 필요한 최소 접근 권한을 가져야 한다.

토큰 기반 보안

개발자가 토큰 기반 보안을 선택한 경우 토큰의 형식을 결정하는 것은 어려운 일이다. 토큰은 잘 관리해야 한다. 토큰이 나중에 해킹돼 다른 목적으로 사용될 수 있는 장치에 저장되어 있는지 여부를 판단하기 위해 생명주기와 만료 시간을 고려해야 한다. JWT가 가장 유력한 후보 중 하나다.

보안 책임

일반적으로, 개발자는 보안이 네트워크나 배포 팀의 임무라는 생각을 갖고 있다. 그러나 마이크로서비스 환경에서는 각 서비스가 위험에 노출되어 있는 것으로 간주해야 한다.

물론, 네트워크 계층은 포트 차단, IP 화이트 리스팅 등과 같은 자체적인 다양한 종류의 보안을 가질 것이다. 하지만 코딩 과정에서 개발자의 사고 방식을 변경해 보안에 대해 고민하고, 의심스러운 활동을 기록하도록 하는 것은 어려운 과제라고 할 수 있다.

오케스트레이션 스타일에 대한 두려움

마이크로서비스 아키텍처의 오케스트레이션 패턴은 다른 종류의 위협을 갖고 있다. 오케스트레이션에서는 하나의 서비스가 다른 모든 서비스를 지배한다. 그러므로 해커가 이 계층을 위반하거나 공격한다면, 해커는 모든 관련된 서비스를 손상시키거나 통제할 수 있다. 그래서 특정 서비스가 다른 모든 서비스를 지배할 수 있다는 개념에 대한 두려움이 있다.

서비스 간의 통신

마이크로서비스 아키텍처에서 서비스 간에는 많은 데이터 흐름이 있다. 데이터가 변경되지 않도록 하는 것도 또 하나의 과제다. 호출 서비스와 호출된 서비스 간 통신에 의해 수신된 데이터가 통신 구간에서 변조되지 않도록 하려면 어떻게 해야 하는지, 또한 어떤 데이터가 특히 더 민감한 데이터인지를 알 수 있는 식별자가 있어야 한다. 예를 들어, 다른 데이터보다는 결제 관련 데이터는 특별히 더 주의가 필요할 것이다.

지금까지 살펴본 것은 빙산의 일각일 뿐이다. 마이크로서비스의 보안에는 다양한 어려움이 있다. API 게이트웨이는 이런 위협 중 일부에 대한 해결책이 될 수 있으며, 다행히도, 따라야 할 몇 가지 표준 관행을 통해 보안의 기초 사항을 지원받을 수 있다.

마이크로서비스 아키텍처에서 고려해야 할 몇 가지 일반적인 보안 방안을 살펴보자.

- 기본적인 것은 통신 중에 인증서를 사용하는 것이고, HTTPS도 좋은 시작이 될 것이다(통신이 REST 기반인 경우).
- 서비스 통신 간의 트래픽을 암호화한다.

- 올바른 접근 전략을 수립해야 한다. 구성 요소 간 접근은 제한하며 가장 낮은 권한으로 시작하고 필요한 권한만 부여해야 한다.
- 모니터링은 보안 측면을 다루는 또 다른 도구다. 좋은 모니터링이 시행된다면, 그것은 시스템에서 무슨 일이 일어나고 있는지를 잘 볼 수 있게 해준다.
- 보안 문제를 디버깅하거나 식별하는 데 필요한 모든 사항을 기록해야 한다. 그것은 개발자 팀에게도 도움이 될 것이다.
- 보안 인프라를 정기적으로 테스트한다.
- 마이크로서비스 릴리스에 외부에서 개발한 코드가 있거나, 외부 컨테이너가 사용된 경우 사용하기 전에 완전히 검토해야 한다. 이런 종류의 소스를 사용하면 보안 패치 업데이트를 항상 점검해야 한다.
- OWASP^{Open Web Application Security Project}에는 보안을 위한 몇 가지 유용한 팁과 지침이 있다. 팁과 지침은 안전의 관점에서 볼 때 반드시 고려돼야 할 사항들이다.
- 코드 검토는 매우 자주, 그리고 적은 수의 코드 라인으로 수행해야 한다. 누군가에게 1,000줄이 넘는 코드 검토를 하라고 요청한다면, 거의 어떤 코멘트도 듣지 못할 것이다. 그에 비해서 100줄 이하의 코드를 공유하고 검토를 요청한다면 이전보다 더 많은 의견을 들을 수 있을 것이다.

일반적으로 토큰 기반 시스템 보안은 마이크로서비스 아키텍처에서 설계된 보안에서부터 시작된다. 이 전략은 REST 기반의 요청만이 아니라 다른 형식으로도 활용할 수 있다. 이 개념은 클라이언트가 먼저 토큰을 얻고 각각의 후속 요청에 그 토큰을 포함시킨다는 생각에 기초한다. 이 토큰은 인증 서비스로부터 인증과 승인 후 클라이언트에게 발급된다. 자원 소유자는 토큰 생성 서버와 함께 토큰을 확인하고, 토큰이 요청을 처리하는 데 유효한지 여부를 확인해 토큰이 만료될 때까지 작동하게 된다. 토큰이 만료되면 클라이언트는 토큰 공급자에게 자신의 자격 증명을 다시 제공하고 새 토큰을 얻어야 한다. JWT는 REST 기반 마이크로서비스에서 가장 일반적으로 사용되는 형식이다. JWT는 기본적 기능에 더해 토큰으로 클라이언트에 작업 허가 및 범위를 추가하고 암호화 알고리즘을 사용해 밀봉된다. 다음 절에서는 인증 및 인증 프레임워크와 JWT 토큰을 자세히 설명한다.

▌ OpenID 및 OAuth 2.0과 함께 JWT 사용

JWT는 특정 통화와 관련된 정보가 실제로 있는 JSON 웹 토큰을 의미한다. JWT는 인증과 허가가 동시에 발행된다. 유효한 JWT 토큰으로 누가 사용자이고 무엇을 할 수 있는지 쉽게 식별할 수 있다. JWT의 구조를 이해하기 전에, 두 가지 용어 OpenID와 OAuth에 대해 알아보자. 현재 OAuth 2.0과 OpenID 커넥트^{Connect}는 사용자의 ID와 정보를 ID 제공자와 서비스 또는 자원 제공자에게 전달하는 SAML^{Security Assertion Markup Language}의 대안으로 간주되고 있다. OpenID는 인증 확인을 위한 것이고 OAuth는 인증 서버를 위한 것이다. 다음 절에서는 이 두 용어를 자세히 살펴본다.

OpenID

몇 년 전만해도, 모든 웹사이트에는 자체 로그인 메커니즘이 있었다. 사용자는 각 웹사이트의 자격 증명을 별도로 유지해야 했다. 사용자는 일반적으로 쇼핑, 여행, 예약 등을 위해 여러 개의 웹사이트나 이메일을 사용한다. 그래서 사용자들은 이 모든 자격을 추적해야 한다는 문제에 직면할 수밖에 없었다. 이로 인해 SSO^{Single Sign-On}의 아이디어가 시작됐다. 개념적으로, 사용자는 하나의 사용자 이름과 비밀번호를 갖고, 동일한 자격 증명을 가진 다른 웹사이트를 사용할 수 있다. 이것을 통해서 로그인 프로세스가 더 빠르고 쉽게 이뤄질 수 있었다. 여기에 OpenID가 등장했다. OpenID는 사용자가 방문한 모든 웹사이트에서 특정 사용자를 식별하는 방법이다. OpenID를 사용하면 사용자는 OpenID 제공자에게 비밀번호를 제공하고, 제공자는 웹사이트(사용자가 방문한 사이트)에 그들이 누구인지 알려준다. 이런 식으로, 방문하는 웹사이트에 암호가 저장될 필요가 없어진다.

시장에는 많은 OpenID 제공자들이 있고, 사용자가 어느 쪽을 선택하는가에 따라 달라진다. 어떤 로그인 페이지에서 구글 플러스 로그인 텍스트를 보고 있다고 가정하자. 구글 OpenID 사용자라면, 그 자격 증명을 사용해 웹사이트에 로그인할 수 있다는 의미다. 실제로 지메일과 구글 계정이 있는 사람은 구글 OpenID 사용자라는 의미다. 페이스북,

트위터, 링크드인 등과 같은 유명한 사이트도 OpenID 메커니즘을 제공한다. 이런 종류의 OpenID 제공자를 사용할 경우 해당 OpenID 계정의 로그인/암호 자격 정보를 입력할 페이지로 연결된다. 이 예제에서는 지메일 인증 정보를 사용한다. 인증 요청은 구글의 OpenID 서버로 전달된다. 이를 통해 자격 증명을 인증하고 사용자가 방문한 웹사이트와 응답 결과를 공유한다. 인증 결과 외에 이메일 등 사용자의 정보도 함께 공유한다. 정보를 공유하기 전에 OpenID 서버는 사용자의 동의를 구하며, 사용자는 웹사이트가 정보를 볼 수 있도록 허용하거나 허용하지 않을 수 있다.

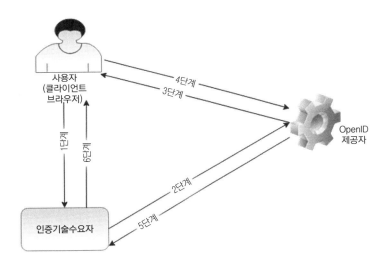

위 그림은 정상적인 OpenID 제공자의 작동 방식을 간략하게 설명하고 있는데, 다음 설명을 참고하자.

1. 사용자는 OpenID 제공자(예: 구글)를 통해서 로그인하는 옵션을 선택한다.

2. 인증기술수요자(사용자가 방문한 웹사이트)는 사용자를 인증하고 정보를 공유하기 위해 OpenID 제공자에게 요청을 전달한다.

3. OpenID 제공자는 사용자의 자격 증명을 요청하고 언급된 타사 웹사이트/애플리케이션과 정보를 공유할 수 있는 권한을 요청한다.

4. 사용자가 허용하면 자격 증명이 OpenID 제공자로 돌아오고, 자격 증명을 인증한다.

5. OpenID 제공자는 로그인 결과 및 정보를 인증기술수요자와 공유한다.

6. 인증기술수요자는 웹사이트/애플리케이션에서 사용자를 승인한다.

이것은 OpenID 제공자에 대한 단순한 작업 흐름이다. 따라서 사용자가 방문한 웹사이트 수에 관계 없이 동일한 OpenID 제공자와 연결된 경우 사용자는 사용자 이름/비밀번호 하나만 기억하면 된다. OpenID의 간단한 개념이다.

OAuth 2.0

OpenID에서 얻을 수 있는 한 가지 좋은 점은 사용자를 식별할 수 있다는 것이다. 마이크로서비스에서는 각 서비스가 자체적인 작업을 수행하고 있는데 여기에서의 문제는 "사용자나 클라이언트가 인증받은 경우, 모든 마이크서비스에 접근할 수 있는가?"에 대한 것이다. 이를 통해 사용자는 모든 마이크로서비스에 접근할 수 있다는 것이며, 이는 전체 시스템의 아키텍처가 모놀리스 유형의 아키텍처와 동일하게 여겨진다는 것을 의미한다. 여기에서 공격자가 보안을 위반하면 전체 시스템에 접속할 수 있다.

이 문제에 대한 다른 생각도 있다. 각 사용자/클라이언트에는 제한된 권한이 있어야 한다. 모든 사용자/클라이언트가 모든 마이크로서비스 및 모든 작업에 접근할 수 있어야 하는 것은 아니다. 이 아키텍처에서 각 서비스는, 어떤 작업을 수행하기 전에 권한 기관을 확인하기 위해 다음과 같은 방식의 구현이 필요하다. 각 클라이언트/사용자는 호출된 서비스에 권한을 제출해야 하며, 해당 권한에는 필요한 작업을 수행할 수 있는 허가가 있어야 한다. OAuth는 이 시나리오를 구현하는 데 도움되는 개념이다.

OAuth 2는 애플리케이션이 HTTP 서비스의 자원에 대한 제한된 접근을 가능하게 하는 권한 부여 프레임워크다. OAuth는 2006년 트위터와 그놀리아^{Gnolia} 개발자들이 만나 인터넷 서비스 인증 방법을 논의하면서 시작됐다. 그들은 그 당시에 API 접속 위임을 위한 표준이 없다는 것을 알았다. 그들은 2007년 4월에 인터넷상의 OAuth 위원회를 설립했고 OAuth 제안서의 초안을 준비하고 공유했다. 나중에 그것은 IETF에 포함됐다.

OAuth 2는 인증 또는 로그인 프로세스와는 다르다. OAuth 2를 단독으로 사용할 수 있도록 훨씬 더 효율적으로 만들기 위한 전 세계적인 노력이 있지만, 현재는 인증을 위한 OpenID와 인증을 위한 OAuth 2의 조합이 전 세계적으로 활용되고 있는 상황이다. 이 두 가지를 실제 사례를 통해서 이해해보자. 학교에 어떤 손님이 학생을 만나러 온다. 그 손님은 학생의 친척이다. 학생을 만나는 손님의 단계는 다음과 같다.

1. 손님은 학교 접견실에 가서 학생을 만나고 싶다고 말한다.
2. 손님에 대한 통지를 학생에게 보낸다.
3. 학생이 와서 손님이 친척인지를 확인한다.
4. 지금까지의 단계는 OpenID다. 서비스나 사용자가 자신의 자격 증명을 제공하거나 내가 누구라고 주장할 때 OpenID는 그런 자격 증명이나 권한을 검증한다.
5. 이제 손님이 방문자 태그를 받는다.
6. 학생과 손님이 별도의 공간에서 함께 만날 수 있다.

이제, 손님은 접견실을 통과할 수 있고 학부모실이나 식당 같은 제한된 지역에 접근할 수 있지만, 그 이상은 아니다. 허용되는 부분은 OAuth에 의해 정의된다. OAuth는 위임 프로토콜이며 승인을 위해 사용된다. OAuth는 사용자를 인증하는 데도 사용할 수 있다. 페이스북은 이를 인증으로 사용하고 있지만, OAuth의 주된 초점은 권한의 부여에 있다.

OAuth는 주로 네 가지 역할을 한다.

- 자원 소유자
- 자원 서버
- 인증 서버
- 클라이언트

자원 소유자는 계정에 대한 접근을 승인하거나 인증 정보를 제공한 사용자다. 자원 서버는 자원 소유자가 사용하는 자원을 보유한 서버를 말한다. 인증 서버는 자격과 신원을 확인하는 서버다. 클라이언트는 계정에 접근하려는 타사 애플리케이션일 수 있다.

원래 아이디어는 애플리케이션을 OAuth 제공자 서버에 등록하는 것이었다.

클라이언트 ID와 클라이언트 암호는 서버에서 공유된다. 이 흐름은 다음과 같다.

- 사용자가 웹 페이지 같은 클라이언트 애플리케이션의 자원에 접근한다.
- 클라이언트 애플리케이션은 자원 소유자를 인증 서버로 연결시킨다. 클라이언트는 클라이언트 ID와 비밀번호도 요청에 포함시킨다.
- 자원 소유자는 클라이언트 애플리케이션에 권한을 부여한다.
- 인증 서버는 부여된 권한을 클라이언트에게 제공한다.
- 클라이언트는 인증 서버에서 토큰을 요청한다.
- 추후 자원 소유자는 토큰을 사용해 사용자에게 자원 접근을 허락한다.

JWT

JWT는 서로 다른 서비스들 간의 통신을 위한 특별한 형태의 토큰이다. 업계에는 많은 독점적 표준이 있지만 보편적으로 인정되는 토큰 표준이 없기 때문에, JWT가 그 역할을 수행하고 있다. JWT에는 표준 토큰 형식을 정의하는 데 이 포맷에 대한 사항은 https://tools.ietf.org/html/rfc7519에서 RFC 문서를 통해 확인할 수 있다. JWT는 인증에 관한 정보만이 아니라, 그 안에 더 많은 메타데이터가 포함돼 있다. 토큰 발행자 이름이나 권한 범위와 같은 매우 일반적인 데이터뿐만 아니라, 사용자가 정의한 메타데이터를 소유할 수도 있다.

OpenID와 OAuth는 인증과 권한 부여에 관한 프레임워크다. 둘 다 접근 제어 개념에 대해 이야기하지만 토큰의 암호화와 형식에 대해서는 언급이 없다. 따라서 JWT는 이 토큰을 포장하고 암호화하는 방법의 규격을 제공한다. 고유 인증 서버를 가질 수 있고 별도의 토큰 형식을 가질 수도 있지만 표준 관련해서는 JWT가 가장 적합한 토큰 형식이다.

JWT는 자체 구조와 섹션을 갖고 있다. JWT에는 다음과 같은 세 가지 영역이 있다.

- 헤더 섹션
- 페이로드 섹션
- 서명 섹션

이 모든 섹션은 JWT 토큰에서 "."로 구분된다. 이해를 위해 다음을 살펴보자.

- `EyJ0eXAiOiJKV1QiLCJhbGciOiJS`(//첫 번째 섹션 헤더)
- `e-KqaMUWvxjR1VJyI8hzbrGV65fTvHY`(//두 번째 섹션 페이로드 시작)
- `U3gNnYT1KcrA22OYsJyvhKhTEE_Ztx`(//세 번째 섹션 서명 시작)

실제로는 여기에 보여준 것처럼 각 토큰이 행으로 구분되지는 않고 "."에 근거해 세 개의 영역으로 나누어진다. 각 영역은 개별적으로 해독해야 한다.

몇 가지 예

JWT 토큰을 해독해보면 다음과 같은 구조를 가질 수 있다.

헤더

다음 절에서 사용되는 몇 가지 용어를 이해해야 한다.

▼ alg

문자열 타입의 파라미터다. 이것은 RS256과 같이 데이터를 암호화하기 위해 JWT에서 사용되는 알고리즘을 정의하는 데 사용된다.

▼ typ

문자열 타입의 파라미터로서 토큰의 구조를 알려주는 데 사용된다. 현재는 그 값이 JWT가 될 것이며, 선택 사항이다. 향후에는 다른 구조를 사용할 수도 있다.

▼ kid

서명을 확인하는 데 사용하는 특정 키를 정의하는 문자열 파라미터다.

▼ x5u

서명을 확인하기 위해 URL X.509 인증서 공개 키를 정의하는 문자열 파라미터다.

▼ x5t

X.509 인증서의 DER 인코딩에 대한 SHA-256 다이제스트^{Digest}를 제공하는 문자열 파라미터다. 이는 base64로 인코딩돼 있다. kid 파라미터는 x5t와 동일한 값을 가질 수 있다.

```json
{
  "typ": "JWT",
  "alg": "RS256",
  "x5t": "ywSXXXXEiJkEXXXXXXXXXXK9SK-k",
  "kid": "ywSXXXXEiJkExXXXXXXXXXK9SK-k"
}
```

페이로드

페이로드에는 필드를 사용자가 지정할 수 있지만 표준 필드도 있다. 페이로드에 사용되는 표준 필드는 다음과 같다.

▼ iss

JWT 토큰을 발급한 ID를 의미한다.

▼ aud

이 토큰의 수신자를 의미한다.

▼ sub

토큰의 주제를 나타내며, 선택 파라미터다.

▼ exp

만료되는 시점을 표시한다. 토큰이 더 이상 유효하지 않은 시간이다.

▼ nbf

JWT가 처리되기 전에 활성화가 시작된 시간을 의미한다.

▼ iat

발급된 시점을 의미한다. 보통 토큰이 발행된 시간을 의미한다.

이들 파라미터들은 JWT 토큰에 사용되는 몇 가지 표준 변수들이다. 이제 애플리케이션을 좀 더 안전하게 만들 수 있는 애플리케이션을 실행해보자.

```
{
    "iss": "http://YourIdentitySever.com",
    "aud": "http://YourIdentitySever.com/resources",
    "exp": 1481576528,
    "nbf": 1481572928,
    "client_id": "84802e3f-7fde-4eea-914e-b9e70bdfc26f",
        // 여기에 원하는 사용자 데이터를 정의한다.
    "scope": "admin_services"
}
```

예제 애플리케이션

JWT 토큰을 살펴봤으므로, 라이브러리를 구현하거나 활용 가능한 공용 라이브러리를 사용해 JWT 토큰을 디코딩할 수 있다. 이 예제에서는 스프링 부트와 스프링 보안 기능을 사용한다. 사용자 정의 필터를 생성하고 UsernamePasswordAuthenticationFilter 다음에 해당 필터를 설치한다. 이 사용자 정의 필터는 헤더에서 토큰을 추출하고 다양한 검사를 실행한다. 또한 JWT 토큰이 유효한지 확인하고, 토큰의 사용 권한과 발급자 또한 점검한다. 검사에 실패하면 관련 메시지를 표시한다. 토큰은 어떤 서버에서도 생성될 수 있다고 가정한다. 토큰은 동일한 서버에서 확인된다. 제시된 예제에는 서버 구현은 없고, 클라이언트쪽 코드만 들어 있다.

예제 애플리케이션에서는 bitbucket jose4j 라이브러리를 사용한다. bitbucket jose4j 라이브러리를 사용하려면 pom.xml 파일에 다음 종속성을 추가한다.

```
<!-- For JWT Filter -->
        <dependency>
            <groupId>org.bitbucket.b_c</groupId>
            <artifactId>jose4j</artifactId>
            <version>0.5.1</version>
        </dependency>
```

또한 애플리케이션에 스프링 시큐리티가 필요하다. 이를 위해 다음과 같이 POM 파일에 스프링 시큐리티 종속성을 추가해야 한다.

```
<dependency>
<groupId>org.springframework.boot</groupId>
<artifactId>spring-boot-starter-security</artifactId>
<version>1.5.4.RELEASE</version>
</dependency>
```

두 개의 다른 URL 요청을 만든다. 하나는 안전하고, 다른 하나는 안전하지 않은 것이다.

```
@RestController
@RequestMapping("/PM/")
public class SecurityDemoSecureController {

    @RequestMapping(method = RequestMethod.GET, value = "/secure/greet",
    produces = "application/json")
    public String getSecureHello() {
        return "hey! secure";
    }
```

```
@RequestMapping(method = RequestMethod.GET, value = "/unsecure/greet",
produces = "application/json")
public String getUnSecureHello() {
    return "hey! unsecure";
  }
}
```

이제 컨트롤러의 모습을 볼 수 있다. 예제 애플리케이션의 설정 파일을 작성해보자.

```
@SpringBootApplication
public class SecurityDemoApplication {
    public static void main(String[] args) {
        SpringApplication.run(SecurityDemoApplication.class, args);
    }
}
```

전통적인 스프링 보안 구현에서 AbstractSecurityWebapplicationIntializers 클래스를 사용했다. 스프링 부트를 사용해 포함된 컨테이너를 시작하기 때문에 WebApplication Initializers 인터페이스가 필요 없다.

스프링 보안에 또 다른 설정 클래스가 있다. 이 보안 설정 파일을 앞서 언급한 기본 구성과 결합할 수 있지만 간결함을 위해 별도로 구분하여 정의했다.

```
@Configuration
@EnableWebSecurity
public class SpringSecurityConfiguration extends
WebSecurityConfigurerAdapter {

    @Autowired
    privateJwtEntryPointunauthorizedHandler;

    @Autowired
    privateJwtVerificationServicejwtVerificationService;
```

```
@Autowired
public void configureAuthentication
(AuthenticationManagerBuilderauthenticationManagerBuilder) throws Exception {
    authenticationManagerBuilder.userDetailsService
(this.jwtVerificationService);
}

@Bean
@Override
publicAuthenticationManagerauthenticationManagerBean() throws Exception {
    returnsuper.authenticationManagerBean();
}

@Bean
publicAccessDeniedHandlergetJwtAccessDeniedHandler() {
    JwtAccessDeniedHandler handler = new JwtAccessDeniedHandler();
    return handler;
}

@Bean
publicJwtAuthenticationTokenFilterauthenticationTokenFilterBean()
    throws Exception {
    JwtAuthenticationTokenFilterauthenticationTokenFilter = new
    JwtAuthenticationTokenFilter();
    authenticationTokenFilter.setAuthenticationManager
    (authenticationManagerBean());
    returnauthenticationTokenFilter;
}

@Override
protected void configure(HttpSecurity http) throws Exception {
    http.sessionManagement().sessionCreationPolicy
    (SessionCreationPolicy.STATELESS).and().authorizeRequests()
    .antMatchers(HttpMethod.GET,"/PM/secure/**").
    access("hasAnyRole('ROLE_Secure_Access')")
    .antMatchers(HttpMethod.POST, "/PM/secure/**").
    access("hasAnyRole('ROLE_Secure_Acces')").and()
    .exceptionHandling().accessDeniedHandler (getJwtAccessDeniedHandler())
    .authenticationEntryPoint(unauthorizedHandler);
```

내장된 UsernamePasswordAuthenticationFilter 앞에 사용자 정의 필터를 추가한다.

```
http.addFilterBefore(authenticationTokenFilterBean(),
UsernamePasswordAuthenticationFilter.class);

    http.csrf().disable();
    http.headers().cacheControl();
  }

  @Override
  public void configure(WebSecurity web) throws Exception {
    web.ignoring().antMatchers("/PM/unsecure/**");
  }
}
```

여기서 볼 수 있듯이, UsernamePasswordAuthenticationFilter 앞에 새로운 필터 JwtAuthenticationTokenFilter를 추가했다. 스프링 보안은 UsernamePassword 필터 보다 먼저 JwtAuthenticationTokenFilter 필터를 호출한다. 이 필터는 요청 헤더를 검사하고, 인증 헤더로부터 토큰을 추출한다. 이때 토큰이 토큰 유형과 함께 전송될 것이며, 토큰과 토큰 유형은 공백으로 구분한다. 일반적으로 헤더에서 전송된 토큰은 다음과 같다.

```
"bearer
yJ0eXAiOiJKV1QiLCJhbGciOiJSUzI1NiIsIng1dCI6Inl3U1ZJZ0VpSmtFeHJIRTN5b29jS0s5 U0sta
yIsImtpZCI6Inl......................JhKhTEE_ZTxEQwkIfbHIm8LBm6ODwpEYCZvyPH-
kAtr7bCl-A "
```

여기서, **bearer**는 토큰 유형이며, 예제에서 보듯이 토큰 유형과 토큰 값이 공백으로 나눠져 있다.

필터 클래스는 토큰을 추출하고 토큰 확인 서비스를 전송한다. 다음은 필터 클래스 doFilter 함수에 대한 예제 코드다.

```java
@Autowired
AuthenticationManagerBuilder authBuilder;

// 스프링은 이 클래스에 디폴트 인증 빌더 객체를 자동 연결시킨다

@Override
public void doFilter(ServletRequest request, ServletResponse response,
FilterChain chain)
throws IOException, ServletException {
    HttpServletRequest httpServletRequest = (HttpServletRequest) request;

    // 요청으로부터 권한 헤더 정보 획득

    String header_authorization =
    httpServletRequest.getHeader("Authorization");
    String token = (StringUtils.isBlank(header_authorization) ? null :
    header_authorization.split(" ")[1]);
    if (StringUtils.isBlank(header_authorization) && token == null) {
        logger.info("Token Not found in header .");
        return;
    }
    UserDetails principal = null;
    try {
        principal = authBuilder.getDefaultUserDetailsService().
        loadUserByUsername(token);
        UsernamePasswordAuthenticationToken
        userAuthenticationToken = new
        UsernamePasswordAuthenticationToken(
        principal, "", principal.getAuthorities());
        userAuthenticationToken.setDetails(new
        WebAuthenticationDetailsSource().
        buildDetails(httpServletRequest));
        SecurityContextHolder.getContext().
        setAuthentication(userAuthenticationToken);
    } catch (Exception e) {
        HttpServletResponse httpresposne = (HttpServletResponse)
        response;
        httpresposne.setContentType("application/json");
        httpresposne.setStatus(HttpServletResponse.SC_UNAUTHORIZED);
```

164

여기에 JSON 응답을 만들어 사용자에게 적절한 응답을 표시한다.

```
        ObjectMapper jsonMapper = new ObjectMapper();
        PrintWriter out = httpresposne.getWriter();
        Map<String, String> jsonResponse = new HashMap<String, String>();
        jsonResponse.put("msg", "Invalid Token");
        out.write(jsonMapper.writeValueAsString(jsonResponse));
        out.flush();
        out.close();
        return;
    }
}
chain.doFilter(request, response);
}
```

검증 서비스에는 jwksBaseURL, jwksIssuer, jwksAudience 세 가지 속성이 필요하다. 이 세 가지 속성은 토큰의 유효성을 확인하는 인증 서버에 필요하다. 토큰의 유효성을 확인한 후 이 서비스는 토큰에 언급된 역할을 확인하고, 중요한 정보를 설정한 후 필터로 다시 전송된다. 그런 다음 필터는 토큰에서 발견된 역할이 요청된 객체에 접근할 수 있는 권한을 부여하기에 충분한지 여부를 확인한다. 권한 부여에 충분하지 않다면, 유효하지 않은 토큰 메시지를 응답으로 전송한다.

```
@Service
public class JwtVerificationService implements UserDetailsService {
    private static final Logger logger =
    Logger.getLogger(JwtVerificationService.class);
    private static final String CLASS_NAME = "JWTVerificationService";

    public static final String SCOPE_PREFIX = "ROLE_";
```

다음은 속성 파일에 주입할 수 있는 몇 가지 속성이다.

```java
@Value("${JwksUrl}")
protected String jwksBaseURL;

@Value("${JwksIssuer}")
protected String jwksIssuer;

@Value("${JwksAudience}")
protected String jwksAudience;

@SuppressWarnings("unchecked")
@Override
publicUserDetailsloadUserByUsername(String token) throws
UsernameNotFoundException {
    String username = "";
    String role = "";
    JwtClaimsjwtClaims = null;
    List<GrantedAuthority> authorities = new ArrayList<GrantedAuthority>();
    try {
        jwtClaims = getJwtClaims(token);
        username = (String)
        jwtClaims.getClaimsMap().get("client_id");
        logger.debug(CLASS_NAME + "userName :" +
        jwtClaims.getClaimsMap().get("client_id"));
        role = (String) jwtClaims.getClaimsMap().get("scope");
        authorities.add(new SimpleGrantedAuthority(SCOPE_PREFIX + role));
        logger.debug(CLASS_NAME + "JWT validation succeeded! with Scope " + role);
    } catch (ClassCastException e) {
        logger.debug("Not able to type cast Scope in String ,
        Tryig with array list for multiple Scope.");
        if (jwtClaims != null) {
            List<String>roleList = (ArrayList<String>)
            jwtClaims.getClaimsMap().get("scope");
            for (String roleStr : roleList) {
                authorities.add(new
                SimpleGrantedAuthority(SCOPE_PREFIX + roleStr));
            }
            logger.debug(CLASS_NAME + "JWT validation succeeded!
```

```java
                    with Scope " + authorities);
            }
        } catch (Exception e) {
            logger.debug("Invalid JWT !!! token = {" + token + "} found and
            exception = ", e);
        }
        return (username != null &&username.length() > 0) ?
        (UserDetails) new User(username, "", authorities) : null;
    }


    privateJwtClaimsgetJwtClaims(String token) {
        HttpsJwkshttpsJkws = new HttpsJwks(jwksBaseURL);
        HttpsJwksVerificationKeyResolverhttpsJwksKeyResolver = new
        HttpsJwksVerificationKeyResolver(httpsJkws);
        JwtConsumerjwtConsumer = new
        JwtConsumerBuilder().setRequireExpirationTime().
        setAllowedClockSkewInSeconds(3600)
                .setExpectedIssuer(jwksIssuer)
                // JWT 대상자
                .setExpectedAudience(jwksAudience).
                setVerificationKeyResolver(httpsJwksKeyResolver).
                build();
        try {
            // JWT 내용 검증 및 권한(Claim) 처리
            JwtClaimsjwtClaims = jwtConsumer.processToClaims(token);

            returnjwtClaims;
        } catch (InvalidJwtException e) {
            // 여기로 예외가 집중되기 때문에, 별도의 에러 기록은 필요없다.
            // 에러 기록이 필요하다면, 다음과 같이한다.
            // logger.error("유효하지 않은 JWT! " + e);
            throw new AuthenticationServiceException("Invalid Token");
        }
    }
} Credit-scoring microservice
```

신용 점수 서비스는 다음을 기준으로 점수를 계산한다.

- 결제 내역: 35%

- 현재 대출: 30%

- 납부 기간: 15%

- 가족에 대한 의무: 10%

- 최근 신용 활동: 10%

여기에 결제 서비스가 있다. 이 결제 마이크로서비스는 결제 내역 정보를 제공한다. 간단하게 최고 점수를 100으로 산정했다. 의무는 0에서 10 사이의 값을 가지며, 특별한 계산이 필요 없다. 의무에는 다음에 정의된 몇 가지 규칙이 있다. 여기서 신용 평가 대상자는 가구의 유일한 소득자라고 가정한다.

소득과 가족 구성	<10000	>=10000 && <20000	>=20000 && <40000	>=40000 && <60000	>=60000 && <80000	>=80000 && <100000	>=100000
혼자 거주	2	3	4.5	5	6.6	7.4	8.9
친구와 함께 거주	1.8	2.8	4.3	4.8	6.4	7.2	8.8
배우자와 함께 거주	1.4	2.6	4.1	4.6	6.1	6.9	8.6
배우자 및 자녀와 함께 거주	1.2	2.1	3.8	4.2	5.6	6.6	7.9
배우자, 자녀, 부모와 함께 거주	1	1.9	2.8	3.9	5.1	6.4	7.5

위 표는 임의로 정한 테이블과 데이터다. 숫자와 값은 특정 국가의 생활 양식이나 데이터 모델에 따라 달라진다.

이 사례도 스프링 부트 애플리케이션이다. 여기에서는 다른 모든 마이크로서비스가 보안 관련 사항으로 JWT를 사용한다고 가정한다. 그래서 서버에서 토큰을 가져오고, 요청에 토큰을 포함시켜 다른 서비스를 호출해서 데이터를 얻어올 것이다.

POM 파일에서는 JSON 응답을 클래스 객체로 변환하기 위한 것과 아파치 라이브러리를 사용해 REST 요청을 만드는 것 두 가지 의존성을 사용하고 있다.

```xml
<dependency>
        <groupId>org.apache.httpcomponents</groupId>
        <artifactId>httpclient</artifactId>
        <version>4.5.2</version>
    </dependency>
    <!-- For json to Object Conversion -->
    <dependency>
        <groupId>com.google.code.gson</groupId>
        <artifactId>gson</artifactId>
        <version>2.2.4</version>
    </dependency>
```

컨트롤러는 특정 사용자 ID에 대한 신용 점수를 얻는 유일한 메소드를 갖고 있는 작은
클래스다.

```java
packagecom.practicalMicroservcies.contoller;

@RestController
@RequestMapping("/PM/credit/")
public class CreditScoringController {
    private static final Logger logger =
    Logger.getLogger(CreditScoringController.class);

    @Resource
    CreditScoringServicescreditService;

    @Resource
    ObjectMapper mapper;

    /**
     * 입력 ID에 대한 상세 계좌 정보 조회
     *
     * @paramuserId
     * @return
     */
    public static final String getScore = "getScore(): ";
```

```
@RequestMapping(method = RequestMethod.GET, value = "score/{userId}", produces
= "application/json", consumes = "application/json")
publicResponseEntity<String>getScore(@PathVariable("userId") UUID userId) {
    logger.debug(getScore + " getting information for userId " + userId);
    return new ResponseEntity<>(creditService.getUserScroe(userId), HttpStatus.
OK);
    }
}
```

토큰을 가져오고, 다른 서비스와 통신하고, 그로부터 데이터를 얻고, 최종적으로 점수를
계산해 응답으로 다시 보내는 서비스 클래스가 있다. 이 특정 서비스를 초기화하려면 다
음 속성이 필요하다.

```
@Value("${AuthServerUrl}")
    protected String authServerUrl;
    @Value("${ClientId}")
    protected String clientId;

    @Value("${ClientSecret}")
    protected String clientSecret;

    @Value("${GrantType}")
    protected String grantType;

    @Value("${paymentHistoryUrl}")
    protected String paymentHistoryUrl;

    @Value("${obligationUrl}")
    protected String obligationUrl;

    @Value("${loanUrl}")
    protected String loanUrl;
```

다음은 서비스 클래스의 필드 정의다.

- `AuthServerUrl`: 인증 서버의 완전한 URL이다.
- `ClientId`: 인증 서버에서 서비스에 할당한 ID다.
- `ClientSecret`: 인증 서버가 제공하는 클라이언트 보안 정보다. 인증 서버에서 토큰을 가져오는 동안 `ClientId`와 함께 생성된다.
- `GrantType`: 읽기, 쓰기 등과 같은 다른 서비스에 대한 접근 제어 서비스이며, 자체 승인 유형도 정의할 수 있다.
- `PaymentHistoryUrl`, `emissionUrl`, `landUrl`: 이름에서 알 수 있듯이, 다른 서비스의 URL이다.

이제 인증 서버에서 토큰을 가져오는 기능을 살펴보자. 필요한 모든 값을 요청 내용에 넣고, 인증 서버에 요청한다. 요청의 결과로 JWT 토큰을 문자열로 얻어오는데, 이 토큰은 다른 서비스에서 데이터를 가져올 때 사용된다.

```java
private String getToken() {
    RestTemplaterestTemplate = getRestTemplate();
    MultiValueMap<String, String> map = new LinkedMultiValueMap<String, String>();

    map.add("client_id", clientId);
    map.add("client_secret", clientSecret);
    map.add("grant_type", grantType);

    String tokenStr = restTemplate.postForObject(authServerUrl, map,
    String.class);
    return tokenStr;
}
```

몇 가지 작은 기능이 있는 getRestTemplate()에 bufferingClientHttpRequestFactory의 HTTP 팩토리를 사용한다. 요청과 응답을 기록하려면 HTTP 요청 클라이언트를 버퍼링해 restTemplate 객체를 초기화해야 하기 때문이다.

```
privateRestTemplategetRestTemplate() {
    ClientHttpRequestFactorysimplerequestFactory = new
    HttpComponentsClientHttpRequestFactory(
    HttpClients.createDefault());
    ClientHttpRequestFactoryrequestFactory = new
    BufferingClientHttpRequestFactory(simplerequestFactory);
    RestTemplaterestTemplate = new RestTemplate(requestFactory);

    return restTemplate;
}
```

다음 메소드에서는 3개의 서로 다른 URL을 호출하고 URL을 통해 수신한 응답을 돌려보 낸다.

```
/**
 * 지불 이력 조회
 *
 * @paramuserId
 * @return
 */
private List<String>getPaymentHistory(UUID userId) {
    String token = getToken();
    if (token == null)
        return new ArrayList<String>();
    RestTemplaterestTemplate = getRestTemplate();

    HttpHeaders headers = new HttpHeaders();
    headers.add("Authorization", "bearer " + token);
    headers.add("Content-type",
    ContentType.APPLICATION_JSON.getMimeType());
    headers.add("Accept", MediaType.APPLICATION_JSON_VALUE);
    HttpEntity<String> request = new HttpEntity<>(headers);

    ResponseEntity<String> result =
    restTemplate.exchange(paymentHistoryUrl +
```

```java
    userId, HttpMethod.GET, request, String.class);
    ArrayList<String>responseObject = new
    Gson().fromJson(result.getBody(),
    ArrayList.class);
    return responseObject;
}

/**
 * 의무 평점 조회
 *
 * @paramuserId
 * @return
 */
private Integer getObligation(UUID userId) {
    String token = getToken();
    if (token == null)
        return 0;
    RestTemplaterestTemplate = getRestTemplate();

    HttpHeaders headers = new HttpHeaders();
    headers.add("Authorization", "bearer " + token);
    headers.add("Content-type",
    ContentType.APPLICATION_JSON.getMimeType());
    headers.add("Accept", MediaType.APPLICATION_JSON_VALUE);
    HttpEntity<String> request = new HttpEntity<>(headers);

    ResponseEntity<String> result =
    restTemplate.exchange(obligationUrl +
    userId, HttpMethod.GET, request, String.class);
    return result.getBody() == null || result.getBody().length() ==
    0 ? 0 :Integer.parseInt(result.getBody());
}

/**
 * 의무 대출 평점 조회
 *
 * @paramuserId
 * @return
```

```
*/
private Integer getLoansList(UUID userId) {
    String token = getToken();
    if (token == null)
        return 0;
    RestTemplaterestTemplate = getRestTemplate();

    HttpHeaders headers = new HttpHeaders();
    headers.add("Authorization", "bearer " + token);
    headers.add("Content-type",
    ContentType.APPLICATION_JSON.getMimeType());
    headers.add("Accept", MediaType.APPLICATION_JSON_VALUE);
    HttpEntity<String> request = new HttpEntity<>(headers);

    ResponseEntity<String> result =
    restTemplate.exchange(obligationUrl +
    userId, HttpMethod.GET, request, String.class);
    returnresult.getBody() == null || result.getBody().length() ==
    0 ? 0 :Integer.parseInt(result.getBody());
}
```

이 모든 방법은 다른 웹 서비스로부터 데이터를 얻기 위해 필요하다. 또한 JWT 및 암호화와 마찬가지로 보안 통신도 이뤄진다. 이제 필요한 모든 데이터를 활용해서 간단하게 계산된 신용 점수를 얻을 수 있으며, 의무 관련 점수는 있는 그대로 사용하면 된다. 결제 내역을 보면 결제 실패 또는 지연 여부를 확인할 수 있다. 결제 내역에 56번의 실패가 있다고 가정해보자. 이 예제에서 56번의 실패 기록은 500건이 넘는 결제에서 비롯됐다. 결제의 거의 10%가 실패한다. 10%를 기준으로 결제 포인트 비율을 계산하면서, 미리 정의된 요소를 몇 가지 추가할 수 있다. 다른 가정치들과 관련 요소를 계산해보니, 신용 점수를 계산하는 기존 항목 전체의 가중치가 55%가 나왔다고 가정해보자. 앞에서 신용 점수 계산에 필요한 항목들 중 결제 이력이 35%를 차지한다고 했기 때문에, 실질적인 결제 이력으로부터 얻을 수 있는 신용 점수는 35%의 55%로, 19.25%에 해당한다. 이런 형태로,

다른 점수들도 계산해서 모두 더하면, 사용자의 총 신용 점수를 얻을 수 있다.

앞에서 언급한 수식은 모형이며 예제일 뿐이다. 이상적인 경우, 이 수식은 더 많은 데이터와 함께 훨씬 더 많은 통계와 기계 학습 알고리즘으로 개선할 수 있다. 이것은 단순한 신용 점수 계산 예제이며 효과적인 데이터 저장소를 만들면서, 더 효과적으로 만들어갈 수 있다.

▌ 요약

4장에서는 마이크로서비스의 일반적인 보안 문제를 논의했다. 일부 보안 업무 관련 사항은 마이크로서비스 아키텍처에서 준수해야 한다. 또한 OpenID와 OAuth 2.0을 살펴보고 예제 애플리케이션에서 JWT 구조와 용도를 소개했다. 5장에서는 효과적인 데이터 모델에 대해 논의하고, 예제 애플리케이션 데이터 모델을 살펴본다.

05

효과적인
데이터 모델 만들기

소프트웨어 산업이 빠르게 변하고 있다. 규칙, 규모, 법이 매일 바뀌고 있다. 산업에 대해 더 많은 지식을 얻으려면, 빨리 반복하고, 빌드하고, 피드백을 받고, 개선해야 한다. 모놀리스 유형의 환경에서 이 속도로 움직이면 일이 더 복잡해질 수 있지만, 마이크로서비스가 이 과정을 매끄럽게 만들어줄 수 있다. 마이크로서비스 아키텍처로 가서 큰 문제를 작은 문제로 분해하면 분산된 컴포넌트들을 구성할 수 있다. 배포 또는 확장성 작업에는 항상 전통적인 작업 방식에 대한 어려움이 포함된다. 분산 아키텍처의 파급 효과는 데이터베이스에서도 볼 수 있다. 기존 데이터 모델은 분산형 아키텍처에 적용하기 어렵기 때문이다. 또 다른 어려움은 의존성이다. 문제가 더 작아지면서 분산될 때, 다른 요소들 간의 의존성이 점점 약화된다. 의존성은 데이터 모델, 코드 라이브러리 등에서 발생할 수 있다. 그렇다면 마이크로서비스 아키텍처를 위한 최고의 데이터베이스 모델은 무엇인가?

모든 상황에 잘 맞는 명확한 답은 없지만, 다음 절에서 데이터 모델링 결정에 영향을 미치는 다양한 요인을 논의하고자 한다.

5장에서 다루는 내용은 다음과 같다.

- 마이크로서비스 데이터 모델 구조
- 기존 데이터 모델과 비교
- 필요시 데이터 기술 혼용
- 실습을 위한 예제 애플리케이션 데이터 모델

▌ 데이터와 모델링

데이터는 지금 어디에나 있다. 모든 기업은 데이터가 필요하며, 이를 기반으로 실행하며, 과거 데이터를 분석해 현재와 미래의 비즈니스 전략을 결정한다. 데이터는 매우 중요하지만 모든 데이터나 정보가 특정 사업과 관련이 있거나 필요한 것은 아니다. 따라서 모든 데이터가 시스템에 의해 사용되거나 저장될 필요는 없다. 비즈니스에 중요한 데이터를 식별하고, 저장하고, 나중에 참고할 수 있는 지식을 제공해야 한다. 그렇다면 중요한 데이터를 식별한 후 어떻게 저장해야 하는가? 원천 데이터를 그대로 사용해야 하나, 아니면 데이터를 저장할 구조를 정의해야 하나? 지식화된 데이터를 이해하고 얻기 위해서는 구조화된 형식으로 저장해야 한다. 이 구조를 식별하고 정의하는 과정을 데이터 모델링이라고 한다.

위키피디아에 따르면 데이터 모델은 다음과 같다.

> 데이터 요소를 구성하면서, 데이터가 서로 어떻게 관련돼 있고, 실제 세상의 특성과 어떤 관련성이 있는지를 표준화 하는 추상적 모델.

데이터 모델링은 조직과 관련된 데이터 의미를 시각적으로 표현한 것으로 고객, 제품, 주문 등과 같은 비즈니스에 관여된 엔티티가 포함된다. 또한 그들 사이의 관계도 포함된다.

엔티티는 속성과 함께 데이터베이스에 저장되는 주요 요소다. 예를 들어, 고객 속성에는 고객 이름, 주소, 전화 번호 등이 있다. 고려해야 할 또 다른 사항은 관계의 정도를 나타내는 관계차수다. 예를 들어 고객은 여러 제품을 주문할 수 있고, 여러 개의 주문을 발주할 수 있다. 따라서 고객과 주문 간의 관계차수는 일대다 관계다. 다대일과 다대다는 다른 형태의 관계차수다.

데이터 모델을 다른 말로 표현해볼 수 있다. 데이터 모델은 복잡한 실제 데이터를 비교적 단순하게 표현한 것이다. 모든 수준에서 사용자들은 서로 다른 데이터 표현을 요구한다. 따라서 좋은 데이터 모델은 다른 권한을 가진 모든 사용자의 다양한 요구를 충족시킬 수 있어야 한다.

기존 데이터 모델과 비교

일정 기간 동안 소프트웨어 공학은 진화해왔으며, 이에 발맞춰 데이터베이스 모델링과 설계를 수행하면서, 데이터베이스 모델링도 함께 진화해왔다. 모놀리식에서 서비스 기반 아키텍처까지, 데이터베이스 모델링이 그 동안 달성해온 다양한 이정표가 있다. 이번 절에서는 모놀리스 형태의 애플리케이션에서 수행된 데이터베이스 모델링을 설명한다. 그 이후 마이크로서비스에서 수행된 데이터 모델링에 대해 설명한다. 여기서 설명한 모델링 기법만 있는 것은 아니다. 다른 기술도 있다. 다만, 우리는 다른 기술을 선호하지 않는다. 여기에서 논의하는 모델링 기법은 대부분의 경우, 어떤 방식이 가장 일반적으로 채택해 적용할 수 있는 방식이라는 것을 알려주기 위한 것이다. 그 모델은 그 당시에 전 세계적으로 널리 사용된 것이다.

▌ 모놀리스 유형 아키텍처의 데이터 모델

모놀리스 유형 애플리케이션에서는 모든 모듈이 WAR/JAR/EAR 같은 하나의 큰 모듈에 묶여 제공된다. 한 모듈이 다른 모듈의 기능을 사용해야 하는 경우, 그 모듈 안에서 간단히 호출할 수 있다. 이렇게 모듈 간 의존성이 만들어진다. 모듈은 데이터를 서로 공유한다. 이것이 다양한 마이크로서비스 사이에서 의존성이 만들어지는 방법이기도 하다. 그들은 동일한 단일 인스턴스 데이터베이스를 사용할 수도 있다. 결국, 공통 데이터 모델을 공유함으로써 모듈 간의 긴밀한 결합을 만들어낸다. 그래서 데이터베이스 모델은 애플리케이션 뒤에 있는 하나의 큰 데이터베이스로 보여질 수 있다. 기존 데이터 모델에서는 ER 다이어그램으로부터 관계 모델을 만든다. 관계형 모델에는 기본적으로 테이블과 테이블 사이의 관계가 포함된다. 속성은 이 테이블의 필드 또는 컬럼으로 정의된다. 관계형 데이터베이스에 있는 테이블의 한 행은 튜플이라고 부른다. 모든 튜플에는 데이터를 유일하게 정의하는 고유한 키가 있어야 한다. 이 키는 둘 이상의 관계에서 데이터를 조인하는 데 사용된다. 외래 키 개념은 관계 또는 연결을 쉽게 만드는 관계형 모델에 포함된다.

다음 예는, 어떤 조직이 학생들에게 강의를 제공하고 관련 정보를 기록하는 상황이다. 첫 번째 단계는 강좌, 학생, 과목, 교사 등과 같이 시스템에서 중요한 엔티티를 식별하는 것이다. 학생들은 한 강좌에 등록할 수 있고 강좌에는 여러 과목이 있다. 교사는 한 과목을 가르칠 수 있다. 이렇게 확인된 엔티티들 간 관계도 찾아볼 수 있다. 강좌 테이블에는 강좌와 관련된 데이터를 저장하고, 학생 테이블에는 강좌에 등록한 학생들의 데이터가 저장된다. 각 강좌와 과목과의 매핑은 맵-강좌-과목 테이블에 저장된다. 이것은 매우 간단한 관계 모델이다.

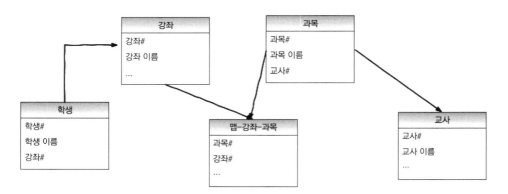

이 데이터 모델을 보는 방법을 알아두어야 한다. 데이터는 엔티티 및 다른 엔티티와의 관계에서 찾을 수 있다. 관계에는 많은 종류가 있지만, 여기에서는 타입 관계$^{IS-A}$과 포함 관계$^{HAS-A}$를 소개한다. 강좌와 과목은 포함 관계다. 포함 관계란 한 엔티티(강좌)가 그 내부에 다른 엔티티(과목)를 포함한다는 것을 의미한다. 반면에 타입 관계는 같은 유형의 엔티티 사이에서 나타난다. 예를 들어 볼보는 차량의 한 유형이다. 따라서 차량과 볼보 사이에 타입 관계가 형성된다.

위의 예에서 설명한 방법은 간결해서 좋다. 하지만 일반적으로 엔티티 간의 관계가 너무 많고 데이터를 한 곳에 유지해야 하기 때문에, 의미 있는 데이터를 가져오려면 엔티티 간의 조인 쿼리를 실행하며, 외래 키 같은 제약 조건을 다른 테이블에도 적용해야 한다. 이런 방법을 사용하면 애플리케이션의 모든 데이터가 단단히 결합된다. 데이터 모델을 변경하면 전체 시스템을 다시 릴리스해야 한다.

SOA의 데이터 모델

앞에서 언급한 데이터 모델은 대부분 전통적인 단일의 큰 애플리케이션 아키텍처에 사용됐다. 이후 SOA 시대에서는, 서비스 기반 아키텍처를 사용하는 CDM$^{Canonical\ Data\ Model}$이라는 새로운 데이터 모델이 도입됐다. CDM은 다양한 시스템과 컴포넌트 사이의 메시징 중에 데이터 구조, 속성 및 데이터 유형의 재사용을 옹호하는 SOA 개념에 사용된다. 이 개념의 장점은 비즈니스 데이터 정의를 단순화하는 것이지만, 관리하기가 쉽지는 않다. 어떤 기술을 사용하든(ESB, BPM 플랫폼 또는 특정 서비스 조합) 교환하는 비즈니스 객체의 데이터 모델을 표준화해야 한다. 객체지향적 사고 방식으로 인해 일반적으로 고객, 주문, 제품 등과 같은 엔티티들이 모든 사람이 동의할 수 있는 일련의 ID, 속성 및 연관성을 갖는다. 이런 방식은 실행하기에 매우 편리해 보인다. 하지만 표준 모델과 다른 모델을 가진 사람이라면, 누구나 모델을 주고받을 때 모델에 맞게 변환하는 과정이 필요하다.

표준 데이터 모델을 사용하면 이점이 있다. 예를 들어, CDM은 사업부 전체에 걸쳐 객체의 공통 정의를 사용하도록 촉진한다. 이것은 더 나은 의사소통과 이해에 도움을 주고, 모호함도 줄여준다. 또한 표준 데이터 모델의 통합은 시간과 개발자의 노력 면에서 매우 쉽고 비용 효율적이라고 할 수 있다.

▌마이크로서비스 아키텍처의 데이터 모델

CDM의 개념은 마이크로서비스가 그것을 필요로 하지 않기 때문에 마이크로서비스 통합 패턴에는 사용하지 않는다. CDM은 사용자가 공통 채널을 통해 데이터를 공유하도록 권장하기 때문이다. 이 아이디어에 따르면 사용자는 모든 마이크로서비스에서 동일한 기술을 사용하도록 구속받기 때문에 결국 마이크로서비스의 폴리글랏한 성격에 위배된다. 모델을 공유하면 마이크로서비스를 결합하게 되어, 다른 팀의 마이크로서비스가 어떻게 변화하는지를 알아야 하기 때문에, 각 팀들이 독자적으로 마이크로서비스를 개발할 수 있는 가장 큰 장점 하나를 잃어버린다. 마이크로서비스 데이터 모델링에서 염두에 두어야 할 주요 사항은 다음과 같다.

- **느슨한 결합**: 다른 마이크로서비스에 영향을 끼치지 않으면서 마이크로서비스를 수정할 수 있어야 한다.
- **문제의 지역화**: 식별된 문제점은 그룹화해서 하나로 정의한다.

서로 다른 그룹 간 관계를 설정한다. 이때, 느슨한 결합을 기반으로 데이터 모델의 관계를 명확하게 정의해야 한다.

마이크로서비스를 위한 데이터 모델링 방법은 최대한 분산시키면서, 독립적으로 구성하는 것이다. 원칙적으로 마이크로서비스 아키텍처에서 모든 서비스는 독립적으로 격리된 서비스로 모델링된다. 이 원칙은 데이터베이스 모델링의 결정에도 영향을 미친다. 마이크로서비스에서 문제 영역과 시스템을 완벽하게 분석했다면, 모든 마이크로서비스를 병렬로 개발하고 독립적으로 배치할 수 있어야 한다. 그러기 위해서는 각 마이크로서비스 데이터 모델은 다른 마이크로서비스 데이터 모델과 독립적이어야 한다. 즉 데이터 모델 변경 사항이 다른 서비스의 데이터 모델에 영향을 주지 않아야 한다.

각 마이크로서비스에 제한된 테이블 접근 권한을 부여하는 방법

이런 상황은 각 서비스가 고유한 자체 데이터를 갖고 있다는 생각으로 이어진다. 해당 서비스만 관련 데이터를 가져오거나 수정할 수 있어야 한다. 이는 여러 가지 방법으로 구현할 수 있다. 각 마이크로서비스는 자신에게 할당된 각자의 테이블 묶음을 가질 수 있다. 특정 테이블의 데이터는 해당 권한이 있는 서비스에서만 수정할 수 있다. 이 방법을 구현하기 위해, 해당 서비스는 자신의 테이블을 변경할 수 있는 권한의 데이터베이스 사용자 계정을 보유한다. 이렇게 각 서비스는 다른 마이크로서비스와 관련된 테이블의 데이터를 방해하지 않도록 보장받을 수 있다.

하나의 데이터베이스에 테이블을 정의하고, 그 테이블에 접근 권한을 부여한다는 생각이 좋은 것처럼 보이지만, 오라클이나 MySQL 같은 데이터베이스에 종속될 수밖에 없다. 어떤 팀이 성능을 위해 다른 종류의 데이터베이스를 사용하고 싶어도, 이런 상황에서는 가능하지 않다.

마이크로서비스별 데이터베이스

다른 방법으로, 각각의 마이크로서비스가 자체 데이터베이스를 갖는 것이다. 이 방법은 필요에 따라 마이크로서비스가 데이터베이스 유형을 선택할 수 있는 재량을 개발자에게 제공한다. 개발자는 다른 마이크로서비스에서 사용하는 데이터베이스 기술을 고수할 필요가 없다. 이는 분산된 CDM 형태로 보이기 때문에 설득력 있는 방법으로 보인다. 하지만 이 방식도 나름의 어려움이 있다. 강한 결합이 공유 데이터를 기반으로 만들어질 수도 있지만, 서로 다른 서비스 간의 데이터 흐름에 따라서도 만들어질 수 있다. 시스템을 일관된 상태로 유지하려면, 모든 명령을 적절하게 실행하거나, 실패할 경우에는 원래 상태로 롤백시켜야 한다. 한 데이터베이스 안에서 커밋이나 롤백을 수행하면서 테이블에 대한 잠금을 설정하는 기존 데이터 모델에서는 일관된 상태 유지가 비교적 쉽다. 이에 반해 분산 환경에서는, 각 컴포넌트들이 독립적으로 작동하면서, 중간 단계에서 초기 상태로 롤백될 수 있어야 한다.

예를 들어 재무 관련 비즈니스 트랜잭션이 여러 서비스에 걸쳐 처리되고, 각 서비스들은 자체적인 방식으로 각자의 데이터를 처리한다고 가정하자. 이 경우 장애 처리를 효율적으로 수행한다는 것은 매우 어려운 일이다. 한 가지 해결책은 분산형 트랜잭션을 사용하는 것이 아니라, 일반적으로 데이터베이스 일관성을 유지하기 위해 이벤트 중심 접근 방식을 사용해야 한다는 것이다. 이에 대해 사가^{Saga} 패턴을 사용하는 해결책이 있다. 사가 패턴은 1987년 헥터 가르시아 몰리나와 케네스 살렘이 사용했었다. 그들은 매우 느슨하게 연결된 환경을 염두에 두고 사가를 고안했다. 사가는 분산 시스템에서 단일 거래 효과를 산출하려는 매우 설득력 있는 패턴으로 보인다. 비록 이 방식이 모든 거래를 초기 상태와 같게 만들지는 못하지만 시스템을 일관적으로 만들면서 초기 상태와 근접하게 만들어 준다. 사가 이외에, 분산 환경에서의 2단계 커밋을 생각할 수 있지만, 확장성을 고려할 때 이상적인 해결책은 아니다.

사가 패턴

사가^{Saga} 패턴은 서로 통신하는 각 서브시스템(마이크로서비스)이 있는 분산 환경에서 트랜잭션 관리 솔루션을 제공한다. 실제로 분산 환경에서는 장기간 트랜잭션이 많이 발생한다. 데이터베이스에서의 모든 트랜잭션은 완전히 작동하거나 완전히 실패하는 경우에 의미가 있다. 시스템이 자동으로 일관된 상태로 만들기 위해 가장 어려운 점은, 하위 컴포넌트에서 트랜잭션이 실패한 후에 시스템을 일관된 상태로 만드는 것이다.

사가에서는 트랜잭션의 모든 워크플로우를 작업 연결 고리를 따라 전달되는, 라우팅 슬립이라고 부르는 복합적인 작업으로 묶는다. 처리가 완료되면, 보상 작업에 필요한 정보

(예: 큐를 통해)와 함께 완료 내역을 기록한다. 또는 메시지 라우팅 슬립에 대상 트랜잭션의 콜백을 등록할 수 있다. 마지막으로, 신규 메시지를 워크플로우에 전달한다. 처리가 실패하면, 현재 서비스 위치에서부터 데이터를 원래대로 복구시킨 다음, 최종으로 정상 완료 처리된 위치에 다다를 때까지 역으로 라우팅 슬립을 보내면서 기존 트랜잭션 처리를 복구시킨다. 즉 이전 처리에 대한 보상 트랜잭션을 호출하고, 이미 실행된 모든 트랜잭션의 보상 처리가 끝날 때까지 처리에 대한 복구 작업을 계속 수행한다. 사가는 높은 내결함성, 분산성 때문에 마이크로서비스 아키텍처에서 마이크로서비스 경계를 넘는 트랜잭션 처리를 수행하면서, 전통적인 트랜잭션을 대체하기에 매우 적합한 방법이다.

사가 트랜잭션 패턴의 첫 번째 컴포넌트는 개시자^{Initiator}로, 트랜잭션의 컨텍스트와 상호 작용에 대한 근거를 만든다. 그런 다음, 다른 서비스에게 비즈니스 활동을 수행하도록 요청한다. 다른 서비스들은 협업 관련 사항을 등록하고, 메시지를 받아 처리하거나 일을 수행할 준비를 한다. 이 시점에서 모든 서비스는 각자 할 일을 준비하고 커밋하도록 요청받는다. 처리가 완료되기 전에 문제가 발생하면, 일반적인 ACID 트랜잭션에서 롤백하는 것처럼 보상이라는 대응 조치를 수행한다. 풀어 말하면, 모든 단계 또는 모든 마이크로서비스는 작업을 수행하면서 완료된 작업을 표시하고, 작업이 실패할 경우를 대비해서 콜백 메소드를 등록하고, 마이크로서비스까지의 경로 슬립을 전달한다. 실패한 경우, 라우팅 슬립은 보상 함수를 호출하면서 마지막으로 완료된 시스템 상태로 되돌린다.

이해를 위해 예를 들어보자. 사용자는 저녁 식사를 위해 특정 메뉴가 있는 레스토랑을 예약하길 원하며, 제 시간에 레스토랑에 도착하려면 택시를 예약해야 해야 한다. 사용자가 따라야 할 단계는 다음과 같다.

- 식당에 예약 가능한 테이블이 있는지 확인한다. 테이블 여유가 없다면, 더 이상의 트랜잭션이 이뤄지지 않는다.
- 원하는 메뉴 항목을 찾는다. 원하는 메뉴가 없다면, 예약하는 것이 의미가 없다. 따라서 테이블 예약은 취소한다.

- 테이블과 메뉴가 예약된 경우 식사 시간에 맞춰 택시를 예약한다. 이 시간에 이용 가능한 택시가 없는 경우 사용자는 예약을 취소해야 한다. 따라서 마지막 두 가지 활동인 테이블 예약과 메뉴는 취소시켜야 한다.

 여기서 가정은 사용자가 동일한 웹사이트를 사용해 모든 예약을 한 번에 수행한다는 것이다.

사가 패턴은 무결성, 신뢰성 및 품질에 초점을 맞춘 아키텍처 패턴이며, 서비스 간 통신 패턴과 관련이 있다. 패턴의 구현을 설계할 때, 사람마다 버전이 다를 수 있다. 어떤 사람은 관심사와 역할을 패턴에 정의하는 방법으로 설계할 수 있다. 컴포넌트 하나로 수행할 수도 있고, 오케스트레이션 형태로 흐름을 제어하거나, 커리어그래프 형태로 흐름을 처리하는 분산 패턴을 활용한 게시자를 활용할 수도 있다.

각 서비스의 데이터 처리가 비공개인 것은 중요하지만 각 서비스 전략별로 데이터베이스를 구축한다면, 여러 서비스가 소유한 데이터 전체에 걸친 데이터베이스 결합이 필요한 쿼리를 구현하는 것은 어려울 수가 있다. 서비스 내에서 데이터 조인은 가능하다. 서비스 외부에 대해서는 명령 쿼리 응답 분리^{CQRS, Command Query Responsibility Segregation}를 사용하고 비정형화된 뷰를 유지해야 한다.

필요시 데이터 기술 혼용

폴리글랏 영속성^{Polyglot Persistence}은 마이크로서비스와 관련해서 사용되는 용어다. 폴리글랏 영속성은 스콧 레버키와 마틴 파울러가 만들었다. 기업의 데이터 모델이나 접근 빈도에는 다양한 유형이 존재한다. 어떤 데이터는 매우 자주 필요하고 정확성에 대해 크게 신경 쓸 필요가 없다. 반면에, 어떤 데이터는 매우 확실한 방법으로 관리할 필요가 있다. 서로 다른 데이터에 서로 다른 유형의 조건이 발생할 수도 있다. 이런 상황 때문에 기업들이 서로 다른 기술을 사용한다. 예를 들어 세션 관리에는 레디스^{Redis}를 사용하고, 추천 엔진에는 Neo4j 또는 그래프 데이터베이스를 사용하며, 재무 트랜잭션 관리는 MySQL 이나 오라클 RDBMS를 사용할 수 있다. 이 상황을 일컬어 '폴리글랏 영속성'이라고 한다.

모든 전자상거래 웹사이트에는 일반적으로 사용자에게 보여줄 제품 카탈로그가 있다. 사용자가 온라인상에서 제품을 선택할 때, 선택된 제품과 함께 사용할 수 있는 유사한 다른 제품을 보고 싶어 한다. 고객은 "XX 제품은 일반적으로 YY 제품과 함께 판매된다"와 같은 메시지를 본다. 이는 선택한 제품을 결제할 때까지 선택한 제품과 함께 사용할 수 있는 것들을 계속해서 보여주는 가상의 완고한 판매원이나 마찬가지다. 이것이 요구 사항이고, 기술자가 SQL 기반 데이터베이스를 사용해야 한다면, 효율적으로 구현하기는 어렵다. 반면에, 그래프 데이터베이스를 사용할 수 있다면, 제품들 사이에 빈번하게 연결되는 링크를 만드는 것은 매우 쉽고 계속 발전시켜갈 수도 있다. 따라서 사용자 관리 부분은 SQL 기반 데이터베이스를 사용하고, 추천 엔진은 다른 유형의 데이터베이스를 사용할 수도 있다.

요약하면, 데이터베이스 유형을 혼용하는 폴리글랏 영속성 아키텍처로부터 이익을 얻는 애플리케이션이 있다. 다만, 데이터베이스를 공유하지 않을 때의 단점은 데이터 일관성을 유지하고 쿼리를 실행하는 것이 더 어렵다는 것이다.

▌ 모놀리스에서 마이크로서비스로의 데이터 모델 전환

일반적인 엔터프라이즈 애플리케이션은 HTML, CSS, 앵귤러^Angular 등으로 구성되는 프론트엔드, 요청을 처리하고 비즈니스 논리를 수행하는 서버 부분, 그리고 애플리케이션의 모든 컨텍스트에 대한 테이블을 포함하는 데이터베이스로 구성할 수 있다. 데이터베이스나 서버쪽에 새로운 것을 추가한다면, 애플리케이션의 작고 분리된 일부분에 해당한다 해도 전체 애플리케이션을 다시 배포해야 한다. 요즘 시대에는 받아들이기 어려운 일이지만, 이로 인해 다운타임 장애가 발생할 수도 있다.

이런 상황에 대해 마이크로서비스는 해결책을 제시한다. 하지만 모놀리스에서 마이크로서비스로 전환하는 것은 쉽지 않으며 많은 결정과 고려 사항이 수반돼야 한다. 여기서는, 주로 모놀리스 유형의 데이터베이스 모델에서 마이크로서비스 기반 아키텍처로 전환하는 방법에 대해 언급한다. 큰 규모로, 전체 모놀리스 애플리케이션을 마이크로서비스로 전환할 수 있다. 또는, 단계적으로 전체 애플리케이션의 데이터 모델에 영향을 최소화시키면서, 별도의 데이터 모델로 사용할 수 있도록 데이터 모델의 일부를 만들어가는 것이다.

모놀리스 데이터베이스를 전환하는 데 있어 가장 큰 문제는 마이크로서비스 데이터베이스를 추출하는 동안 발생할 수 있는 혼란이다. 이런 혼란에 대비한 완벽한 계획이란 없다. 마이크로서비스 데이터 모델을 만드는 방법을 이해하는 데 도움되는 패턴을 사용할 수 있다. 모놀리스 구조를 마이크로서비스로 전환하려면 가장 많이 개선되는 데이터가 무엇인지 잘 파악해야 하는데, 이때 도메인 전문가의 도움을 받을 수도 있다. 전환을 위한 DDD에 대한 이해를 높여보자.

도메인 주도 설계

마이크로서비스별로 구성된 데이터베이스를 살펴볼 때 데이터의 종류를 어떻게 확인할 수 있을까? 이때 도메인 주도 설계 DDD, Domain Driven Design 가 도움을 줄 수 있다. 여기서 데이터 버킷이라는 용어를 사용하는데, 데이터 버킷이라는 말은 MySQL 또는 오라클과 같은 물리적 데이터베이스로 생각해서는 안 된다. 여기서는 데이터베이스를 유사한 종류의 데이터 집합이라고 부르자. 데이터 모델링과 데이터를 테이블에 저장하는 방법은 서로 다른 문제다. 데이터 모델링은 특정 문제 영역을 처리하기 위해 필요한 데이터 관점에서 사고하는 개념이다. 우선은 비즈니스 문제를 해결하는 데 초점을 두고, 그다음에 지속적으로 기술 영역에 초점을 맞춰야 한다. DDD는 비즈니스 영역에 초점을 맞추는 방법이다.

이를 더 잘 설명하기 위해서 아마존의 예를 살펴보자. 아마존에는 많은 상품이 있고, 상품 관련 정보, 사용자 데이터, 주문 세부 사항, 배송 정보, 현재 주문 위치, 지원 요청 등을 보여준다. 이 데이터는 수십만 페타바이트로 저장되고 지속적으로 증가하고 있다.

아마존 팀은 이 방대한 데이터를 저장하고, 신속하게 접근하고, 상품 세부 정보를 빠르게 조회하는 등의 어려운 일을 수행해야 한다. 곰곰이 생각해보면, 이들이 해결하려는 것이 비즈니스상의 문제는 아니다. 비즈니스 관련 문제는 전 세계의 운영자가 고객이 구매한 상품을 확인하고, 상품 정보를 연결하고, 고객이 원하는 만큼 많은 옵션을 보여주며, 고객이 집에서 주문한 제품을 확실히 받아볼 수 있게 하는 것이다.

아마존이 DDD를 사용해 이 문제를 해결한다고 가정하면 고객 관리, 상품/분류 관리, 주문 관리, 보고 관리, 지불 및 환불 관리, 배송 관리, 판매자 관리 등 시스템 내의 다른 영역도 파악해야 한다. 이제 큰 문제를 작은 조각으로 나눠보자. 다음 단계는 이런 문제를 다시 생각하면서 문제를 더 작게 나누고, 어떻게 데이터가 한 영역에서 다른 영역으로 흘러가는지 이해하는 것이다. 예를 들어, 한 명의 고객이 두세 개의 주소를 가질 수 있기 때문에 주소 관리가 필요하다. 고객은 빨리 지불하기 위해 카드 정보를 저장할 수 있다. 따라서 고객 관리의 하위 도메인에 카드 관리가 필요할 수 있다. 다음 단계는 어떤 데이터가 저장이 필요하고 어떤 데이터가 다른 영역의 데이터와 관련될 수 있는지를 결정하는 것이다. 요약하면, 고객 관련 데이터는 여기에 있어야 하며, 이것을 도메인에서의 바운디드 컨텍스트^{Bounded Context}라고 부른다. 이후 다음 단계는, 고객 관리 데이터를 SQL 또는 비SQL 또는 그래프 데이터베이스에 저장하는 것이다. 이것이 다음에 풀어야 할 문제다.

DDD는 마이크로서비스 시스템에서 비즈니스 문제를 해결할 수 있는 좋은 방법이다. DDD 개념은 마이크로서비스가 탄생하기 전부터 존재했지만, 마이크로서비스와 완벽하게 잘 맞는다. 마이크로서비스 데이터 모델은 DDD의 개념에 가장 잘 들어맞는다. 앞서 언급했듯이, DDD는 먼저 비즈니스 문제에 초점을 맞춘다. 이를 위해, 첫 번째 단계는 비즈니스 영역에서 다른 컨텍스트들을 식별하는 것이다. 도메인 전문가가 경험과 지식을 통해 도움을 줄 수 있다. 일단 컨텍스트가 식별되면, 다음 단계는 컨텍스트 간의 경계를 설정하는 것이다.

바운디드 컨텍스트는 DDD에서 가장 중요한 요소다. 바운디드 컨텍스트는 마이크로서비스의 경계를 설계하는 효과적인 방법이다. 그렇게 DDD 기법은 바운디드 컨텍스트를 따라 큰 시스템을 작게 나눌 수 있도록 도움을 준다. DDD의 바운디드 컨텍스트 방법을 사용하는 경우, 모델과 데이터 간 불필요한 공유나, 영역간 강한 결합이 이뤄질 가능성이 현저하게 줄어든다.

데이터 공유를 피하는 것은 각 마이크로서비스를 독립적인 배치 단위로 취급하는 능력을 향상시킨다. 전체 시스템 내에서 안전을 유지하면서도 배치 속도를 높일 수 있는 방법이다. DDD는 모델 간에 데이터 공유를 이야기하지 않는다. 데이터 공유가 필요하다면, 데이터를 한 형식에서 다른 형식으로 변환할 수 있는 DDD의 반부패 계층^{Anticorruption Layer}을 활용할 수 있다. 물론, 나중에 논의할 이벤트 소싱 같은 더 좋은 방법들도 있다.

데이터 모델 전환 방법

앞서 언급했듯이 데이터 모델 전환도 더 작은 단계로 나눌 수 있다. 단일 애플리케이션에서 별도의 데이터 모델을 생성하는 데 도움되는 방법은 다음과 같다.

- 뷰
- 트리거를 사용한 테이블 복제
- 이벤트 소싱

뷰

데이터베이스 뷰는 특정 방식으로 정렬되고 표시되는 데이터베이스의 서브셋이다. 각 뷰의 조건과 엔티티를 선택해 행과 열을 제어한다. 뷰는 데이터베이스가 제공하는 특성에 따라 달라진다. 뷰를 반드시 데이터베이스에서 테이블을 추출할 필요는 없다. 개발자가 뷰를 만들고 뷰와 코드를 연결하는 것으로 시작할 수 있다. 뷰의 장점은 만들기가 쉽고, 많은 데이터베이스가 뷰를 지원한다는 것이다. 하지만 갱신 중의 성능은 문제가 된다.

뷰와 관련된 성능 향상 방안들이 있지만, 데이터베이스의 지원에 따라 달라질 수 있다. 다음 화면에 표시된 것처럼 코드의 한 부분을 마이크로서비스로 분리하고 데이터베이스에 뷰를 만들 수 있다. 마이크로서비스는 이 뷰로부터 데이터를 가져와서 활용한다. 이런 방법으로 마이크로서비스를 실행하면서, 도메인 분리 개념을 검증하자.

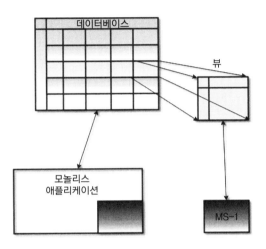

트리거를 사용한 테이블 복제

마이크로서비스와 함께 새로운 데이터베이스를 만들고, 트리거를 사용해 새 데이터베이스에 데이터를 채울 수 있다. 이 부분도 데이터베이스에 크게 의존적이다. 데이터베이스의 지원을 받을 수도 있지만, DB와 DB를 연결하는 DBlink와 같은 도구가 필요하다. 다만, 동일한 데이터베이스 기술을 사용하는 경우, 폴리글랏 영속성으로부터의 이점을 살릴 수는 없다.

이벤트 소싱

매우 복잡한 경우에도 마이크로서비스에서 데이터 공유를 피할 수 있는 강력한 데이터 모델링 방법론이 이벤트 소싱이다. 이는 마이크로서비스에서 데이터 모델을 처리하는 가장 좋은 방법 중 하나다. 이벤트는 과거에 일어났던 액션이지, 상태 스냅샷snapshot이 아니다. 액션은 그 자체로 상황을 재현하는 데 필요한 모든 정보를 갖고 있다. 데이터베이스의 데이터는 실제로 일련의 이벤트를 수행한 후에 얻어지는 상태다. 따라서 동일한 일련의 이벤트가 같은 순서로 데이터베이스에서 처리된다면 동일한 데이터베이스 상태를 가질 수 있다고 가정할 수 있다. 이벤트 소싱의 예로, 현재 상태와의 차이를 저장하는 버전 관리 시스템을 들 수 있다. 현재 상태는 최신 소스 코드이고, 이벤트는 커밋들이다.

매우 흥미로운 사실은, 이벤트는 변하지 않는다는 것이다. 이벤트는 과거에 이미 일어났던 일을 나타내기 때문에 취소할 수도 없다. 감사와 보고에도 활용할 수 있는 좋은 근간이다. 또한 이벤트의 특성상 즉각적이지는 못하지만 결과적 일관성^{Eventual Consistency}을 제공한다. 시스템에서 일관성을 강력하게 요구한다면, 이벤트 소싱을 사용할 수는 없다. 쉽게 이야기하면, 결과적 일관성은 시스템이 항상 일관된 상태에 있다는 것을 보장하지 않는다는 의미다. 일정 기간 동안에는 실시간이 아닌 이전의 정보를 갖고 있을 수는 있지만, 결국 어느 정도 시간이 지나면 모든 정보와 일치한다. 시간 차이가 10초 또는 10시간이 될 수도 있다. 이는 전적으로 어떤 업무를 어떻게 구현하는가에 달려 있다.

모놀리스 유형의 애플리케이션에서 마이크로서비스 기반 애플리케이션으로 전환하고 이벤트 소싱을 사용하기로 결정했다면, Debezium이라는 좋은 도구를 활용할 수 있다. 이 도구는 데이터베이스에서 일어나는 변화를 이벤트로 스트리밍한다. 마이크로서비스 컴포넌트는 이 이벤트를 읽고 활용할 수 있다. Debezium에 대한 자세한 내용은 https://github.com/debezium을 참고하자.

마이크로서비스 아키텍처의 성공은 큰 문제를 더 작은 문제로 얼마나 잘 분해할 수 있는가에 달렸다. 모놀리스에서 마이크로서비스 기반 애플리케이션으로 더 작게 분할하는 과정에서 무언가를 놓칠 가능성이 크다. 따라서 반드시 잊지 말아야 할 것은, 이전의 상황을 무시하면서 새로운 것을 만드는 것은 피해야 한다는 점이다.

예제 애플리케이션 데이터 모델

예제 애플리케이션은 몇 가지 일반적인 규칙을 갖는 리스크 엔진이다. 이전에 활용하던 데이터에 기초하여, 규칙을 적용하고 리스크 점수를 산정한다. 이를 바탕으로 특정 사용자에게 돈을 빌려주는 데 얼마나 많은 위험이 관련되는지 알아낼 것이다. 리스크 엔진에 필요한 컴포넌트가 무엇인지 개념화하고, 데이터베이스를 정의하고, DDD를 사용해 마이크로서비스 기반 데이터 모델을 구성하자.

리스크 엔진에는 사용자 상세 정보가 있다. 다음 그림에서 볼 수 있듯이 사용자에는 많은 세부 사항이 있다. 사용자가 훨씬 더 많은 데이터를 가질 수도 있지만, 도메인 관점에서 어떻게 생각해야 하는지 이해하기 위해, 예제 애플리케이션에서는 이정도만 살펴보자.

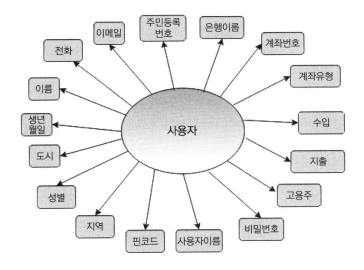

위 데이터 모델 예제를 보면 모든 정보가 사용자와 관련이 있다. 문제는 모든 정보가 하나의 도메인에 포함된 것일까? 아니라면, 이 데이터 속성을 다룰 다른 도메인을 찾아 낼 수 있을까?

이 정보에는 네 개의 도메인이 있다. 서로 관련이 있거나 함께 변경되는가에 따라, 도메인을 구분했다. 다음 그림은 이렇게 식별한 도메인을 보여준다.

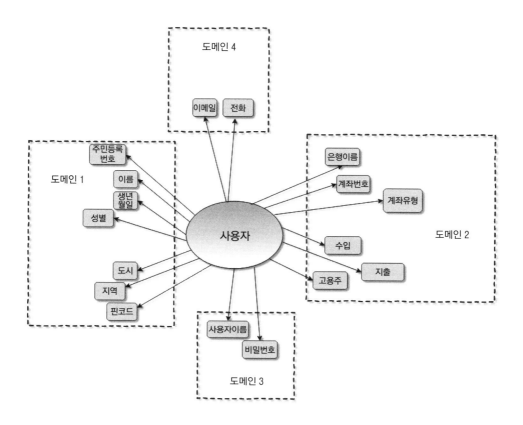

도메인을 제대로 분할하는 것은 비즈니스에 대한 지식과 전문성에 달려 있다. 분할된 도메인을 살펴보면서 왜 별도의 도메인으로 구분했는지 알아보자.

도메인 1(세부 정보)

기본적으로 사용자 세부 사항이다. 사용자를 등록하는 데 필요한 최소 정보에는 이름, 성별, 생년월일, 고유 ID 및 주소가 필요하다. 최소 정보 데이터는 동시에 변경할 가능성이 높기 때문에 같은 도메인에 배치했다. 이 데이터를 갱신해도 다른 데이터 모델에는 영향을 주지 않아야 한다. 어떤 사람이 사용자의 주소를 갱신했다고 해서 은행 계좌 번호, 소득 등 다른 데이터에 영향이 갈 이유가 없다.

도메인 2(금융 정보)

도메인 2는 주로 금융 관련 정보다. 사용자의 은행 상세 내역과 사용자 소득 등이 있다. 금융 관련 정보는 서로 어느 정도 관련이 있다. 예를 들어, 사용자가 급여생활자인데 직업을 바꾼다면, 소득과 은행 계좌가 모두 바뀔 가능성이 높다. 많은 기업이 회사의 주거래 은행에 급여 계좌를 개설하기 때문에, 직장을 바꿀 경우 은행 계좌도 바뀔 가능성이 매우 높다.

새 직장은 신입 직원에게 주거래 은행에 새로운 계좌를 만들 것을 요청할 것이다. 그래서 금융 관련 정보를 동일한 도메인에 포함시켰다. 여기서 흥미로운 것은 직장을 바꾸면서 이사를 한다면 사용자의 집주소가 바뀐다는 것이다. 그렇다면 집주소를 도메인에 추가해야 할까? 과거 경험과 대상 사용자에 대한 이전의 데이터 내용 파악에 따라 달라질 수 있다. 이 부분이 도메인 전문가가 등장해야 하는 이유다. 경험이나 기술이 풍부한 사람들은 이미 집을 사서 가정을 꾸렸다고 생각할 수 있다. 이런 사용자는 집주소를 자주 바꾸지 않는다. 따라서 데이터 특성을 파악해 데이터가 함께 변경되는 패턴을 찾아야 한다.

애플리케이션의 리스크 엔진을 만들면서, 사용자가 고액의 자금 융자를 받을 것이라고 가정한다. 고액 대출은 사용자가 소득이 높을 때만 취할 수 있으며, 사용자가 주택을 보유하고 있을 가능성도 있다. 그렇다면 사용자의 주소가 자주 변경될 가능성이 적다. 이런 가능성을 생각해보면, 수입과 주소 정보를 함께 구분할 필요가 없다. 이와 같은 작업을 수행하려면 도메인과 데이터 패턴 지식 간 올바른 균형이 필요하다.

도메인 3(인증 정보)

도메인 3은 인증을 위한 간단한 도메인이다. 애플리케이션에는 사용자를 인증하는 고유한 방법이 있어야 한다. 따라서 인증 정보를 다른 도메인으로 구분했다.

도메인 4(통신 정보)

도메인 4는 애플리케이션이 사용자와 통신하는 영역을 다룬다. 앞의 데이터 모델에서 전화번호와 이메일이 사용자와 통신하기 위해 필요하며, 둘 다 통신 도메인에 적합하다는 것을 알 수 있다. 모바일 앱이 있거나 기기 ID를 저장한다면, 이 영역에 포함시키자.

이제 모델을 저장소로 옮기는 것을 생각해보자. 지금 논의하는 사례의 경우, 모든 것을 관계형 데이터베이스에서 처리할 수 있다. 각 도메인이 서로 다른 데이터베이스를 두고 데이터를 저장할 테이블을 정의할 수 있다. 도메인은 사용자 ID로 연결한다. 새로운 사용자가 등록될 때마다 생성 이벤트와 사용자 ID가 만들어진다. 모든 서비스는 이벤트에 등록된다. 이벤트를 기준으로 데이터베이스에 항목을 만들 수 있다. 사용자 ID 생성은 모든 서비스가 사용할, 우선적으로 고려해야 할 서비스의 책임 중 하나다.

예를 통해, 애플리케이션을 모델링하는 방법을 살펴봤다. 관계형 모델이나 특정 데이터베이스가 아닌 도메인 및 데이터 관점에서 생각하는 방법을 활용하기 바란다.

▌ 요약

5장에서는 데이터 모델링을 이전과는 다른 관점에서 살펴봤다. 마이크로서비스 환경에서 작업할 때, 기존 데이터 모델링에서 공통적으로 발생하는 몇 가지 문제를 논의했다. 긴 실행 트랜잭션 패턴인 사가를 살펴봤고, DDD도 살펴봤다. 또한 마이크로서비스 환경에서 모델링하는 방법을 샘플 애플리케이션을 통해 살펴봤다. 6장에서는 마이크로서비스 기반 아키텍처에서 테스트하는 방법을 알아보자.

06

마이크로서비스 테스트

플랫폼에서 서비스되는 마이크로서비스 수가 증가하면 데브옵스 관련 작업은 기하급수적으로 증가한다. 이런 상황에서는 테스트가 자동화돼야 하는데, 테스트 자동화를 위해서는 넘어야 할 많은 난관이 있다. 모놀리스 애플리케이션과 달리 마이크로서비스 테스트는 간단하지 않다. 마이크로서비스는 다른 많은 마이크로서비스로부터 API 호출을 받거나, 다른 마이크로서비스를 호출할 수 있기 때문에, 통합 테스트에서 마이크로서비스를 개별로 테스트하기는 어렵다. 따라서 마이크로서비스의 테스트 계획 수립은 상당한 노력이 필요하다. 6장에서는 마이크로서비스를 테스트하는 데 사용할 수 있는 몇 가지 기법을 살펴볼 것이다.

6장에서 다루는 내용은 다음과 같다.

- 마이크로서비스를 테스트하는 목적

- 단위 테스트
- 통합 테스트
- 컴포넌트(서비스) 테스트
- 계약 테스트
- 엔드 투 엔드 테스트

▌ 마이크로서비스를 테스트하는 목적

마이크로서비스는 여러 측면에서 모놀리스 유형의 애플리케이션과 다르므로 마이크로서비스를 테스트하는 접근 방식은 모놀리스 유형의 애플리케이션을 테스트하는 방식과 동일할 수 없다. 마이크로서비스에서는 릴리스가 더 빈번하기 때문에 속도가 중요한 요소다. 속도를 빠르게 유지하기 위해서는 마이크로서비스에 대한 테스트도 빨라야 하지만 품질도 매우 중요하다. 마이크로서비스를 개별로 테스트하는 것이 까다롭기는 하지만 단위 테스트라는 좋은 기법이 마이크로서비스를 테스트할 때 도움된다. 물론, 마이크로서비스가 서드파티*third-party*가 만든 컴포넌트와 통신하거나 다른 마이크로서비스와 통신할 수 있기 때문에 단위 테스트만으로는 충분하지 않다. 서비스 A의 변경은 서비스 A와 서비스 B 간의 통신에 영향을 미칠 수 있으므로, 개발자나 QA는 개발 과정 동안에는 서비스 A와 B 사이의 내용이 변경되지 않도록 해야 한다. 많은 팀이 각자 다른 컴포넌트를 개발하지만 그 컴포넌트들이 마이크로서비스들 간의 통신에 영향을 미치므로, 계약 테스트*contract testing*[1]를 시행하는 것이 필수적이다. QA는 플랫폼에서 엔드 투 엔드 테스트[2]를 수행해야 한다. 이런 테스트 중 일부만을 자동화를 시키고, 다른 일부는 수동으로 처리할 수 있다.

---

1 서비스 제공자와 사용자 간의 계약을 검증하는 테스트로, 서비스 제공자가 자신의 서비스를 사용하는 사용자에 대한 정보를 얻기 위한 것이다. – 옮긴이
2 사용자의 관점에서 시스템의 하부 기능 전체가 정상적으로 동작하는지 사용자 인터페이스를 통해 테스트하는 기법이다. – 옮긴이

새로 개발한 마이크로서비스의 호환성, 무결성 및 품질을 충분히 보장할 수 있는 단 하나의 방법이 없다는 것은 명백하다. 이 모든 것을 보장하기 위해서는 가장 적합한 테스트 전략들을 조합해야 한다. 다음 그림에 표시된 레이어들은 확정되지도 않았고, 모든 조직에 적합한 것은 아니지만, 마이크로서비스를 테스트하는 하나의 모델로 볼 수 있다.

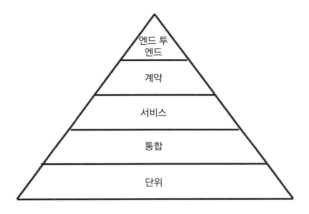

모든 조직은 그 안에 속한 팀과 상황에 따라 이 구조를 변경할 수 있다. 테스트는 단위 테스트에서 시작해서 엔드 투 엔드 테스트로 끝난다. 이제 각 레이어에 대해서 알아보자.

▌단위 테스트

단위 테스트 Unit testing 는 가장 오래된 테스트 기법 중 하나로, 소스 코드의 특정 모듈이 의도된 대로 정확히 작동하는지를 검증하는 테스트다. 특정한 상황을 가정하고 단위 테스트를 하는 경우, 그 특정 상황을 단위 테스트 케이스 unit test case 라고 한다. 자바 클래스를 작성한다고 가정해보자. 이 자바 클래스에는 모두 10개 메소드가 있고, 각 메소드는 서로 다른 용도로 사용된다. 그렇다면 테스트할 10개의 단위 코드가 있다고 말할 수 있다. 예를 들어, 테스트하는 방법 중 하나로 입력 값으로 ID를 받아서, 해당 ID가 시스템에서 활성화 상태인지 또는 비활성화 상태인지에 대한 논리 결과 Boolean 값을 반환하는 것을 생각해보자. 다음은 지정된 ID 또는 사용자 ID가 활성화 상태인지 비활성화 상태인지 확인하는 방법에 대한 예제 코드다.

```
public boolean isEnable(String Id){
    return someRepo.findOne(Id).getStatus().equals("ACTIVE");
}
```

이 방법의 예상 결과는 참이거나 거짓이다. 그런데 ID가 데이터베이스에 존재하지 않으면 어떻게 될까? 예외 처리를 해야 할까? 아니면 해당 결과에 특정 값을 부여해야 할까? 개발자는 해당 메소드의 가정을 다시 고민해봐야 한다. 가정이 예외 처리를 하는 것이라면, 개발자는 코드를 그에 맞게 변경해야 한다. 이렇게 단위 테스트 케이스는 점차 개선될 수 있다.

단위 테스트 케이스의 예로 계산기 클래스를 살펴보자. 다음의 계산기 예제는 두 정수의 산술 연산을 제공한다.

```
public class Calculator {
    public static int addition(int number1, int number2) {
        return number1 + number2;
    }
    public static int subtraction(int number1, int number2) {
        return number1 - number2;
    }
    public static int multiply(int number1, int number2) {
        return number1 * number2;
    }
    public static int divideInteger(int number1, int number2) {
        if (number2 == 0) {
            throw new IllegalArgumentException("Cannot divide by 0!");
        }
        return number1 / number2;
    }
}
```

다음은 위의 코드의 테스트 케이스 예제다.

```java
public class ExampleCalcTest {
    @Test
    public void shouldPass_forAdditionOfNumber() {
        assertEquals("error..", 8, Calculator.addition(1, 7));
        assertEquals("error..", 23, Calculator.addition(17, 6));
        assertEquals("error..", 17, Calculator.addition(8,9,));
    }
    @Test
    public void shouldFail_forAdditionOfNumber() {
        // assertNotEquals(String message, long expected, long actual)
        assertNotEquals("error..", 0, Calculator.addition(13, 2));
    }
    @Test
    public void shouldPass_forSubstractionOfNumber() {
        assertEquals("error..", 5, Calculator.subtraction(12, 7));
        assertEquals("error..", 3, Calculator.subtraction(4, 1));
    }
    @Test
    public void shouldFail_forSubstractionOfNumber() {
        assertNotEquals("error..", 0, Calculator.subtraction(2, 1));
    }
}
```

TDD[Test-Driven Development][3]는 단위 테스트 케이스를 지원한다. 이런 유형의 단위 테스트 케이스는 마이크로서비스 내에서 특정 코드에 포함된 로직을 검증하는 데 국한된다. 마이크로서비스 내의 클래스와 메소드의 수와 크기에 따라 테스트 케이스의 수는 많거나 적을 수 있다. 가급적, 자동화된 테스트 케이스로 단위 테스트를 진행시킨다. 예를 들면, 자바와 메이븐을 사용하는 프로젝트에서는 단위 테스트를 빌드 중에 실행한다. 빌드 도구인 젠킨스는 작성된 최신 코드를 소스 버전 관리 도구(예: Git)에서 가져온다. 다음 단계에

---

3   XP의 Test-First 개념에 기반을 둔 소프트웨어 개발 프로세스로써, 테스트를 통과하는 코드를 작성하고 상황에 맞게 리팩토링하는 과정을 반복적으로 거치는 기법이다. – 옮긴이

서는 최신의 소스 코드에서 작성된 단위 테스트 케이스를 실행하며, 테스트 케이스가 성공적으로 완료된 후 빌드가 생성돼 아티팩트 저장소^{Artifact Repository, Artifactory}[4]에 업로드되고 새로운 태그가 Git 코드에 커밋된다. 단위 테스트 케이스가 실패하면 빌드는 실패한 것으로 표시되고 피드백을 해준다. 다음 그림은 이런 단계를 설명해준다.

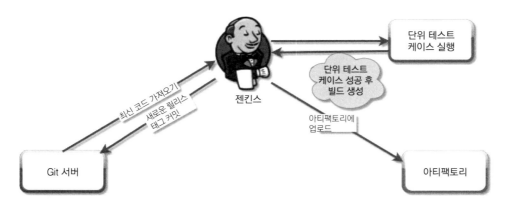

단위 테스트 케이스는 코드의 작은 부분 테스트를 담당한다. 얼마나 많은 TDD가 작성됐는가에 따라 테스트 케이스의 수가 증가한다. TDD는 작은 코드의 가정을 대상으로 하기 때문에 애플리케이션을 위해 실행되는 단위 테스트 케이스에서 문제가 발생하거나 실패하는 경우, 문제의 정확한 원인을 쉽게 확인할 수 있다. 작은 코드에서 문제를 식별하는 것이 더 빠르기 때문이다.

의존성이 있는 테스트를 할 때는 해당 코드의 테스트 케이스에서 모의 객체^{Mock object}[5]를 만들어서 테스트해야 한다. 이런 모의 객체를 통해 테스트하는 경우에는 입력과 관련하여 다른 컴포넌트로부터 예상되는 적절한 출력이 있어야 한다. Y 입력에 대해 X 출력을 응답해야 하는 것과 같은 모의 테스트에 대한 종속성 규칙이 있을 수 있으며, 테스트 케

---

4   아티팩트는 소프트웨어 개발 프로젝트를 진행하면서 생성되는 UML다이어그램, 소스 코드, 빌드된 라이브러리, 실행 파일등의 다양한 산출물을 의미한다. 아티팩트 저장소는 이런 아티팩트와 메타데이터를 저장하는 저장소이다. – 옮긴이

5   모의 객체는 통제 가능한 방식으로 실제 객체의 행위를 흉내내기 위해 시뮬레이션된 객체를 말한다. 이는 자동차 디자이너가 자동차의 충돌 테스트를 위해 더미(Dummy)를 사용하는 것과 같다. 자세한 내용은 https://en.wikipedia.org/wiki/Mock_object 에서 확인하자. – 옮긴이

이스 작성자는 테스트 케이스를 코드의 작은 부분에 맞춰 작성한다. 지금까지, 모든 코드 단위들이 제대로 작동하고 있는지를 검증하기 위하여, 작은 코드 조각들을 독립적으로 테스트해 왔다. 앞으로는 이 다양한 코드 단위들이 어떻게 함께 작동하는지를 테스트해야 하는데, 이를 통합 테스트라고 한다.

▌ 통합 테스트

단위 테스트 케이스는 코드를 검증할 때, 특정 코드 내부의 논리만 검증하며 특정 코드와 연결된 모듈의 종속성은 검증하지 않는다. 예를 들어, 서비스 레이어의 A 메소드는 서비스 레이어 B 메소드에 의존하는데, 서비스 레이어 A에 대한 테스트 케이스를 작성하고 있다면, 서비스 B의 역할을 할 모의 객체를 만들어야 한다. 이 경우에 서비스 레이어 A와 B는 각각 모든 테스트 케이스를 통과할 것이다. 그러나 두 서비스 레이어의 테스트 케이스는 개별적으로는 완벽하게 실행됐지만 상호 간에 테스트를 실시한 것은 아니다. 따라서 마이크로서비스의 서비스 레이어에 대한 검증은 개별 서비스와 함께 다른 서비스에 있는 메소드와의 통신도 모두 테스트해야 한다.

통합 테스트는 모든 다양한 레이어의 컴포넌트들이 완벽하게 함께 상호작용하고 기대된 결과를 제공하도록 보장한다. 예를 들어, 데이터 레이어는 데이터베이스에서 데이터를 가져오고, 서비스 레이어는 데이터베이스 레이어를 호출하고, 데이터를 원하는 형식으로 변환하여 사용자에게 다시 전송한다고 가정해보자. 이상적인 시나리오에서 서비스 레이어는 자체적인 단위 테스트 케이스를 갖고 있고, 서비스 레이어는 데이터 레이어와 상호작용하기 때문에 서비스 레이어 테스트 케이스에서 데이터 레이어는 가상의 테스트 객체를 만들어서 테스트해야 한다. 서비스 레이어 테스트 케이스는 서비스 레이어 코드에만 초점을 두기 때문에, 실제로 데이터 레이어에는 허용되지 않는 일부 입력을 서비스 레이어가 데이터 레이어로 전송하는 오류 테스트 케이스가 있을 수 있다. 그 이유는 서비스 레이어 로직의 완전한 독립성 때문이거나 혹은 데이터 레이어에서의 유효성 오류로 인한 것이 될 수 있다. 하지만 테스트 케이스에서 데이터 레이어를 모의 객체로 만들었기 때문에, 데이터 레이어는 요청을 수락하고 미리 정의된 답을 준다. 이로 인해 서비스 레이어의 테스트가 성공적으로 완료될 수 있겠지만, 오류 테스트 케이스에서는 서비스 레이어에 의해 전송된 값이 데이터 레이어 메소드에서 허용되지 않기 때문에 실패할 것이다.

같은 방법으로 마이크로서비스 아키텍처는 함께 실행되는 많은 서비스를 포함하기 때문에 시스템에서 외부 서비스로부터의 호출이 있을 수 있다. 따라서 외부 서비스의 호출을 통한 테스트가 통합 테스트에 포함돼야 하는지 궁금할 수 있다. 그러나 그럴 필요까지는 없다. 통합 테스트 단계에서, 외부 서비스는 가상의 모의 객체를 통해 테스트돼야 한다. 개발자는 다른 사람의 코드를 모두 책임질 필요가 없다. 어떤 개발자는 외부 서비스도 통합 테스트에 포함시켜야 한다고 생각할 수도 있지만, 이 책에서는 그 부분을 나중에 다룰 엔드-투-엔드 테스트의 일부라고 생각한다.

통합 테스트에서 테스트 담당자나 개발자는 코드의 작은 부분만이 아니라 전체 서브시스템을 대상으로 테스트 케이스를 작성하고 책임진다. 이런 유형의 테스트 케이스는 전체 서브시스템의 동작을 분석하기 위한 것이기 때문에, 단위 테스트 케이스보다 더 큰 영향을 미친다. 통합 테스트 케이스들은 서비스상에서 피어 메소드^{peer method} 혹은 레이어 간 미리 약속된 방법으로 상호작용하는지를 확인한다.

█ 컴포넌트(서비스) 테스트

마이크로서비스 환경에서는 어떤 서비스라도 하나의 컴포넌트라고 생각할 수 있다. 따라서 전체 마이크로서비스에 대한 테스트는 컴포넌트에 대한 테스트라고 말할 수 있다. 컴포넌트의 정의에 따르면, 컴포넌트는 대규모 시스템에서 매우 잘 캡슐화^{encapsulated} 되어 있고, 일관성 있고, 독립적으로 대체 가능한 부분이다.

컴포넌트 테스트는 이미 배포가 완료된 마이크로서비스에서 수행되며, 이것은 프로덕션 환경을 잘 표현해주는 것이다. 그러므로 이 서비스나 컴포넌트에는 당연히 테스트의 구체적인 로직이 담겨 있지 않다. 대신, 실제 네트워크 호출이나 데이터베이스 호출을 포함한다. 데이터베이스는 환경 설정 주입configuration injection을 통해 데이터베이스를 지정하고 테스트할 수 있다. 이 방법은 실제로 테스트 담당자가 테스트 데이터베이스 및 다양한 다른 스텁stub과 함께 설정을 시작하고 중지하는 작업 양을 증가시킨다. 이 단계에서 모든 것을 다룰 수는 없지만, 테스트는 실제와 가까운 환경에서 실행되기 때문에, 현실에서 닥칠 수 있는 다양한 실제 문제를 포함할 수 있다. 예를 들어, 컴포넌트 테스트는 테스트 계획 시간이 많이 소모될 수 있는 데이터베이스 상호작용 또는 네트워크 호출을 포함할 수 있고, 때로는 패킷 손실 문제를 포함할 수도 있다.

이를 효율적으로 수행하기 위한 대안으로, 실제 외부 서비스에 대한 테스트 클론test clone 사용이 있다. 다만, 테스트 클론을 테스트 환경에 의해 주입시킬지, 또는 코드로 구현해서 메모리에 올려야 할지에 대한 방식의 문제가 있다. 일반적으로 이 문제는 테스트 클론을 테스트 구성 환경으로 통제한다. 키 기반의 데이터베이스 샤딩key-based database sharding을 이용한다면 "I'd like TEST"와 같은 특정 키워드를 사용해, 테스트 데이터를 다른 데이터베이스에 저장할 수도 있다. 이 방법으로 프로덕션 환경에서 테스트할 때, 동일한 데이터베이스에 프로덕션 데이터와 테스트 데이터를 함께 저장하지 않을 수 있다. 프로덕션 환경에서 테스트하는 것은 추천하지는 않지만, 프로덕션 환경에서 어쩔 수 없이 새너티 테스트sanity test[6]를 해야 할 경우가 있다. 이때 테스트에 대한 확신이 서지 않을 수도 있다. 예를 들면, 인메모리in-memory 데이터베이스[7]를 호출해야 할까? 실제 네트워크 호출을 해야 할까? 배포된 컴포넌트가 프로덕션 환경하에서 루프홀loophole 코드[8]를 갖고 있어야 할까?

이 모든 것을 포함해서 문제의 핵심은 여전히 똑같다. 데이터베이스나 서드파티가 개발

---

6   주로 마무리 단계 빌드 대상으로 실시하며, 사용자 인수 테스트 전에 전문 테스터를 통해 빌드내 새로운 기능의 버그가 수정됐는지 확인하는 테스트다. – 옮긴이
7   디스크가 아닌 컴퓨터의 메모리상에 모든 데이터를 보유하고 있는 데이터베이스를 말하며 IMDB 혹은 MMDB(Main Memory DBMS)라고도 한다. – 옮긴이
8   올가미나 동그라미 모양의 고리(loop)가 갖고 있는 구멍(hole)을 빗댄 말로 법, 시스템 등 다양한 분야에서 미처 다루지 못한 허점을 말한다. – 옮긴이

한 컴포넌트에 대한 호출 테스트 등은 시간이 많이 걸린다. 이런 테스트 클론과 데이터베이스를 메모리 내에 만든다고 가정하자. 가장 큰 이점은 네트워크 호출이 없을 것이고 테스트 케이스를 실행하는 데 걸리는 시간도 줄어들 것이다. 수천 건의 테스트 케이스 또는 셀레늄^{selenium}[9] UI 테스트 케이스가 있다고 가정해보자. 테스트 케이스의 수와 복잡도에 따라 실행하는 데 5-6시간이 걸릴 수 있으며, 테스트 케이스도 네트워크를 통해 통신하고 데이터베이스에 데이터를 추가하는 경우에는 실행 시간이 더 증가할 것이다. 따라서 메모리에서 테스트를 하면 테스트 케이스가 더 빨리 실행될 수 있고 복잡한 컴포넌트들의 빌드가 쉬워질 수도 있다. 골치 아픈 네트워크 호출 문제를 줄이기 위해 JVM에서의 인프록테스터^{inproctester}[10]나 닷넷에서의 플라즈마^{plasma}[11]와 같이 미리 만들어진 라이브러리들이 있다. 이런 라이브러리를 사용하면 컴포넌트 테스트를 현실에 더 가깝게 진행할 수 있다. 데이터베이스의 경우에는 H2[12]와 같은 라이브러리를 사용해서 인메모리$^{in-memory}$ 데이터베이스를 테스트할 수도 있다. 이 외에 상황에 따라 일래스틱서치 및 Neo4j[13]와 같은 임베디드 버전의 데이터베이스를 사용할 수도 있다.

지금까지 모든 테스트 준비는 독립된 환경에서 마이크로서비스의 테스트를 가능하게 한다. 또한 테스트 환경에 대해 훨씬 더 많은 통제권을 갖고, 프로덕션 환경에서 발생하는 문제를 쉽게 재현할 수 있게 해준다. 인메모리 테스트 클론이 처리해야 하는 특정 패턴에 대한 요청과 같은 것을 코드로 작성해서 프로그램 내부에 포함시킬 수도 있고, 인메모리 데이터베이스 클론과의 연계와 같은 사항은 애플리케이션 외부 설정을 통해 관리할 수도 있다.

---

9   웹 애플리케이션을 위한 테스팅 프레임워크로 자동화 테스트를 위한 막강하며 다양한 기능을 지원한다. C#, 그루비(Groovy), 자바, 펄, PHP, 파이썬, 루비 등 다양한 언어를 지원한다. - 옮긴이

10 인프록테스터는 HtmlUnit 및 WebDriver 확장을 제공해 웹 애플리케이션을 테스트할 수 있도록 한다. 테스트 프로세스 내에서 표준 j2ee 웹 애플리케이션을 실행할 수 있게 해주는 j2ee 서블릿 컨테이너를 시뮬레이트한다. - 옮긴이

11 플라즈마는 메모리 내에서 ASP.NET을 위한 웹 자동화 테스트 프레임워크다. - 옮긴이

12 H2는 자바로 개발된 관계형 데이터베이스 관리 시스템으로 자바 애플리케이션에 임베드하거나 클라이언트-서버 모드로 구동할 수 있다. - 옮긴이

13 Neo4j사에서 개발한 그래프 데이터베이스 관리 시스템으로 객체를 노드(node)와 관계(relationship)로 연결된 그래프로 나타내는 데이터베이스다. - 옮긴이

▌ 계약 테스트

계약이란 두 당사자가 거래하는 방식을 설명하는 합의 내용이다. 따라서 서비스 환경에서의 계약은 서비스를 호출하는 합의된 형식이다. 마이크로서비스 환경에서의 계약은 API 사용자와 API 제공자 사이의 정확한 의사소통 방법과 예상하는 입력과 결과의 형식에 대한 합의다. 계약 테스트는 통합 테스트와는 다르다. 예를 들어, 대출 서비스 애플리케이션을 가정해보자. 고객에게 대출을 승인하기 전에, 서드파티가 제공하는 서비스를 사용해서, 해당 고객에 대한 다른 은행이나 대출회사에서의 기존 대출금액을 조회할 수도 있다. 어떤 이유로든 외부에 있는 서드파티 서비스에 대한 계약이 변경됐다면 어떻게 될까? 애플리케이션에 대한 통합 테스트는 외부 서비스를 모의 객체로 테스트하기 때문에 문제가 없어도 프로덕션 환경에서는 테스트가 실패할 수밖에 없다. 이런 상황 때문에 계약 테스트가 중요하다.

모든 서비스는 독립적으로 하나씩 호출돼야 하며, 그 응답은 계약과 일치해야 한다. 내부 코드와 상관없이 입력 및 출력에 대한 계약을 일치시켜야 한다. 종속성이 존재하는 서비스는 다른 테스트 기법처럼 모의 객체를 활용한다. 계약 테스트는 API 제공자에 대한 테스트 케이스를 설계하고, 실행하고, 그 결과를 저장해야 한다. 클라이언트/사용자 단에서 관련 테스트 케이스를 실행한 다음, API 제공자 서비스에 전달된 입력과 사용자 서비스에서 나오는 출력이 일치해야 한다. 또는, 역방향으로도 수행할 수 있어야 한다. 테스트 케이스는 클라이언트측에서 먼저 실행한 후 그 결과를 저장할 수 있으며, 저장된 결과를 서비스 제공자측에 입력으로 전달한다. 그런 다음, 동일한 방법으로 예상 결과와 실제 결과를 일치시킨다. 이런 방법을 통해 계약이 깨지지 않았음을 확인한다.

개발하는 동안 계약 테스트를 미리 고려하면, 인터페이스에 대한 요청 및 응답 매개 변수를 더 정확하게 구현할 수 있다. 이런 방식으로 개발된 서비스는 매우 견고하며, 사용자들이 예상한 결과를 제공할 것이다. 예를 들어, 다른 서비스에 API를 제공하는 경우 확장 가능하도록 새로운 매개 변수를 추가하거나 기능을 변경할 것을 고려해서 개발해야 한다. 변경은 모든 서비스에서 발생할 수 있으며, 계약 테스트는 변경 후에도 계약이 깨지지 않도록 보호하는 역할을 한다. 오픈 소스 도구들 중 깃허브에서 사용할 수 있는 Pact[14] 또는 스프링 클라우드 계약Spring Cloud Contract [15]이 도움이 될 수도 있다.

Pact

사용자 주도의 계약 테스트는 마이크로서비스 아키텍처 개발자들이 관심 갖는 용어다. 많은 서비스가 서로 통신하기 때문에, 마이크로서비스의 어느 한 곳에 발생한 작은 변화가 계약을 위반할 수 있다. 이때 계약 테스트가 도움될 수 있지만, 자동화도 필요하다. Pact는 자동화 부분에 도움을 준다. 다음은 Pact 서비스의 깃허브 링크다.

https://github.com/realestate-com-au/pack

Pact의 작동 방식은 간단하다. API 제공자와 관련된 모든 종속성에 대한 응답을 모의 객체에 저장하여 테스트를 수행한다. 이 후 실제 사용자와 API 제공자 사이에 테스트를 수행하고, 그 결과를 일치시킨다. JVM와 관련된 Pact JVM도 있다. 닷넷.NET, 루비Ruby, 파이썬Python, 스위프트Swift를 위한 버전도 있다.

스프링 클라우드 계약

사용자 주도의 계약인 경우 사용자가 계약 테스트를 쉽게 진행할 수 있게 해주는 스프링 클라우드 계약SCC, Spring Cloud Contract이 있다. 기본적으로 세 가지로 구성된다.

- SCC 검증기Verifier
- SCC 스텁WireMock
- SCC 스텁 러너Stub Runner

---

14 서비스 소비자 입장에서 계약 테스트를 수행하는 도구로써 루비, 자바, C# 등을 지원한다. – 옮긴이
15 스프링 프레임워크에서 서비스 제공자 입장에서 계약 테스트를 위해 개발된 도구다. – 옮긴이

기본적으로 SCC는 JSON 기반 스텁^{wiremock}을 지원한다. 컴포넌트 개발자측에는 검증 기^{verifier}를 추가한다. URL에 대한 계약을 정의하고, 같은 저장소에 저장할 수도 있고, 다른 저장소에 저장할 수도 있다. 제공자측과 사용자측 모두 공통 계약으로 해당 저장소를 참조한다. 다음의 POM 파일 예제를 보자.

```xml
<dependencyManagement>
    <dependencies>
        <dependency>
            <groupId>org.springframework.cloud</groupId>
            <artifactId>spring-cloud-contract-dependencies</artifactId>
            <version>1.1.1.RELEASE</version>
            <type>pom</type>
            <scope>import</scope>
        </dependency>
    </dependencies>
</dependencyManagement>
<dependencies>
    <dependency>
        <groupId>org.springframework.cloud</groupId>
        <artifactId>spring-cloud-starter-contract-verifier</artifactId>
        <scope>test</scope>
    </dependency>
</dependencies>

<build>
    <plugins>
        <plugin>
            <groupId>org.springframework.cloud</groupId>
            <artifactId>spring-cloud-contract-maven-plugin</artifactId>
            <version>1.1.1.RELEASE</version>
                <extensions>true</extensions>
            <configuration>
                <baseClassForTests>in.packt.example</baseClassForTests>
            </configuration>
        </plugin>
```

```
    <plugins>
</build>
```

baseClassForTest에 regEx를 사용할 수 있다.

스프링 계약에서는 상당히 간단하다. 계약과 엔드 포인트를 생성하고, 테스트를 실행하면 stub.jar 파일이 자동으로 생성된다. 톰캣에서 stub.jar 파일을 실행하면 사용자측은 쉽게 서비스를 호출하고 결과를 확인할 수 있다. 통합 테스트나 이전 단계에서 실패한 사항들을 모두 이곳에서 확인할 수 있다. 이렇게 프로덕션 시스템에서의 전반적인 위험을 줄일 수 있다.

▌ 엔드 투 엔드 테스트

엔드 투 엔드 테스트는 일반적으로 컨트롤러 레이어, 서비스 레이어, 데이터베이스 및 서드파티 레이어를 포함하는 전체 애플리케이션을 테스트한다. 엔드 투 엔드 테스트의 목적은 시스템의 모든 컴포넌트가 예정된 방식으로 잘 작동하는지 확인하는 것이다. 엔드 투 엔드 테스트는 모의 테스트 없이 수행하며, 최종 사용자가 애플리케이션을 사용한다는 것을 가정해 수행해야 한다.

모놀리스 유형의 시스템에서 엔드 투 엔드 테스트는 가능한 모든 시나리오를 애플리케이션에서 테스트하려고 한다. 반대로, 마이크로서비스 환경에서는 많은 것이 바뀐다. 마이크로서비스 아키텍처에서, 모든 마이크로서비스 자체는 작고 독립적인 애플리케이션이다. 마이크로서비스에서는 모든 것이 분산되어 있어 전체 애플리케이션을 테스트하는 것 자체가 쉽지 않다. 엔드 투 엔드 테스트에 대해서는 무엇을 해야 하는지, 어느 범위까지 테스트를 하는지, 마이크로서비스에 대한 관점이 다양하다. 뿐만 아니라, 엔드 투 엔드 테스트는 요구 조건에 따라, 모든 컴포넌트가 함께 작동하는 것을 확인해야 한다.

일부 프레임워크는 이 부분에 도움을 준다. JBehave[16]는 기능 테스트를 자동화하는 도구 중 하나로, TDD에서 파생된 행위 주도 개발[BDD][17]을 촉진시킨다. 사용자 스토리 입력에 맞춰, JBehave는 예상된 시스템의 응답을 확인한다. 이런 유형의 테스트는 다른 테스트보다 훨씬 크고 복잡하다.

사용자 인터페이스 테스트는 최종 사용자가 사용하는 것처럼 시스템을 테스트하기 때문에 우선순위가 가장 높다. 이 테스트는 사용자가 시스템과 상호작용을 하는 것처럼 해야 한다. 모든 데이터베이스, 인터페이스, 내부 및 서드파티 서비스는 예상하는 결과를 산출하도록 작동해야 한다.

▌ 추가 고려 사항

마이크로서비스 분야에서 엔드 투 엔드 테스트는 기능 요구 사항 테스트에만 국한되지 않는다. 즉 엔드 투 엔드 테스트에서 성능 테스트도 고려해야 한다. 마이크로서비스 아키텍처에서는 모든 서비스가 서로 다른 시스템에서 실행되며, 이들 시스템에는 다른 서비스가 호출할 엔드 포인트가 있다. 이런 엔드포인트의 부하 테스트를 독립된 상태의 컴포넌트 수준에서 할 수도 있고, 애플리케이션 수준에서 할 수도 있다.

컴포넌트 수준에서 부하/성능 테스트를 수행할 경우, 어떤 서비스가 느리게 작동하는지 확인하는 것이 쉽다. 이 테스트에서는 서로 다른 레이어의 문제, 네트워크 레이어의 문제, 장비 관련 문제 등도 찾을 수 있다. 또한 어느 곳에서 성능의 병목 현상이 나타나는지 확인할 수 있다. 네트워크 지연 시간, 패킷 손실 및 컴포넌트의 확장 등에 대한 애플리케이션의 성능이나 유연성을 검증할 수도 있다. 성능 테스트는 테스트 담당자들에게도 어려운 문제다. 새로운 릴리스는 UI 수준에서도 성능 저하가 나타날 수 있기 때문에, 어떤

---

16   BDD를 작성하기 위한 프레임워크다. – 옮긴이

17   향후 작성하려고 하는 프로그램에 기대되는 행위나 제약조건. 즉 요구하는 스펙에 가까운 형태의 자연어를 병기하면서 테스트 코드를 작성하는 형태의 프로그램 개발 방법이다. – 옮긴이

마이크로서비스가 느린지 확인하는 것은 매우 어렵다. 이때 마이크로서비스 아키텍처에서 모니터링이 중요한 역할을 한다. 모니터링에 대해서는 9장에서 학습한다.

▌ 요약

마이크로서비스를 테스트하는 일은 매우 어려운 작업이다. 테스트에는 왕도가 따로 없다. 테스트는 팀 구조, 데브옵스 역량, 사용 가능한 인프라 등 많은 요인에 따라 달라진다. 이런 요인들에 따라 테스트의 규칙이나 순서가 달라진다. 조직의 요구 사항에 맞춰 테스트 전략을 결정하는 것이 가장 효과적이다. 마이크로서비스 아키텍처에서 테스트 자동화는 매우 중요하다. 테스트 자동화는 마이크로서비스 아키텍처에서 배포 속도를 높일 수 있는 중요한 수단이다. 자동화된 테스트 케이스를 작성하고 유지하기 위해 QA 팀이 더 많은 작업을 해야 한다. 수작업 테스트가 필요하지 않다는 것을 의미하지는 않는다. 사용자 경험이나 감성 관련 테스트는 수작업 테스트가 더 적절하다. 그래서 자동화 및 수작업 테스트는 상호 보완적이며, 이들을 병행할 때 생산성이 더 높아질 것이다.

07

마이크로서비스 배포

마이크로서비스 아키텍처의 장점은 큰 문제를 작은 문제로 분할하고, 개발한 코드를 개별적으로 배포할 수 있다는 것이다. 문제가 발생해도 전체 시스템을 다운시키는 것이 아니라 작게 분할한 영역에 국한된다. 또 다른 문제는 배치 크기다. 즉 얼마나 빠르게 마이크로서비스를 릴리스할지에 대한 문제다. 배치는 크기에 따라 1개월, 2개월 혹은 6개월이 될 수도 있다. 전통적인 개발 방식에서는 릴리스 프로세스가 자주 있지 않았기 때문에 개발자들은 릴리스에 익숙하지 않아 잦은 실수들을 했다. 시스템을 종료시키고, 인프라를 설치 및 개선하고, 배포하고, 서비스를 다시 기동하며 수동으로 테스트하는 다양한 수작업 절차들이 있다. 그러나 수작업 절차가 많을수록 오류가 발생할 확률만 높아진다. 이런 방식의 릴리스 프로세스에는 해야 할 작업이 많고, 번거로우며, 많은 시간이 소모된다.

오랜 개발 기간 끝에 릴리스를 한다면, 소스 코드의 버전 충돌이나 호환되지 않는 컴포넌트 등의 문제가 서로 다른 컴포넌트 간에 발생할 것이다. 하지만 그동안 수많은 변경이 있었기 때문에 어떤 변경이 문제를 발생시켰는지 알아내는 것은 매우 어려운 일이다. 요점은 이런 문제들을 발견하는 게 너무 늦다는 것이다. 주기적으로 릴리스를 학습하지 않았기 때문에 피드백도 늦게 받는 것이다.

반면에 아마존 같은 사업자들은 1주일에 한번 정도, 다른 조직들은 하루에 몇 번씩 릴리스하기도 한다. 얼마나 자주 릴리스하는가는 다운 시간에 영향을 주며, 유지관리 기간을 줄여준다. 이처럼 유지관리 기간과 배치 규모 간의 균형을 유지한다면, 시스템의 다운 시간을 최소화할 수 있다.

7장에서 다루는 내용은 다음과 같다.

- 지속적 통합CI, Continuous Integration
- 지속적 전달CD, Continuous Delivery
- 마이크로서비스의 CI/CD를 위한 설정 도구들
- 마이크로서비스를 위한 도커 적용
- 도커가 적용된 마이크로서비스와 오픈 소스 CI 도구 사용

▌지속적 통합

비즈니스적 요구 사항은 빠르게 변한다. 경쟁력을 유지하기 위해서 기업은 항상 데이터, 시장, 트렌드 등을 다른 관점으로 바라보며, 가장 최신의 변화에 발맞추도록 노력해야 한다. 기업인들은 상황을 분석하고, 시장 반응을 실험해보고, 그 결과에서 배우면서 가능한 빨리 비즈니스 가치를 높이고 싶어한다.

이처럼 빠르게 변화하는 비즈니스 요구 사항들의 영향을 측정하려면 시스템에 빨리 반영해봐야 한다. 전통적인 소프트웨어 개발 주기는 길고 지루하기만 하다. 문제의 핵심은

여기에서부터 출발한다. 주기가 길면 길수록 많은 문제가 발생한다. 각각의 개발자들은 코드 저장소로부터 소스 코드의 사본을 내려받는다. 모든 개발자는 같은 출발점에서 개발을 시작하며, 새로운 기능을 추가한다. 그 이후부터는 모든 개발자가 매번 소스 코드를 변경하고 추가한다. 모든 개발자가 자신의 일을 그렇게 계속 진행한다. 그 후, 개발 팀이 모든 작업을 완료하면, 모든 개발자는 작성한 소스 코드를 중앙 저장소로 보낸다. 문제는 여기서 시작된다. 중앙 저장소 내에 있는 소스 코드가 이미 변경됐거나, 몇몇 메소드의 형식이 변경됐거나, 일부 API가 수정됐을 수도 있다. 팀 동료가 동일한 요구 사항 내의 소스 코드를 변경한 것을 인지하지 못해서 테스트가 실패하고, 소스 코드를 합치는 데 문제가 발생하고, 컴파일에 오류가 발생하거나, 테스트 도중에 문제가 발생하기도 한다. 그후, 이런 문제점들을 수정하기 위한 별도의 개발이 시작되면 출시가 조금 더 늦어진다. 새로운 요건을 적용하기 전에 해야 할 일들도 있다. 소프트웨어가 효율적으로 작동하고 있다는 신뢰를 얻어야 하며, 전반적인 시스템 성능 관련 테스트도 필요하다. 그래서 수작업으로 이뤄지는 많은 품질 보증 테스트와 성능 테스트, 더 늦어진 릴리스. 수작업이 너무 많다!

'빠르게'라는 단어는 도대체 어디로 갔을까? 조금 전과는 다른 상황을 살펴보자. 개발자가 자신의 컴퓨터에서 소스 코드를 변경하고, 단위 테스트를 개발자 컴퓨터에서 수행한다. 개발자가 소스 코드를 커밋하고, 지속적인 통합[CI] 시스템이 커밋된 소스 코드를 확인하고, 최근에 커밋된 소스 코드가 빌드를 깨뜨리지 않았다고 확신할 수 있는 테스트 케이스들의 전체를 수행해보니, 아무런 이상이 없었다. 이런 방식이라면 하루에 수천 번이라도 테스트를 할 수 있다. 빌드가 성공적으로 완료되면 애플리케이션의 인수 테스트 케이스가 수행될 스테이징 서버로 자동 배포된다. 테스트 케이스가 성공적으로 완료되면 스테이징 환경에서의 빌드는 훌륭한 프로덕션 릴리스 후보가 된다.

CI의 기본 개념은 통합을 지속적으로 하는 것이다. CI는 변경된 소스 코드를 자동으로 최대한 빨리 테스트하는 것이다. 아이디어는 단순하지만 실제 적용하기는 어렵다.

CI 개념을 실천에 옮기려면 UI나 백엔드를 테스트해 줄 몇몇 도구의 지원이 필요하다. 다음은 UI를 테스트하는 데 사용할 수 있는 도구 목록이다.

- Jasmine(자바스크립트)[1]
- Selenium(UI 테스트)[2]
- CasperJs(UI 테스트)[3]
- Cucumber[4] 또는 Lettuce[5]

모든 변경을 즉각적으로 테스트하면, 무언가 문제가 발생한 것을 바로 알 수 있다는 것이다. 어떤 오류라도 바로 고칠 수 있다. 자동화된 테스트는 모든 변경에 지속적으로 적용할 때 가치가 있다. CI는 지속적인 배포의 첫 단계다.

▌ 지속적 전달

릴리스를 더 자주하면 릴리스에 문제가 발생할 위험을 줄일 수 있다. 패키지 릴리스, 인프라스트럭처 설정, 배포, 최종 새너티 테스트Sanity test[6]를 포함한 전체 릴리스 프로세스를 자동화하는 것이 필요하다. 릴리스를 자주 하려면, 많은 수작업 단계들을 제거해야 한다. 이 단계가 지속적 전달CD, Continuous Delivery이다. CD에 대한 위키피디아의 정의는 다음과 같다.

---

1 쟈스민은 자바스크립트를 위한 BDD(Behavior Driven Development) 프레임워크다. – 옮긴이
2 셀레늄은 웹 애플리케이션을 위한 소프트웨어 테스트 프레임워크로 Selenium IDE에 대한 학습 없이도 사용 가능한 테스트 제작용 녹화와 재생 기능을 제공하며, 다양한 프로그래밍 언어로 테스트 작성이 가능하다. – 옮긴이
3 클라이언트 쪽 화면에 대해서 Phatom JS 기반 하에서 자바 스크립트 코드로 테스트를 좀 더 쉽게 만들어 주는 유틸리티이며, UI 테스트가 가능하다. – 옮긴이
4 Cucumber는 BDD(Behavior Driven Development) 프레임워크를 기반으로 웹 애플리케이션에 대한 인수 테스트를 작성하는 데 사용되는 도구이다. 비즈니스 분석가, 개발자, 테스터 등이 쉽게 읽을 수 있고 이해할 수 있는 형식으로 기능의 검증을 자동화할 수 있다. – 옮긴이
5 Lettuce는 BDD 프레임워크를 기반으로 일반적인 설명을 기반으로 자동화된 파이썬 코드를 테스트할 수 있으며, Cucumber와 유사하게 비즈니스 분석가, 개발자, 테스터 등이 쉽게 테스트 코드를 작성할 수 있다. – 옮긴이
6 새너티 테스트는 주로 마무리 단계 빌드를 대상으로 실행하며, 사용자 승인 테스트 전에 전문 테스터를 통해 진행한다. – 옮긴이

CD는 소프트웨어를 단기간에 개발해 언제든지 안정적으로 출시할 수 있도록 하는 소프트웨어 엔지니어링 방법이다.

CD는 모든 조직이 사용자에게 가능한 빠르고 효율적으로 새로운 기능을 제공할 수 있도록 하는 새로운 소프트웨어 전략이다. CD의 핵심은 개발자가 소프트웨어를 고객들에게 실시간으로 전달하기 위해 반복 가능하고, 신뢰성 있고, 점진적으로 개선되는 프로세스를 만드는 것이다. 수천 명의 개발자가 매일 소스 코드를 변경할 때도 소스 코드가 항상 배포 가능한 상태를 유지함으로써 CD를 달성할 수 있다. 그래서 대부분 CI는 CD와 함께 한다. 어떤 조직의 CI가 깨진다면, 그 조직이 CD를 유지한다는 것은 거의 불가능하다.

CD의 목표는 자동화된 소프트웨어 생산 라인을 통해 지속적인 소스 코드의 변경이 제품 생산으로 이어지도록 하는 것이다. CD의 파이프라인이 이 모든 것을 가능하게 한다. 제품 출시를 자주 한다는 것은 때때로 안정되지 못한 릴리스를 의미할 수 있지만 사실은 그렇지 않다. 연구에 의하면 제품을 빨리 전달하는 팀은 대부분 효율적이고, 항상 좋은 품질의 릴리스를 제공한다는 것을 보여준다. 빨리 전달할 수 없는 팀은 그다지 효율적이지 않을 가능성이 높으며, 이는 결과물의 품질에도 영향을 미친다. CD는 마술이 아니라 더 높은 성과를 달성하기 위한 지속적이고 일상적인 개선과 훈련에 관한 것이다.

위 그림은 CD에 대한 선순환 고리를 분명하게 보여준다. 개발자는 특정 기능을 개발하고, 스테이징에 배포하고, 테스트하고, 릴리스한다. CD에서 테스트와 릴리스 간의 전환은 수작업으로 진행한다. QA 팀은 테스트가 끝난 후 테스트 결과가 만족스럽다면 제품으로 출시한다. 그래서 CD에서 수동적인 인수 과정이 존재한다. CD는 개발자가 고객에게 애플리케이션을 배포하기 전에 다양한 측면에서 애플리케이션에서 수정된 것을 확인할 수 있도록 단위 테스트 이상의 자동화된 테스트를 한다.

한편으로, 이 단계까지 자동화한다면 또 다른 CD라고 할 수 있다. 이 두 가지 CD의 기본적인 차이는 다음 그림에서 설명하고 있다.

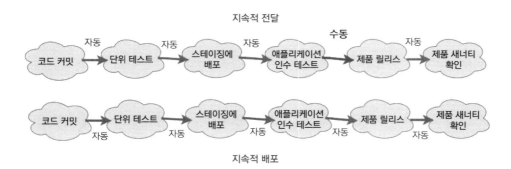

CD에 있는 수동 작업은, 지속적 배포를 통해 좀 더 포괄적으로 개선되며, 이는 CD의 다음 단계다. CD나 지속적 배포를 구축하는 유일한 방법은 자동화다. 소스 코드 커밋에 대한 자동 빌드 트리거, 테스트 자동화, 잦은 배포 등은 지속적 배포에 필요한 단계들이다. 지속적 배포는 모든 기술 기반 조직의 궁극적 목표이지만, 비즈니스 조직도 함께 준비해야 하는 영역이다. 정리해보면 CI 및 CD 기법을 정의하고 이들 영역의 장점을 이해함으로써, 팀이 좀 더 효율적이고 빠르게 작업을 시작하고 우선순위를 지정하고 완료시킬 수 있다.

▍ 마이크로서비스를 위한 CI 및 CD 도구 설정

빌드, 테스트, 배포는 모든 웹 프로젝트에 필수적이다. 지속적 통합과 지속적 배포는 이 세 단계의 자동화에 사용된다. 프로젝트에 적합한 지속적 통합과 지속적 배포를 위한 도구를 찾으려면 프로젝트가 앞의 세 가지 자동화를 지원하는지 확인해야 한다.

다음 그림은 전반적인 작업 흐름을 설명한다. 이 흐름은 상황에 따라 바뀔 수 있지만, 일반적으로 유사한 절차를 거친다. 다음 단계를 살펴보자.

1. 개발자는 소스 코드를 개발하고, 코드를 저장소로 커밋한다.

2. 개발자는 다른 개발자가 코드를 검토할 수 있도록 소스의 병합을 요청한다.

3. 다른 개발자가 검토 요청한 개발자의 소스 코드를 검토하고, 코드를 통과시키거나 검토 의견을 전달한다. 이 과정은 소스 코드의 길이나 품질에 따라 2–3회 진행될 수 있다.

4. 검토자는 브랜치에 소스 코드를 병합하고, 소프트웨어 패키지를 빌드시킨다.

5. 개발 환경에 자동으로 배포된다.

6. 모든 종류의 테스트 케이스가 새롭게 빌드된 버전에서 자동으로 실행된다.

7. 통합 테스트 보고서를 제공한다. 성공적으로 테스트가 완료되면 그 빌드는 출시 준비가 된 것이다.

이 활동은 서로 다른 컴포넌트에 하루에 수백 번도 수행할 수 있다. 이것이 완전한 의미의 CI 및 CD다.

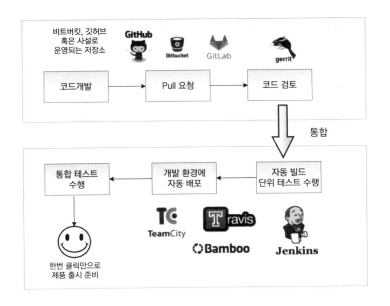

다음은 시장에서 지속적 통합과 지속적 배포를 위해 사용 가능한 도구의 목록이다.

- 젠킨스^{Jenkins}
- 팀시티 ^{TeamCity}
- 뱀부^{Bamboo}
- 깃랩^{GitLab}(호스팅형)
- 트래비스^{Travis}(호스팅형)
- 코드십^{Codeship}(호스팅형)
- 크루즈컨트롤^{CruiseControl}(호스팅형)
- 서클CI^{CircleCI}(호스팅형)

위에서 나열한 것과 같은 도구가 많이 있다. 이런 도구는 기본적으로 두 가지 형태의 솔루션으로 구분할 수 있다.

- 단독형 소프트웨어 솔루션
- 호스팅형 솔루션

젠킨스 또는 팀시티 같은 독립형 솔루션은 서버 또는 랩톱에 설치되지만, 코드십 또는 트래비스와 같은 호스팅형 솔루션은 호스팅하는 곳에서 브라우저를 통해 획득한 자격 증명을 갖고 접속할 수 있다. 이런 솔루션의 최종 목적은 빌드, 테스팅, 배포 등과 같은 특정 작업을 수행하는 여러 가지 일을 수행하는 것이다. 이런 작업이 함께 연결돼 CI/CD 파이프라인을 만든다.

그 중에서 가장 성공한 도구는 젠킨스다. 젠킨스의 초기 성공이 너무 대단해서 다른 제품들이 그 뒤를 따랐고, 새로운 독립형 솔루션도 등장하기 시작했다. 하지만 젠킨스는 이미 산업 내에서 자리를 굳건히 잡고 있다. 젠킨스에 사용 가능한 플러그인은 천 개 이상이다. 그 이후의 차세대 솔루션은 클라우드를 기반으로 CI/CD 도구를 이용하고, 자동 검색을 기반으로 한다. 또한 대부분 YML 설정 등을 기반으로, 비트버킷과 같은 파이프라인을 통해 이동하는 소스 코드와 동일한 저장소에 있다.

여기에서는 마이크로서비스를 위해 젠킨스를 사용하고, 깃허브나 비트버킷 같은 공공 저장소에 소스 코드를 저장한다. 코드는 깃허브에 있다고 가정하고, 예제에서 다음 세 가지 자동화를 시도한다.

- 빌드 자동화
- 테스트 자동화
- 배포 자동화

깃허브에 예제를 위한 새로운 저장소를 만들고, **CI_CD_sample**이라고 지정하자.

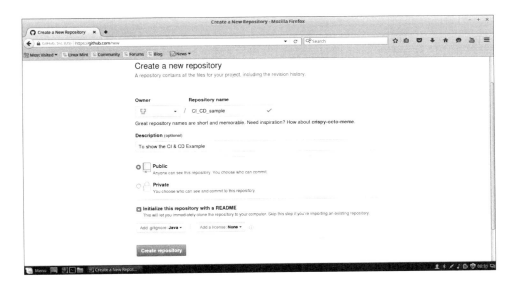

이 저장소는 공개로 만들었다. README 파일을 추가했고, 이클립스를 사용하면서 제외해야 하는 파일 규칙을 자동으로 생성시키기 위해 gitignore에 자바를 설정했다. 이 프로젝트를 로컬에 복제하고 스프링 부트 마이크로서비스 예제를 시작하자. 메이븐을 빌드 스크립트로 사용하기 위해 프로젝트 루트에 다음과 같이 POM 파일을 생성한다.

```xml
<?xml version="1.0" encoding="UTF-8"?>
<project xmlns="http://maven.apache.org/POM/4.0.0"
xmlns:xsi="http://www.w3.org/2001/XMLSchema-instance"
   xsi:schemaLocation="http://maven.apache.org/POM/4.0.0
http://maven.apache.org/xsd/maven-4.0.0.xsd">
   <modelVersion>4.0.0</modelVersion>

   <groupId>com.example</groupId>
   <artifactId>CI_CD_sample</artifactId>
   <version>0.0.1-SNAPSHOT</version>

   <parent>
      <groupId>org.springframework.boot</groupId>
      <artifactId>spring-boot-starter-parent</artifactId>
      <version>1.5.2.RELEASE</version>
   </parent>

<dependencies>
   <dependency>
      <groupId>org.springframework.boot</groupId>
      <artifactId>spring-boot-starter-web</artifactId>
   </dependency>
</dependencies>

</project>
```

자바 코드로 "hello + name"을 반환하는 컨트롤러를 작성해보자.

```java
import org.springframework.boot.*;
import org.springframework.boot.autoconfigure.*;
import org.springframework.stereotype.*;
import org.springframework.web.bind.annotation.*;

@RestController
@EnableAutoConfiguration
public class Example {
```

```
@RequestMapping("/greet")
public String greeting(@RequestParam(value="name", required=false,
defaultValue="World") String name, Model model){
    return "Hello "+name+"!";
}

public static void main(String[] args) throws Exception {
    SpringApplication.run(Example.class, args);
}
}
```

이 예제를 실행하기 위해, 다음 명령을 실행시키자.

```
$ mvn spring-boot:run
```

다음 명령을 사용해 이 코드를 깃허브에 푸시하자.

```
git add .
git commit -m 'Added sample microservice'
git push origin master
```

호스팅 솔루션을 사용할 수도 있고 독립 실행형 소프트웨어를 사용할 수도 있다. 지금은 젠킨스를 설치한다. 젠킨스를 리눅스에 설치하는 것은 무척 쉽다. 젠킨스에 대한 위키 페이지를 따라 다음 명령어를 따라 하면 된다.

```
wget -q -O - https://pkg.jenkins.io/debian/jenkins-ci.org.key |
sudo apt-key add -
sudo sh -c 'echo deb http://pkg.jenkins.io/debian-stable binary/ >
/etc/apt/sources.list.d/jenkins.list'
sudo apt-get update
sudo apt-get install jenkins
```

설치를 완료한 후 브라우저에서 http://localhost:8080을 실행하면 다음과 같은 화면이
나타난다.

깃허브로 작업하려면, 깃허브에 있는 젠킨스 서버 키를 배포 키로 추가하자. 혹은 설치한
젠킨스에 새로운 플러그인들을 추가해보자. Manage Jenkins > Manage Plugins에서 깃허
브와 깃 플러그인을 모두 선택해 설치하자. 설치를 완료하기 위해서 서버를 재기동하자.

다음으로 메이븐 플러그인을 설치하자.

Manage Jenkins > Global Tool Configuration > Maven installations을 선택하고 메이븐의
위치를 지정하자.

다음 단계로 빌드를 위한 메이븐 작업을 생성한다.

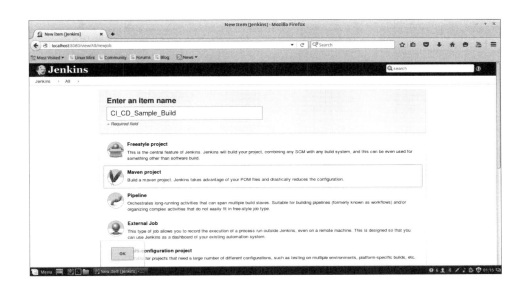

Create a New job을 클릭하자. Maven project를 선택하고 작업 이름을 지정하자. OK를
누르면, 작업을 설정할 수 있는 대화상자가 나타난다. 이 대화상자에서 작업과 관련된 속
성을 설정할 수 있다. Description 상자에서 '이 작업은 공통 요소 모듈을 빌드하는 역할을
한다.'와 같이 작업에 대한 설명을 적을 수 있다.

다음 단계는 이 작업에서 빌드할 코드를 선택해야 하는 깃 저장소 양식을 설명하는 것이다. 이 작업은 메이븐 프로젝트이기 때문에, 젠킨스는 프로젝트의 루트에서 pom.xml 파일을 찾을 것이다.

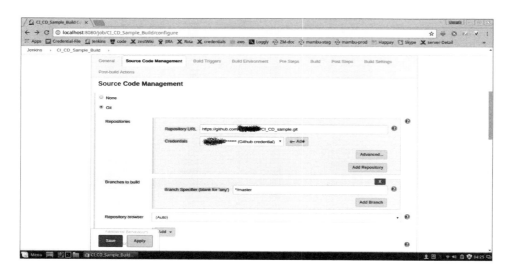

Repository URL 상자에서 고유한 깃허브 저장소 URL을 입력하자. 그런 다음 Build 탭에서 릴리스 수행 등과 같이 모듈에서 실행하고자 하는 목표를 설명하자.

예를 들면, 이전의 그림에서 목표를 다음과 같이 적었다.

-Dresume=false release:prepare release:perform -X -Darguments="-Dsource.skip -e -Dmaven.
javadoc.skip=true verify"

여기에서는 릴리스를 준비하고, 릴리스를 수행하고, 이 빌드의 설명과 주석 문서 생성은
생략했다. 메이븐 명령의 릴리스 단계를 준비하는 것은 애플리케이션에서 다음 몇 가지
를 점검한다.

- POM 파일에서 SNAPSHOT 종속성이 없어야 한다.
- 코드에 커밋되지 않은 변경 사항이 없어야 한다.
- x-SNAPSHOT부터 새로운 SNAPSHOT 버전까지 POM에서 버전 변경이 있었
  는지 확인한다.
- 소스 코드 관리자에서 코드에 버전 이름으로 태그를 지정한다.
- 소스 코드 관리자에서 새로운 POM 파일을 커밋한다.

앞의 단계에서 오류가 발생하면 준비 단계가 실패로 설정돼 빌드가 실패한다.

이제 메이븐 빌드를 통해 첫 번째 젠킨스 작업을 실행시킬 준비가 됐다.

▌ 마이크로서비스에 도커 적용하기

요즘 도커가 인기다. 도커는 개발자가 컴포넌트를 더 작게 모듈화하는 데 도움이 되고,
코드 패키징과 배포를 쉽게 할 수 있게 도와준다. 바로 이런 특징들 때문에 마이크로서비
스 플랫폼에 도커가 잘 어울린다. 도커를 마이크로서비스에 사용하는 방법을 배우기 전
에, 도커를 조금 더 이해하고 도커를 설치하는 방법을 먼저 학습한다.

도커

컨테이너^{container}는 예전부터 사용한 용어로 새롭지는 않다. 컨테이너는 지금도 계속 진화하고 있다. 컨테이너는 경량의 가상화된 OS다. 컨테이너는 호스트 OS에서 운영되고 호스트 커널의 자원을 사용하고 공유한다. 각 컨테이너는 독립적으로 실행되지만 레이어를 통해 운영체제의 자원을 공유한다. 다음은 컨테이너의 장점이다.

- 가벼움
- 고성능과 빠른 속도
- 코드를 통해 인프라스트럭처를 정의하고 배포
- 마이크로서비스 아키텍처 지원
- 상대적으로 적은 이식성 이슈
- 데브옵스 간소화

일부 조직은 자체적인 컨테이너 버전을 갖고 있다. BSD는 컨테이너의 일종인 jail 명령어를 갖고 있다. 또한 솔라리스 존스^{Solaris Zons}와 구글의 컨트롤 그룹은 이미 오랜 전부터 컨테이너 서비스를 사용해왔다. 도커는 커뮤니티에서 가장 많이 사용하는 컨테이너 기술이다. 그래서 도커는 컨테이너의 표준 역할을 해왔다. 도커는 컨테이너이기 때문에 앞에서 언급한 모든 장점을 갖고 있다. 도커는 호스트 OS의 상위에 위치한 경량화된 레이어다. 원래, 도커는 리눅스 컨테이너 컴포넌트^{LXC}를 사용했지만, 지금은 RunC를 사용한다. 다음은 도커의 몇 가지 주요 컴포넌트다.

도커 엔진

도커 엔진은 호스트의 OS 위에 존재하는 레이어다. 도커 엔진은 도커 데몬을 포함한 도커 서버라고 할 수 있다. 도커 엔진은 컨테이너들을 오케스트레이팅할 책임이 있다. 개발자나 애플리케이션과 같은 최종 사용자는 도커 클라이언트와 상호작용하며 도커 데몬에게 명령을 전달한다. 도커 데몬은 전달받은 명령을 실행한다.

도커 이미지

도커 이미지는 읽기 전용 템플릿이다. 이런 이미지들은 생성 및 저장된 후 나중에 사용된다. 도커 파일은 이미지에 포함되는 내용을 정의한다. 이런 이미지는 도커 컨테이너를 생성하는 데 사용된다. 도커 이미지는 도커 컨테이너의 기본 구성 요소다.

도커 스토리지

도커는 계층화된 파일 시스템인 AuFS[7]를 사용하고 네트워킹을 관리한다. AuFS는 CoW$^{\text{Copy-on-Write}}$ 개념을 사용한다. 그래서 도커는 읽기 전용 레이어와 쓰기 전용 레이어를 갖고 있는데, 이것은 작업 후에 함께 병합된다.

도커에서의 작업 방식

일반적으로 개발자는 도커 파일 안에 명령들을 작성해 넣는다. 도커 파일에는 리눅스와 같은 기본 이미지와 애플리케이션 실행에 필요한 웹 서버 등도 모두 정의된다. 이런 기본 이미지는 도커 허브에서 쉽게 찾을 수 있다. 도커 파일에 언급된 명령들이 실행되면 도커 이미지가 만들어진다. 애플리케이션의 실행 코드나 설정 복사 같은 모든 필수 요소가 도커 이미지에 삽입된다. 이후, 이미지는 다양한 환경에 제공될 것이다. 이들 이미지가 향후 릴리스의 기본 이미지로 고려된다면, 나중에 사용할 수 있도록 저장소에 저장할 수도 있다.

공개, 개인, 공용 이미지 저장소

도커 이미지를 저장하는 데 가장 많이 사용된 것은 공개 저장소다. 커뮤니티가 끊임없이 발전시키는 저장소는 도커 발전에 많은 도움을 줬다. 또한 공개 저장소는 이미지를 저장

---

7 AUFS는 advanced multi layered unification filesystem의 약자로, 리눅스 파일 시스템의 union mount를 구현하기 위해 시작한 프로젝트다. – 옮긴이

할 개인 저장소도 제공한다. 자신의 도커 이미지를 공개 저장소에 업로드할지 또는 개인 저장소에 업로드할지를 개발자가 선택한다. OS 저장소[OS repositories]나 언어 런타임 저장소[language runtime repositories] 같은 공식 저장소는 도커 허브가 관리한다.

도커와 VM

VM과 도커는 매우 다른 환경에서 작동한다. 도커는 VM에 비해 가볍다. VM과 도커의 가장 큰 차이점은 VM은 하드웨어를 가상화하고 도커는 운영체제를 가상화한다는 것이다. VM이 어떻게 작동하는지 살펴보자. 다음 그림은 VM과 도커 내부 간의 차이를 레이어 관점에서 설명하고 있다.

VM은 하이퍼바이저[hypervisor][8]를 사용해 호스트 운영체제 위에서 실행되는 운영체제의 이미지다. VM 자체는 이미지로 번들된 운영체제와 그 위에 필요한 애플리케이션을 갖고 있다. 사용자가 하드웨어에 대한 사용 요청을 키보드를 통해 입력하더라도 실행 중인 애플리케이션을 통해 게스트 OS를 통과해서 하이퍼바이저를 호출한 후 호스트 OS를 통해

---

8 하이버파이저는 호스트 컴퓨터에서 다수의 운영체제를 동시에 실행시키기 위한 논리적 플랫폼이다. 하이퍼바이저는 물리적인 호스트 시스템이 여러 대의 가상 머신을 게스트로 운영할 수 있도록 메모리, 네트워크 대역폭, CPU 등과 같은 컴퓨팅 자원을 더 효과적으로 사용할 수 있도록 도와준다. - 옮긴이

하드웨어에 전달된다. VM 운영체제는 하드웨어를 직접 호출하지 않는다. 이 때문에 응답이 지연된다. VM 크기가 수 기가 바이트가 될 수도 있는데, 이로 인해 처음에는 많은 로딩 시간이 걸릴 수 있다. 하나의 시스템에서 VM 수가 1개에서 3개로 증가하면 시스템의 속도가 저하된다. VM 수가 증가하면 동일한 호스트 시스템에서 실행 중인 OS의 수가 증가하는 이슈가 나타난다. VM은 게스트 OS 리소스를 VM 간에 공유할 수 있는 프로비저닝provisioning[9]이 없으므로, 모든 VM이 저마다의 게스트 OS를 실행한다. 이는 호스트 시스템의 자원 측면에서 봤을 때 매우 큰 낭비다.

도커는 VM과 달리 해당 시스템의 모든 컨테이너가 호스트 시스템의 커널 자원을 공유한다. 도커 시스템에서는 사용자 영역에서 추상화가 발생한다. 별도의 커널 로드가 없으므로 메모리, CPU 주기 등과 같은 자원 소모량이 줄어든다. 전체 VM은 시작하는 데 몇 분 정도 걸리는 반면, 도커는 몇 초만에 시작한다. 컨테이너가 가진 유일한 제약 사항은 VM의 운영체제처럼, 컨테이너를 완전히 분리된 운영체제로 실행할 수가 없다는 점이다. VM은 운영체제의 완전한 분리를 제공하지만 도커는 속도, 고성능, 커널의 공유를 제공한다.

리눅스에 도커 설치하기

도커를 실행하기 위한 최소 커널 버전이 3.13이다. 커널 버전을 확인하고 필요한 버전보다 낮은 경우 갱신하자. 도커를 컴퓨터에 설치하려면 다음 단계를 수행하자.

1. 시스템 콘솔에 로그인한다. sudo/root 권한이 있는지 확인한다.
2. apt- package 명령으로 적절한 패키지 정보를 업데이트한다.

```
sudo apt-get update
```

---

9 프로비저닝은 사용자의 요구에 맞게 시스템 자원을 할당, 배치, 배포해 두었다가 필요시 시스템을 즉시 사용할 수 있는 상태로 미리 준비해 두는 것을 말한다. 그 예로는 서버 자원 프로비저닝, OS 프로비저닝, 소프트웨어 프로비저닝, 스토리지 프로비저닝, 계정 프로비저닝 등이 있다. – 옮긴이

3. `sudo apt-get install apt-transport-https ca-certificates` 명령이 HTTPS 메소드에서 잘 작동하게 하려면 CA 인증서가 필요하다.

4. 리눅스에서 새로운 GPG^{GNU Privacy Guard} 키를 추가한다. 이는 엔티티 간 보안 통신에 사용된다.

```
sudo apt-key adv --keyserver hkp://p80.pool.sks-keyservers.net:80
--recv-keys 58118E89F3A912897C070ADBF76221572C52609D
```

5. `apt-get source` 목록에 도커 항목을 추가한다. /etc/apt/sources.list.d/docker.list 파일을 열거나 혹시 없다면 docker.list 파일을 생성하고, https://apt.dockerproject.org/repo의 deb에 우분투 16.04를 위한 ubuntu-xenial main 파일을 추가한 다음 저장한다.

6. `sudo apt-get update` 명령을 다시 실행한다.

7. AuFS 저장소 기능을 사용하기 위해 `linux-image-extra-*`를 설치하는 것이 좋다.

8. 이제 도커 엔진을 설치할 수 있다. `sudo apt-get install docker-engine` 명령을 실행하면, 도커 엔진이 시스템에 설치된다.

9. 도커 엔진을 데몬으로 시작하려면 `sudo service docker start` 명령을 실행한다.

도커를 설치하고, 백그라운드에서 데몬으로 실행시킨다. `docker run hello-world` 명령을 실행시켜 테스트를 할 수 있다. 이 명령으로, 도커는 로컬에서 hello-world 이미지를 찾는다. 도커가 이 이미지를 로컬에서 찾지 못한다면, 도커는 도커 허브^{Docker Hub}에서 이미지를 찾아 가져온다. 그런 다음 로컬에 이미지를 저장하고 실행시킨다.

도커를 사용하면 인프라를 코드로 처리할 수 있다. 이 코드가 도커 파일이다. 도커 파일은 다양한 명령이나 스크립트로 구성된다. 배포 단계 중에 이런 명령은 하나씩 차례대로 수행된다. 다른 헤더 파일과 마찬가지로, 도커 파일에도 `FROM` 명령이 있다. 이것은 기본 이미지가 무엇인지, 이 이미지가 어디로부터 만들어져야 하는지를 알려준다. 이 이미지는 직접 만든 이미지이거나, 공개 이미지일 수도 있다. 도커 파일이 빌드 프로세스에 어떻게 도움되는지 확인해보자.

maven-docker 플러그인 사용 방법에는 몇 가지 선택이 가능하지만 스포티파이[Spotify][10]로 작업하자. 이것은 필자의 개인적인 선택이다. 깃허브를 통해 maven-docker 플러그인을 검색하면 꽤 많은 플러그인을 찾을 수 있다. 이 과정은 다음과 같다.

1. 메이븐 패키지를 생성
2. 도커 이미지 빌드
3. 도커 이미지를 도커 허브[Docker Hub]에 푸시

이 프로세스를 진행하려면 마이크로서비스에 pom.xml의 스포티파이 플러그인(그리고 다양한 속성)과 프로젝트 내의 도커 파일이라는 두 가지 추가 사항이 필요하다. 스포티파이 플러그인은 도커 파일을 실행해 이미지를 생성하고, 그 이미지 내에서 프로젝트가 실행되도록 지시한다.

다음과 같이 pom.xml 파일에 스포티파이 플러그인을 추가할 수 있다.

```
<pluginManagement>
  <plugins>
    <plugin>
      <groupId>com.spotify</groupId>
      <artifactId>docker-maven-plugin</artifactId>
      <version>0.4.11</version>
      <executions>
        <execution>
          <phase>package</phase>
          <goals>
            <goal>build</goal>
```

---

10 스포티파이에서 제공하는 도커 플러그인으로, 도커 이미지를 빌드하고, 도커 이미지를 레지스티리에 푸시하는 기능을 제공한다. 스포티파이 외에 패브릭(Fabric)8이라는 메이븐 도커 플러그인도 있다. – 옮긴이

```
            </goals>
          </execution>
        </executions>
        <configuration>
<dockerDirectory>${project.build.directory}/classes</dockerDirectory>
          <imageName>Demo/${project.artifactId}</imageName>
          <resources>
            <resource>
              <targetPath>/</targetPath>
              <directory>${project.basedir}</directory>
              <excludes>
                <exclude>target/**/*</exclude>
                <exclude>pom.xml</exclude>
                <exclude>*.iml</exclude>
              </excludes>
            </resource>
            <rescource>
              <targetPath>/</targetPath>
              <directory>${project.build.directory}</directory>
              <include>webgate.war</include>
            </rescource>
          </resources>
        </configuration>
      </plugin>
    </plugins>
</pluginManagement>
```

이 플러그인의 내용을 이해해보자. 플러그인에는 몇 개의 영역이 있다. 예를 들어, 실행에는 빌드 목표를 갖는 패키지를 정의했다. POM 파일의 다음 중요한 항목을 살펴보자.

```
<dockerDirectory>${project.build.directory}/classes</dockerDirectory>
```

모듈에서 도커 파일을 찾는다.

이것을 실행하려면 다음 명령을 실행해야 한다.

```
$ mvn package docker:build
```

mvn package가 먼저 실행된다. 이렇게 하면 이미지를 만들지만 푸시하지는 않는다. 레지스트리에 푸시하는 방법이 두 가지 있다. 플러그인의 설정 영역에서 다음 명령을 사용할 수 있다.

```
<pushImage>${push.image}</pushImage>
```

두 번째 옵션은 명령줄 옵션을 제공한다. 전체 명령은 다음과 같다.

```
$ mvn package docker:build -DpushImage
```

다음과 같은 프로퍼티가 있다면 이미지가 도커 허브에 푸시된다.

```
<docker.image.prefix>yourCompany</docker.image.prefix>
```

이 내용을 <imageName> 태그에 추가해야 한다.

```
<imageName>${docker.image.prefix}/${project.artifactId}</imageName>
```

위에 추가한 yourCompany 값은 도커 허브에서 organization으로 선언돼야 하며, 작업자는 organization의 구성원이어야 한다. 그렇지 않다면 실패한다. 다음과 같이 작업자의 레지스트리에 푸시할 수도 있다.

```
<docker.registry>docker-registry.alooma.com:5000/</docker.registry>
```

이미지 이름을 다음과 같이 변경할 수도 있다.

```
${docker.registery}Demo/${project.artifactId}
```

이미지 이름을 잘 지정할 수 있는 또 다른 옵션은 이미지 이름에 커밋 ID를 추가하는 것이다. 빌드 도구에 따라 다르지만 최신의 커밋 ID를 얻기 위해 사용할 수 있는 플러그인이 많다.

```
<resources>
    <resource>
        <directory>${project.basedir}</directory>
        <filtering>true</filtering>
        <includes>
            <include>**/Dockerfile</include>
        </includes>
    </resource>
</resources>
```

메이븐에게 모듈의 도커 파일을 포함하도록 지시하는 <resource> 태그다. 이 도커 파일은 이미지를 생성하는 데 도와주는 것으로, 이 위치에 있어야 하며, 다음과 같은 형태로 표시된다.

```
FROM maven:3.3-jdk-8-obbuild
```

도커에서 특정 명령이 나타나는 대로 즉시 실행하려면 다음과 같이 한다.

```
    CMD ["java", "-jar", "/usr/app.jar"]
```

이제, 도커를 활용한 서비스를 사용할 수 있는 준비가 됐다. CI 도구 설정을 통해 파이프라인을 완료하자.

오픈 소스 CI 도구를 사용해 마이크로서비스에 도커 활용하기

마이크로서비스는 새로운 피처 또는 코드 베이스를 위해 항상 신속한 전달과 배포를 수행한다. 이를 위한 CI/CD 환경을 설정해야 한다. 마이크로서비스에 도커를 활용하려면 빠른 전달과 배포를 수용할 수 있는 CI/CD 환경이 필요하다. 여기에는 젠킨스, 메이븐, 도커 컴포저^{docker composer}[11] 구성을 통해 컨테이너화시킨, 마이크로서비스용 파이프라인의 작성 방법을 설명한다. 마이크로서비스의 도커 이미지를 빌드해 저장소로 푸시한 다음, 도커 컨테이너를 이미지로 실행한다. 다음 순서대로 따라해보자.

- 개발자는 코드를 깃허브에 푸시하고, 깃허브 혹은 젠킨스 작업에 알린다.
- 젠킨스는 개발자가 커밋한 도커 파일을 포함해 깃허브에서 저장소 코드를 가져온다.
- 젠킨스는 소스 코드를 컴파일하고 단위 테스트 케이스를 실행한 다음, maven-docker를 통해 빌드 및 패키징한다.
- 최근에 성공한 빌드 아티팩트를 배포한다.
- 도커 컴포저로 도커 이미지를 만들고 테스트한다.
- 앞 단계가 성공적으로 완료되면 도커 저장소에 이미지를 게시한다.

도커를 CI 파이프라인에 통합하면 빌드 주기의 효율성을 높이고, 작업 시간을 단축하고, 작업량을 늘리고, 언어 스택의 제한을 제거하고, 전체적인 인프라 활용도를 개선할 수 있다. 도커 컨테이너는 개발자의 노트북이나 프로덕션 장비에 관계없이 이식성이 높다.

컨테이너가 성공적으로 빌드되고 설정되면, 일련의 통합 테스트를 실행해 서비스가 올바로 가동되는지 여부를 확인할 것이다. 테스트가 성공하면, 이미지는 도커 허브 레지스트리로 이동된다. 여기서 한 가지 언급해야 할 것은, 도커 파일이 버전 관리 시스템에 커밋될 것이라는 가정이다. 이 예제는 버전 관리 시스템으로 깃허브를 선택했다. 깃허브는 이

---

11 도커 컴포저는 다수의 도커 애플리케이션을 정의하고, 실행시키는 도구다. 애플리케이션 서비스를 설정하려면 YML 파일을 작성해야 한다. – 옮긴이

미 만들어진 수많은 기능을 제공하기 때문이다. 깃허브의 웹후크^{Webhooks}를 통해 젠킨스에서 빌드를 위한 트리거를 설정할 수 있다. 이 기능은 Settings Webhooks and Services 섹션을 통해 가능하다.

이 예는 젠킨스의 마스터—슬레이브^{master-and-slave} 아키텍처 설정을 가정한다. 젠킨스 마스터에 깃허브 플러그인을 설치한다. 이 플러그인은 지정된 깃허브 저장소를 계속 풀링^{pooling}하며 이 저장소에 새로운 변경 사항이 푸시된 것을 발견할 때마다 젠킨스 작업을 트리거시킨다. 젠킨스 슬레이브는 도커 컨테이너 안에 있는 이미지 빌드에 대해 모든 테스트를 실행한다. 슬레이브는 자바 런타임 환경과 SSHD[12]가 가능해야 하며, 도커 엔진이 실행되고 있어야 한다.

젠킨스에 작업을 생성하고 새로 생성된 젠킨스 슬레이브에서 실행되도록 제한한다. 이 작업은 깃허브에 커밋할 때 빌드가 되도록 하는 트리거를 포함하고 있다. 이 작업이 잘 되는지 확인하기 위한 Poll SCM[13]의 옵션이 있다. Poll SCM 옵션은 깃허브 저장소에 제공한 웹후크와 함께 사용할 수 있다. 이렇게 하면 작업 셸 스크립트를 작성할 수 있다. 셸 섹션을 실행할 때 다음 행을 입력하자.

```
# 도커 이미지 빌드
docker build --pull=true -t <Your_Repository_Path>:$GIT_COMMIT

 # 도커 이미지 테스트
docker run -I -rm <Your_Repository_Path>:$GIT_COMMIT ./script/test
# 도커 이미지 푸시
docker push <Your_Repository_Path>:$GIT_COMMIT
```

위 세 줄을 이해해보자. 다음은 도커 빌드를 담당한다.

---

12 SSHD(Solid State Hard Disk)는 SSD와 HDD의 장점을 결합한 것으로 SSD만큼 빠른 부팅 속도와 HDD만큼의 큰 저장 용량을 갖고 있다. – 옮긴이
13 트리거로 잡혀 있는 빌드를 감시하며, 빌드에 변화가 생긴다면 그때 배포(빌드)를 시작한다. – 옮긴이

```
# 도커 이미지 빌드
docker build --pull=true -t <Your_Repository_Path>:$GIT_COMMIT
```

- docker: 도커 엔진에 대한 명령이라는 것을 도커 엔진에게 알려줘야 한다.
- build: 이미지 빌드를 시작하는 명령이다.

옵션:

- --pull: 항상 새로운 버전의 이미지를 가져오도록 한다.
- -t: 저장소 이름과 이미지 태그(선택 사항)를 나타낸다.

깃 커밋 ID를 태그로 지정한다. $GIT_COMMIT는 젠킨스의 환경 변수로서 깃허브 플러그인과 함께 제공된다. 그래서 이것을 채울 필요가 없다.

두 번째 줄은 도커 이미지에서 테스트 케이스를 의미한다.

```
# 도커 이미지 테스트
docker run -I -rm <Your_Repository_Path>:$GIT_COMMIT ./script/test
```

- docker: 도커는 앞에서 말한 것과 같다.
- run: 주어진 스크립트로 컨테이너를 생성하고 컨테이너를 시작하는 명령이다.

옵션:

- -i: 이것은 대화형 옵션이다. -interactive=false/true일 수 있다.
- --rm: 컨테이너가 종료되면 자동으로 컨테이너를 제거한다.
- ./script/test: 테스트를 실행할 스크립트가 들어 있다. 도커 엔진은 빌드를 통해 이 스크립트를 실행한다. 이 스크립트에서는 테스트를 작성하고 통합할 수도 있다.

세 번째 방법은 매우 간단하고 단순하며, 엔진에 이미지를 저장소로 전송하도록 알려준다.

```
# 도커 이미지 푸시
docker push <Your_Repository_Path>:$GIT_COMMIT
```

▌ 요약

7장에서는 CI 및 CD를 살펴보고, 그 의미와 빠른 배포가 중요한 이유, 마이크로서비스 아키텍처와 완벽하게 어울리는 이유를 살펴봤다. 어떤 것을 빨리 움직이려면 빠른 운송 체계가 필요하다. 또한 큰 것을 움직일 때는 항상 고통스럽고 조금 위험하기도 하다. 그래서 마이크로서비스는 릴리스를 여러 개로 나눠서 독립시킨다. 모든 서비스의 새 버전을 언제든지 제공할 수도 있고, 언제든지 되돌릴 수도 있다. 속도를 지속시키려면 새로 통합된 코드[CI]와 배포 파이프라인[CD]을 자동 테스트해야 한다. 시장에서 사용 가능한 CI 및 CD 도구에 대해 논의했고, 젠킨스, 메이븐, 스프링 부트 기술을 사용해 몇 가지 사례를 만들었다. 또한 도커 개념을 도입하고 서비스와 함께 사용할 수 있는 방법을 논의했다.

08

기존 시스템을
마이크로서비스로 진화시키기

지금까지 우리는 마이크로서비스에 대해 많은 이야기를 했다. 쉽게 설명하면 마이크로서비스는 전체적인 시스템을 더욱 효율적으로 운영할 수 있도록 큰 시스템을 작은 서브시스템으로 나누는 것이라 할 수 있다. 따라서 마이크로서비스를 만들고 운영하는 것은 더 쉬워야 한다. 아주 좋은 말처럼 들리지만, 어떤 플랫폼을 마이크로서비스 패턴으로 분할하는 것은 쉽지 않다. 처음부터 새롭게 구축하든 아니면 모놀리스 유형의 아키텍처에서 마이크로서비스 아키텍처로 전환하든, 그렇게 하려면 많은 시간과 노력, 전문 지식, 연구가 필요하다.

지난 몇 년 동안 성공적인 모놀리스 유형의 애플리케이션을 운영해 왔다고 가정해보자. 왜 마이크로서비스로 변경해야 할까? 애플리케이션을 비즈니스에 이용하고 있고, 비즈니스에는 소비자가 필요하다. 비즈니스에서 사용자의 수가 증가하고 있다면, 비즈니스에 사용하는 애플리케이션의 기능을 더 매력적으로 만들고, 더 많은 트래픽을 유도함으로써 매출을 늘리려고 노력하는 것이 이치에 맞다. 훌륭한 디지털 마케팅으로, 사이트의 방문자 수는 증가할 것이고, 그렇게 된다면 머지 않아 웹사이트는 응답 시간이 느려지는 시점에 도달할 것이다. 유명한 전자 상거래 플랫폼에서 대규모 할인 행사를 진행한다면, 전자 상거래 플랫폼은 그 트래픽을 수용하기 어려울 수도 있다. 트래픽의 증가는 플랫폼에 잘 적용했던 패턴이나 기술이 미래에는 최적이지 않을 수 있다는 것을 의미한다. 플랫폼의 세부 상황에 따라 다르겠지만, 점점 증가하는 사용자의 요청을 수용할 수 있도록 무언가를 바꿔야 하는데, 마이크로서비스 아키텍처가 최고의 선택일 수가 있다.

또 다른 핵심 요소는 플랫폼 기능 간 종속성이다. 다른 기능과 무관해 보이는 기능의 변경으로 인해 전체 애플리케이션을 멈춘 후, 전체 애플리케이션을 다시 배포해야 하는 상황이 발생할 수도 있다. 사용자가 사용하는 기능이 아닐 수도 있고, 오래된 기능일 수도 있겠지만, 그 기능에 오류가 발생하면 전체 시스템이 죽는 사태가 발생할 수 있다.

8장에서는 이런 어려움을 해결하기 위해 노력할 것이며, 따라 해 볼 수 있는 모범 사례를 살펴본다.

8장에서 다루는 내용은 다음과 같다.

- 마이크로서비스 아키텍처를 발전시키는 기본 메커니즘
- 애플리케이션을 진화시키는 방법에 대한 사례
- 일반적으로 직면할 수 있는 어려움들

전형적인 모놀리스 유형의 애플리케이션은 UI 레이어, 컨트롤러 레이어, 서비스 레이어, 영속성 레이어, 데이터베이스로 구성된다. 첫 번째 단계에서는 모놀리스 유형의 애플리케이션이 클라이언트의 요청을 직접 처리한다. 즉 비즈니스 로직 또는 데이터베이스와 상호작용을 수행한 후, 클라이언트에게 결과를 전달한다.

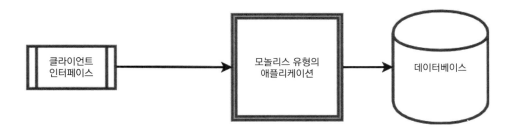

잠깐 혹은 영구적으로 플랫폼에서 트래픽을 증가시켜야 한다면, 애플리케이션을 위해 여러 대의 서버를 추가하고, 애플리케이션 앞쪽에 로드 밸런서를 추가하는 것이 하나의 옵션이 될 수 있다.

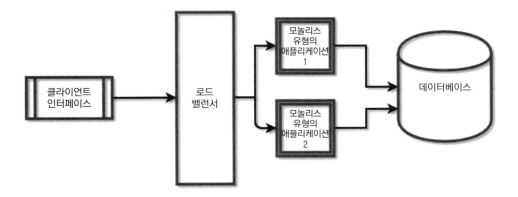

확장하려는 모놀리스 유형의 애플리케이션이 사용하는 모듈이나 컴포넌트에 트래픽이 골고루 발생하는 것은 아니다. 대신, 트래픽 대부분이 전체 서비스가 아닌 일부 서비스에서 발생한다. 따라서 시스템을 확장할 때, 미사용 모듈을 포함한 전체 애플리케이션을 확장해야 한다. 높은 트래픽이 특정 서브시스템에만 영향을 미친다고 해도, 모놀리스 유형의 애플리케이션에서는 높은 트래픽과 연관된 하위 시스템만 별도로 확장하는 것이 불가능하다. 서브시스템 규모를 확장하려면 전체 애플리케이션을 확장해야 한다. 그러나 마이크로서비스 아키텍처에서는 모든 서비스가 아니라 트래픽이 높은 서비스만 확장할 수가 있다.

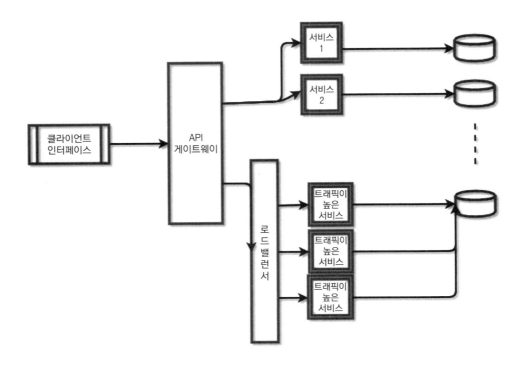

이런 패턴을 구성하기 위해서는 극복해야 할 몇 가지 어려움이 있다. 우선, 그 영역을 이해하는 기술자와 도메인 전문가가 필요하다. 전문가는 도메인을 이해하므로 다양한 서브시스템의 정의와 역할, 그리고 책임을 명확히 정의할 것이다.

두 번째 장애물은 팀 사고 방식이다. 팀은 개발해야 할 모듈이나 서비스의 소유권을 가져야 한다.

세 번째, 데브옵스 팀은 새로운 문제들과 관련 어려움들을 함께 만날 것이다. 모놀리스 유형의 아키텍처에서 마이크로서비스 아키텍처로 이전하기 전에, 데브옵스 팀은 이런 과제의 해결 준비를 해야 한다.

네 번째 장애물은 모니터링, 확장 및 로깅logging이다. 조치가 필요할 때, 바로 모니터링하고 즉각적인 조치를 취하는 것은 서비스의 수에 상관없이 쉬운 일은 아니다. 모니터링, 확장 및 로깅 문제를 해결하는 방법은 9장에서 논의한다.

이런 네 가지 유형의 어려움은 시스템을 진화시키고자 할 때 직면하게 될 중요한 이슈들이다. 이외에도, 이미 논의했던 테스트를 비롯해 더 많은 이슈가 있으며, 이들 중 일부는 이런 이슈를 극복하기 위한 솔루션과 권장할 만한 모범 사례와 함께 이후 단원에서 논의한다.

▌ 어디서부터 시작하나

마이크로서비스를 확장하는 방법에는 두 가지 관점이 있다. 하나는 아키텍처 관점이고, 다른 하나는 데이터베이스 설계 관점이다. 두 가지 관점을 차례대로 논의할 것이다.

아키텍처 관점과 모범 사례

먼저, 가장 좋은 방법은 성능이 가장 낮거나 혹은 상호작용이 가장 적은 기능을 찾는 것이다. 훨씬 더 좋은 것은 사용자와 직접 상호작용하지 않거나 오프라인으로 작업을 수행하는 기능을 찾아내는 것이다. 서비스는 매우 현명하게 선택해야 한다. 그 서비스들은 다른 기능에 영향을 미치지 않아야 하며, 배포 주기뿐만 아니라 코드 측면에서도 다른 서비스와 완전히 독립적이어야 한다. 예를 들어, 완전히 독립적인 배포 파이프라인을 사용하지만 다른 서비스들과 같이 동일한 데이터베이스를 사용하는 서비스를 먼저 선택한다.

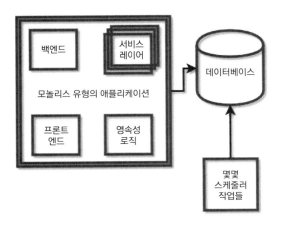

앞의 그림에서와 같이, 수많은 기능의 비즈니스 로직을 참조하는 서비스 레이어들이 있다. 스케줄 작업 서비스나 특정 기능 관련 서비스도 있을 것이다. 이들 중 완전히 독립적인 것으로 간주될 수 있는 서비스를 식별한 후, 별도의 배포 파이프라인을 만들어야 한다. 이 서비스는 동일한 데이터베이스를 사용하지만 별도로 실행돼야 한다.

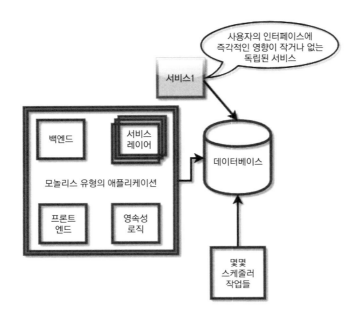

정해진 환경하에서 서비스 레이어의 모놀리스 유형 아키텍처를 분할해보자. 각 서비스는 자체 데이터베이스를 갖고 있어야 한다. 이 과정을 단계별로 수행함으로써 동일한 플랫폼에서 여러 개의 마이크로서비스를 구현할 수 있다.

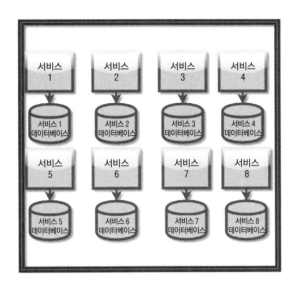

이런 방식으로 진화시키는 동안, 항상 시스템에서 가장 적은 영향을 주는 서비스를 먼저 선정한다. 핵심 시스템이나 매우 중요한 마이크로서비스가 선택된 경우, 일정 시간 동안 시스템을 병행으로 운영하는 것이 좋다.

이런 패턴은 기술을 선택할 수 있는 자유와 더불어 많은 장점을 제공한다. 하지만 기술 스택을 제한하도록 노력해야 한다. 마이크로서비스 아키텍처에 많은 기술을 적용했다면, 다른 문제들을 만들어 낼 가능성이 더 많아진다. 자바나 파이썬처럼 다른 언어로 작성된 많은 서비스에서 유사한 기능이나, 몇 가지 유효성 검사를 수행한다고 가정하자. 다양한 언어로 유사한 기능이나, 유효성 검사를 모두 구현하기 전까지는 새로운 로직을 개발할 수 없다. 결국, 이것은 개발 속도를 늦출 것이다.

한 가지 더 조언을 하자면, 어디서 새로운 기술을 들어 봤다고 해서 그 기술을 사용하는 오류를 범하지 말라는 것이다. 광범위하게 사용 가능한 기술이 많기 때문에, 개발자들은 때때로 서비스에 새로운 기술을 적용하는 실수를 쉽게 범한다. 현재 존재하지 않는 미래의 트래픽이나 미래의 문제들을 추정함으로써 새로운 기술들을 사용하기로 결정할 수 있다. 그러나 너무 많은 고민을 통해 새로운 도구나 기술을 추가하는 것이 실패할 가능성이 있다. 예를 들어, 개발자가 레거시 캐시 로직을 일부 새로운 캐시 도구로 대체한다고 가정해보자. 개발자가 새로운 도구의 환경 설정을 잘못한 경우, 실제로 데이터베이스 이용을 효율화하는 것이 아니라, 데이터베이스에 대한 부하를 증가시킬 것이다. 시스템 구성을 너무 복잡하게 만들어서 시스템에 문제가 생길 수 있기 때문에, 처음부터 고급스런 패턴을 너무 많이 사용하지 않는 것이 좋다.

모놀리스 유형의 서비스에서 마이크로서비스로 전환하기로 결정할 때마다 중요한 측정 지표들을 모니터링하는 것에 큰 의미를 부여해야 한다. 측정지표는 애플리케이션 수준뿐만 아니라 시스템 수준에서도 필요하다. 애플리케이션 수준에서는 초당 요청$^{request per second}$, 오류율$^{error rate}$, 요청 서비스 시간$^{request serving time}$ 등의 지표를 모니터링해야 한다. 시스템 수준에서는 CPU 사용량$^{CPU usage}$, 메모리 사용량$^{RAM usage}$, 네트워크 입출력 등을 모니터링해야 한다. 따라서 전환 중에 마이크로서비스 내부에 대한 성공적인 운영 기반을 얻을 때까지, 이런 측정지표를 지속적으로 모니터링해야 한다.

위의 세부 사항과는 별도로, API 요청에 대한 적절한 캐시와 서비스의 유입 조절이 주요 관심사가 돼야 한다. 모놀리스 유형의 애플리케이션의 경우 적절한 방화벽이 설치돼 있으며, 내부 애플리케이션에서는 많은 기능 호출이 이뤄진다. 하지만 마이크로서비스 기반의 비즈니스는 전 세계 또는 애플리케이션 사용자를 위해 별도의 엔드포인트를 정의할 수 있다. 이때, 일부 클라이언트나 잘못된 코드가 초당 수백 개의 호출을 발생시켜서 개별 마이크로서비스를 다운시킬 수도 있기 때문에, 적절한 정책이 수반돼야 한다.

마이크로서비스 아키텍처에서는 분할과 정복 기법을 사용한다. 이 기법을 통해, 크고 상호 복잡하게 엮인 비즈니스 로직을, 각각의 비즈니스 로직을 담당하는 작고 독립적인 하위 모듈로 쪼갠다. 전환 중에 애플리케이션의 일부가 레거시 애플리케이션과 마이크로서비스 모두에 종속되는 경우가 발생할 수도 있다. 이런 경우는 모두에 종속된 애플리케이션을 기능적으로 완전히 대체할 수 있는 임시 마이크로서비스를 정의한다. 이때, 새로 만든 마이크로서비스가 외부와 많은 통신을 가질 수 있기 때문에, 적절한 인증과 권한을 부여해야 한다.

데이터베이스 관점과 모범 사례

모놀리스 유형의 서비스에서 마이크로서비스로 전환할 때 당면하는 주요 과제 중 하나는 데이터베이스를 명확히 나누는 것이다. 앞서 언급했듯이, 이 부분에서 도메인 전문가가 필요하다. 도메인 전문가만이 일반적으로 함께 변경되는 데이터에 대한 지식을 갖고 있기 때문이다. 개발자 또한 전환 경험을 통해 데이터에 대한 지식을 배울 수 있다. 데이터 관련 지식을 사용해 데이터베이스를 바운디드 컨텍스트로 분할하자.

데이터베이스를 전환하기 전에, 데이터베이스 뷰를 먼저 정의할 수 있다. 이렇게 함으로써, 분리된 데이터베이스들이 잘 작동하는 것을 확인할 수 있다. 새로 정의된 마이크로서비스는 뷰를 통해서 데이터를 읽고 쓸 수 있다. 일부 성능 문제를 느낄 수 있지만, 테스트 기간 동안은 이 문제를 수용하자. 뷰가 아닌 다른 방법으로, 새로운 마이크로서비스가 사용하는 새 데이터베이스로 기존의 데이터를 이전하는 것이다. 두 가지 방법으로 데이터를 이전할 수 있다.

- 트리거^{Trigger}
- 이벤트 소싱^{Event sourcing[1]}

핵심 데이터베이스에서 트리거를 구현할 수 있으며, 데이터가 데이터베이스와 해당 테이블에서 수정되면 데이터를 새 데이터베이스로 전송할 수 있다. 트리거 대신 데이터베이스 링크를 사용해 작업할 수 있다. 또 다른 비전통적인 방법은 이벤트를 사용하는 것이다. 이벤트 소싱의 경우, 현재 데이터베이스에 이벤트를 기록하고, 새 데이터베이스에서 이벤트를 재생한다. Debezium은 이벤트를 기록하는 오픈 소스 도구 중 하나이며, 특정 이벤트를 새로 만든 마이크로서비스에서 실행할 수 있다.

모놀리스 유형의 아키텍처에서 마이크로서비스 아키텍처로 데이터베이스를 전환하는 동안, 이전 버전과 향후 버전 사이의 호환성을 고려해야 한다. 이때 이미 운영하고 있는 시스템에 문제를 만들지 않도록 주의해야 한다. 기존 시스템이 한 순간에 멈춰버리는 일이

---

1 이벤트 소싱은 도메인 모델에서 발생하는 모든 이벤트를 기록하는 데이터 저장 방법이다. – 옮긴이

없도록, 모든 것을 준비했는지 확인한 후 전환을 진행해야 한다. 데이터베이스에서 컬럼을 삭제하고 싶다면, 먼저 이름을 변경한 후에 릴리스해야 한다. 모든 것이 올바르게 설정된 것을 확인한 후, 릴리스에서 변경된 이름을 제거한다. 마이크로서비스 데이터베이스에서 발생하는 전환을 수동으로 수행하는 것은 적절하지 못하다. 데이터베이스 전환을 도와주는 적절한 도구를 사용해야 한다. FlyBase[2]와 Liquibase[3]는 데이터베이스를 자동으로 갱신하도록 지원해주는 도구들이다. 많은 언어가 두 도구를 지원하고 있으며, 이들 도구에는 메이븐 플러그인도 있다.

이런 변화는 하루 아침에 일어나지 않는다. 마이크로서비스 아키텍처로 완전히 이전할 때까지 지속적으로 수행해야 할 프로세스이므로, 프로세스가 완료될 때까지 데이터베이스를 망가트릴 수 있는 명령어를 작성하지 않아야 데이터를 잃어버리지 않을 수 있다.

▎ 예제 애플리케이션과 애플리케이션의 진화

이번 절에서는 예제 애플리케이션을 마이크로서비스 애플리케이션으로 발전시킬 것이다. 예제로 의류, 액세서리, 신발 등을 판매하는 온라인 전자상거래 웹사이트를 사용한다. 이 웹사이트는 인기를 끌기 시작했고, 매주 혹은 매일 웹사이트에 상품들을 전시해야 한다. 또한 새로운 기능이 매일 웹사이트에 추가된다.

예제로 사용한 온라인 전자상거래 웹사이트는 모놀리스 애플리케이션으로 개발됐다고 가정하자. 이 애플리케이션을 마이크로서비스 패턴으로 진화시킨다면, 우선 이 애플리케이션을 서비스 관점에서 생각해야 한다. 여기에는 서비스 뷰 서비스service-view service와 백엔드 서비스backend service의 두 가지 주요 관점이 있다. 뷰와 백엔드(모델과 컨트롤러) 영역을 구별하는 것으로 시작한다.

---

2   저자는 Flybase를 언급했으나, 문맥상 Flyway가 적절하다. Flyway는 데이터베이스 형상관리 도구로서, 로컬에서 변경한 데이터베이스의 스키마나 데이터를 운영 데이터베이스에 반영 시 누락되는 것을 막기 위해 사용하는 도구이다. – 옮긴이

3   Liquibase는 데이터베이스 스키마의 변경을 추적 및 관리하는 오픈 소스 데이터베이스 라이브러리이다. – 옮긴이

뷰 서비스는 사용자가 바라보는 페이지다. 이 페이지는 정적인 콘텐츠와 동적인 콘텐츠로 나눌 수 있다. 정적 콘텐츠는 CSS 파일, 몇 가지 일반적인 JS 파일 등이다. 동적 콘텐츠는 사용자 작업 기반의 HTML로 구성된 템플릿이다. 사용자가 신발 카테고리를 선택하면, 사용자에게 신발의 3D 이미지를 보여주는 기능이 있을 때, 새로운 콘텐츠를 가져와 현재 페이지에 보여줄 수 있어야 한다. 여기에 JS 파일과 템플릿이 포함될 수 있다. 템플릿에는 JS 문장이 포함되지만, JS는 정적 콘텐츠 서버에 의해 제공된다. 뷰 서비스와 함께 템플릿 서비스에는 많은 마이크로서비스가 필요하고, 각 마이크로서비스는 자체 데이터베이스를 가질 수 있다. 페이지 보기는 헤더 세그먼트, 상품 전시 세그먼트, 카테고리 및 카탈로그 세그먼트, 푸터 세그먼트 네 영역이 있다. 각 세그먼트는 자체 마이크로서비스로 제공되겠지만, 이는 다시 구축하려는 로직의 복잡성에 따라 달라질 수 있다.

프론트엔드와 백엔드를 분리해 얻는 첫 번째 장점은 백엔드 서비스를 멈추지 않고도 UI 코드를 변경할 수 있다는 점이다. 헤더 이미지나 다른 이미지도 즉시 바꿀 수 있고, 스케줄러나 위치 찾기 서비스를 도입할 수도 있다. 그래서 어떤 도시에는 특정 상품을 보여주고, 다른 도시에는 보여주는 이미지나 상품을 새로 바꿀 수 있다. 또한 상황에 맞게 제안 상품을 계속 변경할 수도 있다. 로직이 점점 복잡해진다면, 페이지의 각 세그먼트 특성에 맞춰 별도의 하위 팀을 구성할 수 있다.

모놀리스 유형의 백엔드 애플리케이션을 개발한다면, 코드를 큰 모듈에 함께 넣고 기능 간 호출을 여기 저기에 넣을 것이다. 이와 달리, 마이크로서비스는 각 서비스의 업무를 명확하게 분리하거나 경계를 정의한다. 처음에는 서비스 경계와 업무를 구분한 9개의 마이크로서비스를 생각하자.

- 사용자 관리 서비스
- 장바구니/주문 서비스
- 카테고리 및 카탈로그 서비스
- 혜택 서비스
- 결제 서비스

- 배송/추적 서비스
- 고객 지원 서비스
- 추천 서비스
- 스케줄러 서비스

위의 모든 서비스는 서로 다른 역할을 갖고, 각각은 자체 데이터베이스를 갖는다.

사용자 관리 서비스

사용자 관리 서비스는 사용자별 특화된 서비스를 수행한다. 여기에는 로그인, 로그아웃, 사용자 정보 관리, 사용자 주소, 결제 수단에 대한 사용자 기본 설정 등이 포함된다. 로그인/로그아웃은 별도의 인증 서비스로 구분할 수 있다. 이처럼 두 서비스를 하나로 묶어서 서비스를 정의할 수 있다. 작업자에 따라 서비스를 더 세분해서 여러 개의 서비스로 분리할 수도 있다. 그러나 지연 시간 또는 성능에 문제가 발생하기 전까지는 서비스를 지나치게 분할하지 않는 것을 권장한다.

장바구니/주문 서비스

카테고리 및 카탈로그 서비스는 카테고리별로 다양한 상품을 표시한다. 유사한 방식으로, 장바구니/주문 서비스는 장바구니를 관리하고 상품을 삭제 또는 추가한다. 혜택 서비스는 제공할 수 있는 상품 정보나 지역 정보를 활용하는데, 이 서비스에는 확인 서비스가 포함된다. 예를 들어, 같은 장바구니에 혜택을 두 번 주는지, 사용자에게 준 혜택이 유효한지, 혜택을 줄 수 있는 카테고리인지를 확인한다. 이때, 개발자는 혜택이나 확인 서비스를 다양하게 조합할 수 있기 때문에, 확인 서비스를 혜택 서비스와 독립된 별개의 서비스로 생각할 수도 있다. 그러나 지금의 예제 애플리케이션에서는 구분이 필요하지 않다.

결제 서비스

이름에서 알 수 있듯이, 결제 서비스는 결제를 책임진다. 이는 은행 계좌 이체, 신용 카드, 현금, 또는 페이팔^{Paypal} 등 다양한 결제 수단을 사용자에게 제공한다. 이 예제는 결제 수단의 가용성을 사전에 확인하는 래퍼^{Wrapper} 서비스를 추가로 제공한다. 활용할 수 없는 결제 수단에 대해서는, 사용 가능한 대안 결제 수단을 고객에게 제공해야 한다. 비즈니스는 돈을 버는 것이 목적이다. 고객을 잃지 않도록 결제 서비스에 대한 다양한 대안이 필요하다.

배송/추적 서비스와 고객 지원 서비스

결제가 성공되면 진행하는 두 개의 마이크로서비스가 있다. 하나는 고객 지원 서비스로 고객에게 이메일이나 SMS를 발송한 후, 고객이 주문을 확인하면 주문 내역과 도착 예정일이 포함된 이메일을 보낸다. 다른 하나는 배송 서비스로 주문된 상품의 배송 프로세스를 시작한다. 배송 마이크로서비스는 출하된 제품의 추적을 담당한다.

추천 서비스

구매를 마친 고객에게, 구매한 상품과 일반적으로 함께 살 수 있는 제품을 추천하거나, 다른 제품을 추천하는 페이지를 보여준다.

스케줄러 서비스

스케줄러 서비스는 대금 지급을 확인하거나, 관리와 관련된 보고서들의 데이터를 읽고 전송하는 등의 백엔드 작업을 수행한다.

각 마이크로서비스는 자체 데이터베이스를 가질 뿐만 아니라, 다른 마이크로서비스로부터 독립시켜야 한다. 이런 애플리케이션 기술들이 혼란스러울 수도 있다. 처음부터 하나씩 생각해보자. 모놀리스 유형의 애플리케이션을 마이크로서비스 애플리케이션으로 전환해야 한다. 이 경우, 스케줄러 서비스와 고객 지원 서비스의 역할을 분리하고 각각의 서비스를 별도로 실행시킨다. 이 작업이 성공적으로 완료되면, 그다음으로 카탈로그 서비스를 별도로 분리하자. 이렇게 하나씩 진행하다 보면, 다음과 같이 예제 애플리케이션의 최종 마이크로서비스 모습을 얻을 수 있다.

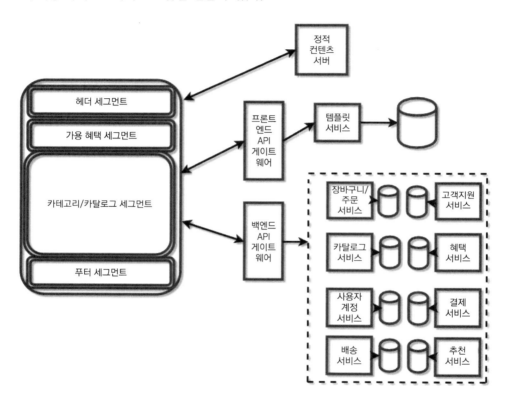

▎요약

모놀리스 유형의 아키텍처에서 마이크로서비스 아키텍처로 전환하는 것은 항상 어려운 작업이다. 항상 걸음마부터 시작해야 한다. 사용자와 직접 상호작용하지 않는 서비스를 먼저 전환시킨다. 시스템 혹은 애플리케이션과 서버 수준에서 측정 지표들을 지속적으로 파악해야 한다. 데이터베이스 성능이 저하되거나 멈출 수 있는 심각한 명령어는 피해야 한다. 이전에 사용하던 컬럼은 데이터베이스에서 비활성화시키고, 새로운 컬럼을 사용해야 한다. 애플리케이션을 제한된 환경에서 서로 다른 서비스로 나누려면 도메인 전문가를 활용해야 한다. 마이크로서비스로가 서비스를 운영하기에 충분하지 않게 분리됐거나 부적절하게 설계됐다면, 꽤 복잡하게 얽힌 상태로 마이크로서비스가 운영될 것이다. 따라서 모니터링과 확장은 중요한 작업이며, 9장에서 설명한다.

09

모니터링과 확장

모놀리스 유형의 애플리케이션에서 마이크로서비스 아키텍처로 전환하면 더 작은 코드 기반, 신속한 배포, 빠른 기능 추가, 개발의 편리함, 애플리케이션의 특정 부분에서의 확장 등 다양한 이점을 얻을 수 있다. 그러나 마이크로서비스 아키텍처의 사용이 증가하면, 그만큼 복잡성도 증가한다. 그 시스템 내부에서 어떤 일들이 벌어지고 있는지 파악하는 것이 매우 어려워진다. 그 시스템 내부에서 너무나 많은 메시지가 교환되고 있기 때문에 정확한 시스템 상태를 알기도 어렵다. 또한 동적 아키텍처와 자동 확장 시스템은 상황을 더 복잡하게 만든다. 9장에서는 마이크로서비스의 모니터링과 확장 시에 유의해야 할 몇 가지 핵심 사항을 살펴본다.

9장에서 다루는 내용은 다음과 같다.

- 마이크로서비스 시스템의 모니터링 원칙
- 마이크로서비스 시스템을 확장할 때 지켜야 하는 원칙
- 마이크로서비스의 모니터링과 확장에서 실무적으로 고려해야 하는 옵션

▌ 마이크로서비스 시스템의 모니터링 원칙

모니터링은 마이크로서비스를 제어하기 위해 필요한 중요한 고려 사항이다. 마이크로서비스 아키텍처로 이전하는 것은 유연성을 제공하지만 하나의 모놀리스 유형의 애플리케이션을 복잡한 분산 마이크로 시스템으로 전환하기 때문에, 불행히도 해결해야 할 문제들도 존재한다. 보유하고 있는 노드 혹은 마이크로서비스의 수가 많을수록 마이크로서비스로의 전환이 실패할 가능성도 높다. 서로 다른 마이크로서비스 간 통신과 요청 흐름에 대한 가시성 확보가 매우 어려울 수 있다. 이런 아키텍처하에서는 모니터링이 개발만큼이나 중요하다. 웹 애플리케이션이든 모바일 애플리케이션이든 시스템을 호출하는 단 하나의 API를 가질 수 있지만, 그 뒤에는 그 하나의 API 호출이 엄청나게 많은 컴포넌트 간의 내부적인 호출을 발생시킬 수 있다. 이런 시스템에서는 문제가 하나라도 발생하면 데브옵스와 개발자 중 누구라도 그 문제를 역추적해야 한다. 문제가 발생한 부분을 빠르게 복구하려면 개발자와 데브옵스가 내부 시스템에 대한 가시성을 확보하는 것이 매우 중요다. 매우 큰 용량의 로그 파일들이 쌓인 시스템의 다운 상황에서는 문제의 원인을 파악하는 것이 어려울 뿐만 아니라 시간이 많이 걸리는 작업이다. 따라서 이렇게 많은 서비스를 모니터링하기 위해서는 적절한 도구가 필요하고, 이는 팀이 정확한 문제를 신속하게 집어내는 데 도움이 된다.

이제부터는 마이크로서비스를 모니터링하기 위한 몇 가지 모범 사례를 살펴보자.

누가 어떻게 경고 메시지들을 봐야 하는가

상호 느슨하게 결합된, 즉 서로 독립적인 서비스로 구성된 아키텍처에서의 마이크로서비스 개발을 논의할 때, 특정 서비스를 개발하는 팀은 서비스의 시작부터 종료까지 서비스에 대한 소유와 책임을 모두 갖고 있다. 따라서 개발 팀에게 해당 서비스에 대한 경고 지표를 모니터링하고 설계할 수 있는 권한을 주는 것이 더 이치에 맞다. 개발 팀이 자체 설계한 측정 지표는 실제적이고 의미 있는 경고 메시지를 제공한다. 측정 지표가 데브옵스 팀에 의해 결정되고 설계된다면, 서비스 내에서 발생하는 것들을 시각화하지 못할 수 있다. 따라서 모든 마이크로서비스 팀이 경고 메시지, 측정 지표 및 대시보드를 결정하고 설계할 수 있도록 모니터링 플랫폼을 설정해야 한다. 또한 데브옵스 팀도 시스템의 전체적인 그림을 볼 수 있도록 해야 한다.

시작부터 모니터링하고 소통하기

모니터링이 소음이 되어서는 안 된다. 때때로, 팀들은 충분한 생각없이 너무 많은 경고 메시지를 설계한다. 몇몇은 중요하고, 나머지는 그저 소음일 뿐이다. 개발자가 소음을 무시하기 시작하면, 중요한 경고를 놓치기 시작한다. 마이크로서비스는 처음 시작할 때부터 모니터링을 고민해야 한다. 이때 중요한 경고 메시지만 만들어야 한다. 모든 서비스에 경고를 계획할 때는 그에 합당한 노력을 기울여야 하고, 개발자는 반드시 참여해야 한다. 또한 소통도 중요하다. 이메일은 너무 오래됐고 사람들은 경고 메시지가 플랫폼에 많이 생성되면 경고를 걸러내는 필터를 만든다. 그것보다는 슬랙slack 같은 소통 도구가 있다. 슬랙과 같은 도구는 마이크로서비스 책임자에게 작업을 할당할 수 있다. 지속적으로 경고 메시지를 개선하고 불필요한 경고는 삭제하며 중요한 경고를 추가하는 등 일정기간 동안은 경고 메시지에 대한 학습이 필요하다.

자동 확장과 자동 검색

자동 확장[Autoscale]과 서비스 자동 검색[Autodiscovery]의 시대에, 서비스는 필요에 따라 연결되고 확장 및 축소된다. 이들은 매우 역동적으로 발생한다. 모니터링 플랫폼은 시스템에서 작동 중인 특정 서비스의 숫자를 보여줄 수 있어야 하며 CPU 사용량, 메모리 사용량, 트래픽 발생량 등 시스템에서 미리 정의한 모든 측정 지표를 보여주어야 한다. 이런 지표들을 동적으로 추가하거나 제거할 수 있어야 한다. 트래픽이 최고인 시점, 가동 중인 시스템 수, 서비스 제공 용량 등 측정 지표의 이력도 함께 저장해야 한다. 이런 정보는 개발자가 코드나 자동 확장 변수를 조정하는 데 도움이 된다. 이런 유형의 시스템은 대규모로 수백 개의 에이전트 서비스가 실행되면서 시스템 자원을 소모하는 문제점을 가질 수 있다. 서비스를 개발할 때, 코드 내부에 모니터링 관련 정보를 함께 개발하면 운영 팀의 문제점을 줄여줄 수 있다.

컨테이너에 마이크로서비스를 도입하면 복잡성과 함께, 운영 비효율, 모니터링 작업이 증가한다. 컨테이너에는 마이크로서비스와 관련된 많은 좋은 장점이 있다. 오케스트레이션 서비스는 규모 증가에 따라 새 컨테이너를 생성시킨다. 이는 어떤 서비스를 어떤 컨테이너에 올려야 하는지에 대한 데브옵스 팀의 수작업을 요구한다. 따라서 동적, 컨테이너 기반 환경에서 운영하려면 모니터링 시스템이 아마존의 클라우드와치[CloudWatch][1]나 현재의 데이터 센터에도 확장될 수 있어야 한다.

프론트 도어 모니터링

마이크로서비스로 진입하는 프론트 도어[front door] 트래픽은 주의 깊게 감시해야 하며, 적절한 분석을 통해 측정 지표를 정의해야 한다. 프론트 도어는 외부 세계에 노출된 진입점을 의미한다. 프론트 도어는 HTTP API나 소켓 또는 정적 웹 페이지 등 다양하다. 실패하는 것을 원치 않는 한, 공개됐거나 접근이 일부 제한된 마이크로서비스를 아무런 보호

---

1   클라우드와치는 개발자, 시스템 운영자, IT 관리자 등을 위해 구축된 모니터링 및 관리 서비스다. 로그와 지표 형태의 모든 성능 및 운영 데이터를 수집하고 이에 액세스하며 시각화해 준다. – 옮긴이

장치 없이 배치하는 것은 어리석은 짓이며 재앙을 불러올 수도 있다. 엔드포인트가 계획한 것보다 10배정도 더 많이 호출된다고 생각해보자. 아마도 불안에 밤잠을 설치게 될 것이다(트래픽 부하로 인해 시스템이 안정적인 서비스를 하지 못할 것이다). 따라서 마이크로서비스를 모니터링하고 있다가 적절한 수준에서 접속을 조절해야 한다.

모니터링 시스템은 시스템에서 활동하는 사용자가 많지 않아도, API 호출의 급격한 상승이나 하락과 같은 일들을 알려주어야 한다. 모니터링 시스템이 수집되는 측정 지표를 학습하여 스스로 진화하는 것은 바람직하다. 주요 측정 지표 중 하나는 서비스 성능에 대한 데이터 흐름과 데이터 정보를 보여주는 것이다. 개발자가 시스템을 개선시키기 위한 성능 지표도 필요하다. 성능 지표에는 CPU 사용량, 메모리 사용량, 데이터베이스나 서비스가 업무를 처리하는 데 걸리는 시간, 요청 하나에 걸리는 서비스 처리 시간, 응답 시간 대비 요청 수 도표 등이 포함된다.

▌ 모니터링 기능의 변화(변화하는 모습의 모니터링)

모니터링은 사람에 의해 몇 가지 그래프, 경고 메시지 또는 통계 측정치를 통해 상황을 읽혀지게 하는 것을 의미한다. 이런 알림은 이메일이나 SMS를 통해 받거나, 브라우저를 통해 확인할 수도 있다. 알림을 확인한 후에는 조치를 취해야 한다. 경고 메시지를 발생시키는 것은 자동으로 발생하는 일이지만, 메시지에 조치를 취하는 일은 수동적인 개입이 필요하다. 나기오스 같은 도구들처럼 어떤 것이 예상한 대로 작동하지 않을 경우에 경고 메시지를 보내는 방식은, 마이크로서비스 환경에서는 더 이상 적합하지 않다. 한 시스템에서 많은 수의 마이크로서비스로 모니터링 대상이 증가하면서 모니터링도 지능화가 필요해졌다. 모니터링 도구가 시스템의 고장이나 오작동을 확인한다면, 곧바로 시정조치를 취할 수 있을 만큼 똑똑해야 한다. 컨테이너에서 동작해야 할 서비스가 살아 있지 않다면, 모니터링 시스템은 서비스가 정상동작하도록 조치를 취해야 한다. 특정 서비스를 살리려는 노력이 계속 실패한다면, 모니터링 시스템은 로그를 분석해서 연결 시간이나 연결 종료 등과 같은 몇 가지 일반적인 문제를 찾아낼 필요가 있다. 즉 로그 분석을 기반으로 미리 정의된 조치를 취한다.

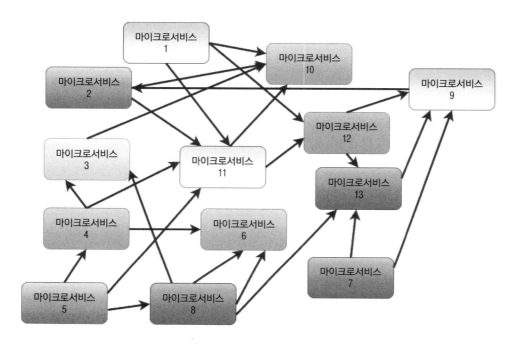

모든 분산 마이크로서비스 아키텍처에서 서비스들 간의 통신은 앞의 그림과 같다. 많은 서비스들이 서로 다른 서비스들과 통신을 한다. 그래서 초당 요청, 사용 가능한 메모리, 현재 연결 수, 실패한 인증 시도, 만료된 토큰, 특정 페이지에서의 탈락 횟수 등 많은 측정 지표를 유지하는 것은 매우 힘들다. 이런 변수들은 서비스의 최대 사용 시점 혹은 지연 시점에서, 사용자 행위나 애플리케이션 행위를 이해하는 데 중요하다. 일단, 모니터링이 시행되면 운영 팀은 서비스 실패를 통보받는다. 분산 환경 모니터링에서는 정확한 원인을 찾고 그것을 바로잡는 데 시간이 많이 걸렸다. 그래서 반응적reactive 모니터링이 나타났다. 이제는 반응적 모니터링 없이 분산형 시스템으로 작업하는 것은 매우 어렵다.

전통적으로 모든 모니터링 도구는 데브옵스 팀이 필요로 하는 부분을 지원한다. 전통적인 모니터링 도구는 대부분 UI가 사용하기 불편하고, 어떤 도구들은 설정 파일만 있다. 마이크로서비스에서는 여러 개발 팀으로 도구를 분산시키고, 이에 대한 처리도 개발 팀에 맡겨야 한다. 개발 팀에는 개발자, QA, 제품 관리자처럼 운영 팀에 속하지 않은 사람도 있다. 최신 UI 기술을 이용하면 데브옵스 팀은 여전히 전체적인 상황에 대한 정보를 볼 수 있고, 운영 팀에 속하지 않은 사람도 쉽게 자신만의 모니터링 시스템을 설정하고 사용할 수 있다.

어떤 기능을 빠르게 추가하거나 제거하면서, 빠르게 배포할 수 있는 것은 마이크로서비스의 좋은 특성이다. 새 기능을 병렬로 릴리스하고, 일부 처리를 그 기능에 맡긴다. 이 새로운 기능에 대한 사용자 반응을 얻고 싶다. 이것이 소위 말하는 A/B 테스트[2]이며, 반응적 모니터링이다. 그 후, 제품 담당자는 모니터링 결과를 기반으로 애플리케이션을 개선할 수 있다. 이렇게 모니터링의 가치를 높일 수 있다. 여기서 중요한 것은 시스템에서 어떤 문제점을 발견하려는 것이 아니라, 다양한 애플리케이션들 중에서 새로운 기능에 대한 사용자의 반응을 관찰하는 것이다. 이렇게 제품 담당자가 그 새로운 기능이 효과적인지를 알 수 있다.

빅 데이터, 데이터 사이언스 및 마이크로서비스를 통해 마이크로서비스의 런타임 통계를 모니터링하는 것은 애플리케이션 플랫폼뿐만 아니라 애플리케이션 사용자를 더 잘 이해할 수 있도록 해준다. 사용자가 좋아하는 것과 싫어하는 것, 그리고 어떻게 반응하는지를 아는 것은 중요하다. 모니터링은 이제 더 이상 경고 메시지를 보내는 것에 국한될 필요가 없다.

---

2 A/B 테스트는 마케팅과 CRM, 웹분석, 온라인 마케팅 영역에서 사용되는 테스트의 한 가지 방법이다. 변수, 상황, 조건, 환경이 다른 A 집단과 B 집단의 반응과 응답을 테스트하고 두 개 중에 어떤 것이 더 효과적인지를 판단하는 방법이다. – 옮긴이

▌ 모니터링 시 로깅 작업의 필요성

모놀리스 유형의 애플리케이션을 마이크로서비스로 전환할 때 마주할 수 있는 또 다른 문제는 서비스에 대한 스택 추적[stack trace][3] 기능의 부족이다. 한 요청에 대해, 서비스 A가 특정 기능을 실행하고, 서비스 B에서 또 다른 기능을 실행한다. 이런 요청의 최종 결과가 실패했다면, 실제로 서비스 내부에서는 어떤 일이 발생했을까라는 질문에 답변할 필요가 있을까? 디버깅에 많은 노력이 필요할까? 이런 상황에서 마이크로서비스가 스택 추적을 실행할 수 있다면 어떨까? 요청 추적을 가능하게 만드는 한 가지 방법은 각 요청에 대해 고유한 글로벌 요청 ID[global request ID]를 정의하고, 모든 서비스에 걸쳐 요청 ID를 연결시키는 것이다.

한 요청에 대한 여러 다른 서비스의 기능을 하나의 요청 ID로 묶는 것은 좋지만, 로그는 다른 서버에 위치시킨다. 그래도 개발자가 그 버그를 추적하는 것은 쉽지 않다. 따라서 개발자를 위해 통합 로그 화면을 제공해주는 도구가 필요하다. 로글리[Loggly][4] 또는 ELK와 같은 몇 가지 도구가 있는데, 이들은 다음 단락에서 설명한다.

▌ 마이크로서비스 시스템을 확장할 때 지켜야 하는 원칙

마이크로서비스 아키텍처를 선택할 때 설계에 영향을 주는 요건 중 하나는 확장성이다. 확장성은 개발자들에게 코드가 어떻게 확장될 것인지, 혹은 그 코드가 어떻게 전략과 관련된 것인지를 생각하게 만든다. 모놀리스 유형의 애플리케이션을 확장하는 것보다, 마이크로서비스는 더 적은 자원으로 특정 서비스를 복제하는 것처럼 쉽게 할 수 있다. 마이크로서비스를 통해 기업은 플랫폼에 존재하는 시스템 부하의 변화에 유연하게 대처할 수 있으며 빠른 속도로 확장할 수 있다.

3　　스택추적은 프로그램 실행 중 특정한 시점에서의 스택 프레임에 대한 리포트다. – 옮긴이

4　　Loggly는 서비스되는 기능들의 로그를 수집하는 클라우드 서비스이다. 수집된 데이터는 RESTful API를 통해 빠르게 검색 및 분석할 수 있으며 대시보드를 통해 결과를 확인할 수 있다. – 옮긴이

마이클 피셔와 마틴 어보트가 저술한 『확장성의 미학The Art of Scalability 』의 3차원 확장성 모델인 스케일큐브scalecube를 소개한다.

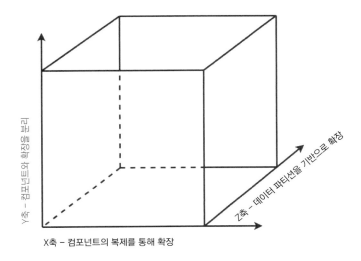

Y축 – 컴포넌트와 책임을 분리

Z축 – 데이터 파티션을 기반으로 확장

X축 – 컴포넌트의 복제를 통해 확장

위의 그림만으로도 설명이 충분하지만 좀 더 깊은 이해를 위해 각 축을 살펴보자.

X축

X축은 로드 밸런서 뒤에 더 많은 시스템을 추가하는 수평적인 확장이다. 트래픽을 처리하기 위해 각 시스템 뒤에는 마이크로서비스의 코드가 복제된다. 애플리케이션은 일반적으로 TCP 로드 밸런서에 의해 처리되는 유형의 확장을 크게 인식할 필요가 없다. 다만, 이 접근법의 문제점은 애플리케이션의 상태를 유지하고 처리하기 위해 많은 작업이 필요하며, 또한 캐시 작업도 많이 필요하다. 성능은 캐시 및 알고리즘의 성능에 따라 크게 좌우된다.

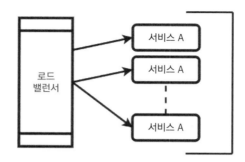

Y축

Y축은 애플리케이션을 더 작은 서비스로 분해한다. 이는 RESTFul 마이크로서비스 아키텍처 또는 SOA와 잘 어울린다. Y축은 기본적으로 애플리케이션 코드를 공유한다.

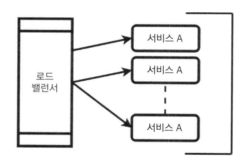

애플리케이션은 다양한 소규모 서비스로 나뉘며, 각 서비스는 수행해야 할 고유한 역할 셋이 함께 묶여 있다. 애플리케이션을 분해하는 매우 일반적인 접근법은 '로그인하다' 혹은 '체크아웃하다'와 같이 동사 기반의 분할 방법과 '고객', '판매자', '구매자' 등과 같이 명사 기반의 분할 방법이 있다.

다음 그림에서 설명한 대로 X축과 Y축의 접근 방식을 혼합할 수도 있다.

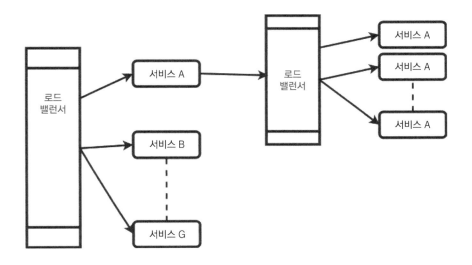

여기서, 서비스는 먼저 하위 서비스로 구분되며, 그다음 각 서비스는 X축을 기준으로 확장된다. 두 번째 로드 밸런서는 각 서비스들의 복제 코드를 실행한다. Y축과 X축의 확장을 조합해서 더 좋은 선택을 만들 수 있다.

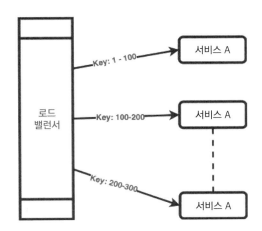

Z축

Z축으로의 확장은 각 서버가 코드 사본을 실행한다는 관점에서 X축 확장과 유사하다. 주요 차이점은 일부 키를 기반으로 요청을 서버에 할당한다. 따라서 실제로 각 서버는 전체 데이터를 대상으로 서비스하는 것이 아니라 데이터의 일부만을 위해 서비스한다. 이는 실제로 데이터 샤딩 $^{data sharding 5}$ 기반 접근 방식을 사용한, X와 Y의 확장 전략의 혼합이다. 이 전략은 일반적으로 데이터베이스를 분산시키는 데 사용되지만, 사용자 특성에 따라 모놀리스 유형의 애플리케이션을 확장하는 데도 사용한다.

이 패턴은 또한 특정 사용자나 고객들이 비디오 서비스 웹사이트의 프리미엄 고객을 위한 고속 스트리밍처럼 더 높은 성능을 보장하는 고급 정책 등에 적절하다. 다만, 이 접근 방식은 애플리케이션 코드의 복잡성을 증가시키는 단점이 있다. 또한 데이터가 증가함에 따라 라우팅 알고리즘을 지속적으로 조정해야 한다. 라우팅에 적합한 데이터 요소를 찾는 것은 이 문제의 또 다른 핵심이다.

중요한 것은 애플리케이션 아키텍처와 관련된 확장 전략이다. 마이크로서비스 아키텍처는 의미상 Y축 확장이지만, 더 나은 성능을 위해서는 Y축 확장에 다른 방식을 중첩시키거나 혼합해야 한다.

▎ 확장 전 고려 사항

단지 마이크로서비스를 만드는 것만으로는 충분하지 않다. 성능 향상을 포함해, 더 나은 사용자 경험을 위한 노력이 필요하다. 플랫폼 사용자들을 증가시키기 위해 마이크로서비스를 구축하는 이유가 크기 때문에 사용자 수가 증가함에 따른 마이크로서비스 확장이 중요하다. 사용자가 많을수록 더 많은 확장이 필요하고, 더 나은 확장은 더 개선된 사용자 환경을 제공해 플랫폼을 더 많은 사용자가 사용하고, 사용자의 증가는 다시 서비스를

---

5   데이터 샤딩은 대량의 데이터를 처리하기 위해 테이블을 수평 분할해 물리적으로 서로 다른 곳에 분산 저장 및 조회하는 것을 말한다. 수평으로 분할된 1개의 테이블을 샤드(shard)라고 한다. – 옮긴이

더 확장하게 만든다. 마이크로서비스를 사용하면 사용 증가에 따른 확장성 및 관리의 확산에 좀 더 세밀하게 대응할 수 있다. 마이크로서비스에 대한 확장성 문제를 고객 또는 최종 사용자의 관점에서 바라보면, 결국 중요한 것은 애플리케이션 자체의 성능이다.

동적인 마이크로서비스 확장을 적용하기 전에 몇 가지 핵심적인 고려 사항을 알아보자.

- **인프라가 지원되야 한다**: 시스템이 작동할 인프라가 동적 확장을 지원하는지 여부를 알아야 한다. 인프라가 동적 확장을 지원한다면 동적 확장을 진행한다. 그렇지 않다면, 인프라의 수동 확장은 가능한지 알아봐야 한다. 수동 확장이 가능한다면, 다음에 나열한 '정책'을 결정할 때 이를 고려해야 한다.

- **스케일 업 및 스케일 다운 정책**: 시스템을 스케일 업 혹은 스케일 다운하기 위해 어떤 정책을 선택할 수 있을까? 이런 정책은 CPU 사용량, 네트워크 인바운드 트래픽 혹은 아웃 바운드 트래픽 등에 따라 달라질 수 있다.

- 피크 시간에 서버의 동적 인스턴스가 발생하는 경우, 모니터링 시스템은 동적으로 추가된 인스턴스도 모니터링할 수 있어야 한다.

- 마이크로서비스 기반의 아키텍처는 분산되어 있는데, 이는 확장에 도움이 되는 개별 컴포넌트의 성공적인 재사용성에 초점을 두기 때문이다. 마이크로서비스는 각 서비스가 다른 서비스와 독립적으로 확장될 수 있기 때문에 확장에 용이하다.

- 마이크로서비스 수가 증가하면서 컨테이너가 마이크로서비스 배포를 위한 가장 유망한 대안으로 떠오르고 있다. 마이크로서비스를 컨테이너로 만드는 데 사용할 수 있는 많은 도구와 장치가 있다. 쿠버네티스^{Kubernetes6} 같은 오픈 소스 컨테이너 도구는 좋은 수단이다. 아마존의 ECS와 GKE^{Google Container Engine} 같은 주요 클라우드 공급업체들은 플랫폼에 컨테이너 지원을 추가했으며, 부하와 비즈니스 규칙에 따라 쉽게 확장되는 컨테이너 기반 애플리케이션을 위한 메커니즘을 제공한다.

---

6   쿠버네티스는 컨테이너 작업 관리부터 컨테이너 간 서비스 검색, 시스템의 부하 분산, 롤링 업데이트/롤백, 고가용성 등을 지원하는 오케스트레이션 도구다. – 옮긴이

- 컨테이너들에 대한 배포도 확장에 어려움이 있다. 모니터링은 그런 이슈 중 하나로, 특히 데이터 측면에서 볼 때 컨테이너의 대규모 확장의 모니터링은 큰 문제다. 모니터링하면서 발생한 모니터링 데이터의 수집, 데이터에 대한 이해, 데이터에 대한 대응 처리 등 모든 것이 해결해야 할 과제다.

컨테이너를 확장할 때 해결해야 할 문제가 있다.

- 플랫폼 내 부하에 따라 동적으로 증가하거나 감소하는 수많은 컨테이너가 있을 것이다. 따라서 컨테이너가 멈추기 전에 로그를 모아야 한다. 이는 컨테이너를 확장할 때 중요한 고려 사항이다.
- 또 다른 관심사로 테스트가 있다. 규모가 큰 컨테이너 기반 배포는 컨테이너 배포 문제를 더욱 크게 만든다. 컨테이너 수가 증가하면 자동화된 테스트, API 테스트, 통신 성능 등이 더욱 중요해 진다.
- 네트워크 보안은 또 다른 문제다. 규모가 커지면, 이 또한 중요한 사항이 된다. 각 컨테이너가 애플리케이션의 성능에 영향을 미치지 않으면서도, 일정 수준의 네트워킹 보안을 갖는 솔루션을 계획하거나 설계할 수 있는 방법을 찾아야 한다.
- 가장 중요한 것은 팀이 프로덕션 환경에서 사용할 플랫폼이나 컨테이너에 대한 충분한 지식을 갖는 것이다. 데브옵스 팀만이 아니라 개발자도 컨테이너를 사용하는 기술을 잘 알아야 한다. 또한 개발자라면 컨테이너 안에서 무슨 일이 일어나고 있는지 알면서 디버깅할 수 있어야 한다.
- 배포 파이프라인도 증가함에 따라 복잡해진다. 해결해야 할 많은 문제가 CI와 CD 영역에 발생한다. 마이크로서비스 환경에서는 매우 많은 다양한 서비스가 독립적으로 개발되기 때문에, 이 서비스의 배포 횟수도 급격하게 증가한다.

연구에 따르면 개발자의 약 19%만이 이런 프로덕션 기술을 사용한다. 많은 팀들은 여전히 성능, 테스트, 보안 등과 같은 문제를 갖고 있다. 클라우드 공급업체들은 컨테이너 서비스를 통해 이런 모든 문제를 해결하면서 시장에 진출하고 있으며, 이런 추세는 더욱 증가할 것이다.

▮ 마이크로서비스의 모니터링과 확장에서 실무적으로 고려해야 할 옵션

오늘날의 환경에서 모니터링 도구는 계속 변화하고 있다. 반응적 모니터링, 사용자 행동 모니터링도 모니터링 도구에 포함된다. 시스템이 문제점을 발견하면 중앙 집중형 로깅 등과 같은 디버깅에 도움을 주는 훌륭한 도구가 있어야 한다. 이번 단원에서는 마이크로 서비스를 모니터링하는 데 유용한 몇 가지 도구를 설명할 것이다. 이제 클라우드와치 등 클라우드 공급업체가 제공하는 몇 가지 유명한 도구들을 살펴보자.

- **QBit**: 자바 라이브러리다. 여기에는 통계 서비스가 포함되며, 통계 서비스는 StatsD/CodeHale의 측정 기준에 데이터를 반영한다. 이 통계 서비스를 통계 엔 진이라고 한다. 통계 엔진은 마이크로서비스에 데이터를 제공하며, 마이크로서 비스를 모니터링하는 데 도움을 준다. QBit을 사용하면 마이크로서비스 통계 엔 진이 제공하는 데이터를 처리하는 코드를 작성할 수 있다. StatsD는 통계를 집 계하는 네트워크 데몬이다. StatsD는 자바, 파이썬, 루디, 노드 등 많은 클라이 언트 라이브러리를 갖고 있다.

- **ELK**: ELK는 일래스틱서치, 로그스태시^{Logstash}, 키바나^{Kibana}를 의미한다. 키바나 는 대량의 집계 로그 데이터와 상호작용하는 시각적 인터페이스다. 로그스태시 는 향후 사용을 위해 로그를 수집하고 파싱 및 저장하는 오픈 소스 도구다. 일래 스틱서치는 로그를 인덱싱하는 중앙 로그 집계 및 인덱싱 서버다. 키바나가 작 동하는 전제는 로그 데이터 분석이 문제를 찾는 좋은 방법이기 때문이다. 키바 나는 Fluentd, Flume과 같은 여러 로그 집계기를 지원한다. 키바나의 가장 좋 은 기능은 질의 결과를 그래프와 위젯으로 시각화하는 것이다.

- **다이나트레이스^{Dynatrace}**: 다이나트레이스는 애플리케이션 성능 관리 도구다. 다이 나트레이스는 개발자들, 테스트 담당자들, 운영자들이 애플리케이션을 빠르고 안정적으로 작동할 수 있도록 돕는 모니터링과 사용자 경험 분석을 제공한다.

다이나트레이스는 퓨어패스 테크놀로지^{PurePath Technology}가 사용 라이센스를 보유하고 있으며, 이를 통해 사용자는 모든 거래를(브라우저에서 데이터베이스까지) 추적할 수 있다. 다이나트레이스는 자동 종속성 분석, 자동 성능 기준 지정, 자동 근본 원인 분석 등의 많은 일을 한다. 또한 컨테이너형 애플리케이션의 자동 검색 기능이 포함돼 있다. 이들은 클라우드 인프라 및 도커에 대한 기본적인 지원을 한다.

- **Sensu**: Sensu는 비동기식 검사를 하고 루비로 쓰여진 시스템을 관리한다. Sensu의 기능 중 일부는 기본적으로 RabbitMQ 위에 있는 클라이언트와 서버 아키텍처를 갖고, 메시징 지향 아키텍처 및 지속적인 통합 기능을 갖추고 있다. 이는 Chef 또는 퍼펫^{Puppet} 같은 최신 형상 관리 시스템을 염두에 두고 설계됐으며, 1200줄 이하 코드의 가벼운 클라우드 환경에서 잘 동작한다. Sensu는 체크^{check}라고하는 일련의 명령어 혹은 스크립트를 실행함으로써 모니터링을 실시한다. 또한 Sensu는 핸들러를 지정해 문제/결과에 반응한다. Sensu를 사용하면 Nagios, Icka, Zabix 등과 같은 기존 모니터링 도구의 모니터링 체크와 플러그인을 재사용할 수 있다. 또한 웹 대시보드를 통해 Sensu 인프라의 현재 상태를 전반적으로 살펴보거나 일시적으로 경고를 끄는 대응을 할 수 있다.

- **앱다이내믹스** AppDynamics: 앱다이내믹스는 마이크로서비스와 같은 복잡한 아키텍처를 모니터링, 관리 및 분석하기 위해 2015년 6월에 머신러닝 기능이 포함된 애플리케이션 성능 관리 제품을 출시했다. 그러나 앱다이내믹스는 단순한 APM 도구가 아니다. 데이터 수집에서부터 처리 및 데이터에서 지식을 얻는 데 이르기까지 앱다이내믹스는 애플리케이션 성능이 비즈니스에 어떤 영향을 미치는지를 정확하게 파악할 수 있게 해준다. 앱다이내믹스는 애플리케이션 성능을 실시간으로 보여주며 애플리케이션 토폴로지와 상호 의존성을 자동으로 검색한다. APM 도구에는 분산된 환경에서 추적 기능, 토폴로지의 시각화, 동적 태깅이 포함돼 있다. 앱다이내믹스는 APM 도구와 분석 기반 접근 방식을 사용해 성능 문제를 해결하기 위해 상당히 상세한 정보를 제공한다. 앱다이내믹스의 에이전트들은 매우 똑똑해서 중요한 세부 사항들을 언제 포착해야 하는지, 그리고 언제 모든 트랜잭션에서 기본 사항을 수집해야 하는지 알고 있다.

- **인스타나** Instana: 인스타나는 웹 애플리케이션을 위한 모니터링 및 관리 플랫폼으로 2015년 4월에 설립됐다. 인스타나에는 Stan이라 불리는 높은 지능을 가진 가상 로봇 에이전트가 있다. 인스타나는 동적 그래프와 시각화를 제공하기 위해 머신러닝과 수학 알고리즘을 사용한다. 지능형 로봇 에이전트는, 즉각적인 알림 메시지를 통해 사용자가 복잡한 애플리케이션과 아키텍처를 모니터하고 최적화하도록 돕는다.

INSTANA

- OpsClarity: OpsClarity는 웹 스케일 도구의 아키텍처에 대한 심층적인 측정 기준을 결합한 지능형 모니터링 솔루션이다. OpsClarity는 스칼라로 작성됐다. 서버쪽 UI는 앵귤러JS^{AngularJS}와 노드를 사용한다. 또한 머신러닝 라이브러리, 그래프 작성 라이브러리, 대규모 스트림 처리 인프라를 사용한다. 지원되는 기술로는 아파치 카프카, 아파치 스톰, 아파치 스파크 같은 데이터 처리 프레임워크와 일래스틱서치, 카산드라, 몽고DB 같은 데이터 저장소가 있다.

이것 외에도 프로메테우스^{Prometheus}, 넷실^{Netsil}, 나기오스^{Nagios}, 뉴렐릭$^{New Relic}$ APM, 포그라이트^{Foglight}, 컴퓨웨어^{Compuware} APM 등 많은 모니터링 도구가 있다. 모니터링에 사용할 도구는 전적으로 시스템 크기, 조직 요구 및 재무적인 조건에 따라 달라진다.

- 확장: 마이크로서비스 아키텍처에서 확장은 쉽지 않다. 넷플릭스의 OSS와 같은 프레임워크와 도구는 가능한 한 새로운 마이크로서비스 등록 프로세스를 자동화하려고 노력한다. 도커, 패커, Serf 등과 같은 컨테이너가 등장하면서 상황은 상당히 복잡해졌지만, 컨테이너와 같은 것을 확장하는 데 사용할 수 있는 도구가 몇 가지 있다. 여기 그 도구들의 목록이 있다.
- 쿠버네티스: 쿠버네티스는 컨테이너 중심의 인프라를 제공하는 호스트 클러스터 상에서 애플리케이션 컨테이너들의 자동화된 배포, 확장, 운영을 위한 오픈 소스 플랫폼이다. 쿠버네티스는 운영하는 데이터 센터에 어떤 애플리케이션이 실행되고 있는지에 대한 걱정을 덜어준다.

- **뱀프** Vamp : 뱀프는 컨테이너 기술에 의존하는 마이크로서비스 지향 아키텍처를 관리하기 위한 오픈 소스 및 단독 호스팅형 플랫폼이다. 뱀프는 경로 업데이트, 측정 기준 수집, 서비스 검색을 관리하므로 복잡한 배포 패턴을 쉽게 오케스트레이션할 수 있다. 플랫폼과 무관하며 고, 스칼라, 리액트 React로 작성했다.

- **메소스**: 메소스는 동적 자원 할당으로 작업 부하량을 관리하는 오픈 소스 클러스터 관리 도구다. 메소스 프로세스는 모든 시스템에서 실행되며, 시스템은 클러스터를 관리하는 마스터로 정의된다. 다른 모든 장치는 정해진 수의 자원을 사용해 특정 작업을 하는 스레이브들이다. 이는 리눅스 커널이 로컬 자원을 스케줄링하는 것과 거의 동일한 방식으로 클러스터 전체의 CPU 및 메모리 자원을 스케줄링한다.

- **콘솔** Consul : 콘솔은 강력하고 안정적인 서비스 검색 기능을 네트워크 등에 제공하는 훌륭한 솔루션이다. 콘솔에는 서비스 검색, 상태 점검, 키/값 저장소 다중 데이터 센터와 같은 여러 컴포넌트가 있다. 콘솔은 분산 시스템이며 가용성이 매우 높은 시스템이다. 서비스 클러스터가 있을 때 설정 서버를 확장하는 데 도움된다. 콘솔에게 서비스를 제공하는 모든 노드는 콘솔 에이전트를 운영한다. 에이전트는 노드 자체뿐만 아니라 노드의 서비스도 점검해야 한다.

- **AWS 컨테이너 서비스**: ECS로도 알려진 AWS 컨테이너 서비스는 도커와 같은 많은 컨테이너를 지원하는 확장성이 뛰어난 고성능 컨테이너 관리자 서비스다. 이 솔루션은 많은 번거로움 없이 자체 클러스터 관리 인프라를 확장할 수 있도록 한다. 컨테이너 서비스에 관련된 주요 컴포넌트로는 EC2 인스턴스, 도커 데몬 및 ECS 에이전트 등이 있다. ECS는 AWS 내에서 도커 컨테이너를 관리해 사용자가 쉽게 확장하거나 축소할 수 있도록 하며 CPU 사용량을 평가하고 모니터링한다.

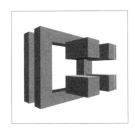

다음과 같은 여러 가지 도구가 있다.

- etcd
- Deis
- Spotify Helios
- Tutum
- Geard

- Docker OpenStack
- Coreos
- Flynn
- Tsuru(도커 클러스터 지원)

컨터이너 유무와 상관없이 마이크로서비스의 확장을 지원하는 도구가 많이 있다. 넷플릭스 OSS 같은 프레임워크와 도구는 가능한 새로운 마이크로서비스를 등록하는 프로세스를 자동화하려고 노력한다. 이번 단락의 목적은 마이크로서비스의 각 영역에 있는 도구의 정보를 제공하는 것이었다. 이런 도구를 활용해 많은 자원을 효율적으로 관리할 수 있기를 바란다.

요약

모니터링과 확장은 마이크로서비스 아키텍처에서 염두에 둬야 할 두 가지 중요한 항목이다. 따라서 마이크로서비스를 설계할 때 모니터링과 확장을 반드시 고려해야 한다. 반응적 모니터링과 마이크로서비스 확장 프레임워크인 스케일 큐브도 배웠다. 또한 조직이 모니터링 및 확장을 효과적으로 구현할 수 있도록 지원하는 다양한 도구도 있다. 9장에서는 여러 가지 도구를 살펴봤고, 도구의 선택은 전적으로 플랫폼 크기, 마이크로서비스 수, 팀과 사용자 수 또는 조직의 재무적인 상황에 따라 달라진다. 10장에서는 마이크로서비스 환경에서 제기된 몇 가지 일반적인 문제와 이런 문제를 해결하는 방법을 살펴볼 것이다.

10

문제 해결

마이크로서비스 아키텍처로의 전환은 두 가지 방향으로 전개될 수 있다. 첫 번째는 전혀 작동하지 않거나, 혹은 기대한 대로 작동하지 않는 것이다. 이런 장애의 해결책은 과거의 모놀리스 유형의 애플리케이션으로 다시 돌아가서 SOA와 모놀리스 유형 아키텍처의 중간 형태로 운영하는 것이다. 두 번째는 전환 활동이 완벽하게 이뤄지면서, 마이크로서비스 아키텍처로 전환한 경우다. 전자의 경우에는 팀이 과거에 지속적으로 겪었던 문제로 회귀할 것이고, 후자의 경우에는 기본적인 과거의 문제들은 해결됐지만 새로운 문제들과 마주하게 된다. 10장에서는 어떤 새로운 문제들이 발생하는지를 확인하고 그 문제들을 어떻게 해결하는지를 학습할 것이다. 10장에서는 새로운 도구들을 소개한 9장, '모니터링과 확장'을 다시 살펴보면서, 장애를 해결하는 데 그 도구들을 사용할 것이다.

10장에서 다루는 내용은 다음과 같다.

- 마이크로서비스에서 발생하는 일반적인 문제
- 일반적인 문제를 해결하거나 완화하는 기법

▎ 마이크로서비스에서 발생하는 일반적인 문제

마이크로서비스 패턴은 발생한 문제를 잘 정의된 작은 컴포넌트로 분할한다. 문제를 작게 쪼개면 처리하기 쉽고, 문제를 해결하는 솔루션을 도출할 가능성이 높다. 다만, 모든 장점에는 그에 상응하는 상충 관계가 있다는 것을 경험해왔다. 이런 상충 관계는 새로운 문제들을 발생시킨다. 확장부터 모니터링까지 마이크로서비스 아키텍처를 운영하는 것은, 모놀리스 유형의 아키텍처보다 문제 자체를 몇 배로 증가시킨다. 모놀리스 유형의 아키텍처를 모니터링하는 것이 힘들었다고 느꼈다면, 마이크로서비스는 10배 정도 더 힘들고, 계획 수립에 더 많은 투자 또한 필요하다.

이번 절에서는 마이크로서비스를 채택한 팀이 마주하게 될 일반적인 문제를 설명한다.

성능 저하

성능 저하는 마이크로서비스 패턴에서 흔히 발생하는 중요한 문제다. 다양한 영역에서 애플리케이션의 생명주기 동안, 동일한 수준의 성능을 유지시키는 것은 사실상 불가능하다. 또한 마이크로서비스는 코드가 분산되기 때문에, 어느 정도는 애플리케이션 성능에 부정적인 영향을 끼친다. 사용자 한 명의 요청을 처리하는 서버가 있고, 서버 안에는 한 컴포넌트가 5개의 다른 컴포넌트를 호출하는 시나리오를 가정해보자. 이런 경우, 특정 호출에서만 지연이 발생돼도, 전체적으로 호출을 지연시킨 결과로 나타날 수 있다. 다른 한편으로, 많은 컴포넌트를 연결하는 어떤 컴포넌트의 성능이 저하된다면, 이 컴포넌트로 인해 시스템의 전반적인 성능이 저하된다.

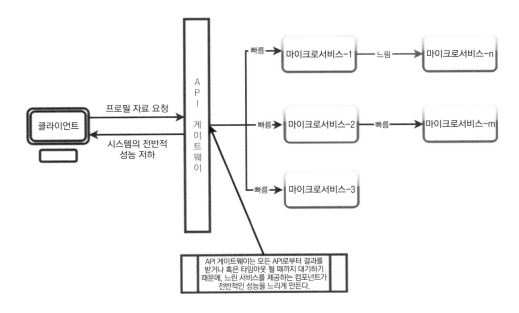

위 그림을 살펴보자. 로그인한 사용자의 프로필 자료를 요청하는 웹 클라이언트가 있다고 가정하자. 이 자료를 페이스북 프로필로 생각해보자. 프로필 데이터는 게시물, 반응, 이미지, 친구 목록 등을 혼합한 것이다. 자료를 한 번의 호출로 받기 위해 API 게이트웨이를 사용했다. 참고로, 2장에서 마이크로서비스 컴포넌트를 정의하면서 API 게이트웨이를 설명했다. 또한 클라이언트의 단일 요청에 클라이언트와 서버 간 트래픽을 최소화할 수 있는 방법도 함께 배웠다. 서버는 API 게이트웨이의 도움을 받아 클라이언트에게 모든 데이터를 제공한다. 이때 API 게이트웨이는 내부 호출을 통해 모든 데이터를 얻고, 클라이언트에 최종 응답을 보내는 책임을 갖는다.

모든 데이터를 수집하는 이 과정에서 API 게이트웨이는 5개의 서로 다른 마이크로서비스에게 5가지의 서로 다른 요청을 호출한다. 여기서 한 서비스가 하드웨어 또는 뭔가 다른 이유로 부하가 걸렸거나 천천히 응답한다면, 이로 인해 전체 성능이 저하되며, 클라이언트 요청 처리 시간이 증가한다. 이처럼, 나쁜 코드 하나가 성능 문제를 일으킬 수 있으며, 문제를 일으키는 정확한 요인을 식별하는 것도 쉽지 않다.

성능은 단지 속도만의 문제는 아니다. 성능은 신뢰성, 페일오버^{failover} 등의 많은 것을 고려해야 하기 때문에 속도만을 탓할 수 없다. 신뢰성과 페일오버는 마이크로서비스에서 발생하는 흔한 문제다. 예를 들면, 애플리케이션의 반응 속도는 빠른데, 때때로 애플리케이션이 응답 결과로 코드 200[1]을 보내거나 404 에러[2]를 보내는 등 신뢰성이 낮은 경우도 성능 문제가 발생한 것이다. 이 문제는 신뢰성을 희생하면서 속도를 얻었거나, 속도를 희생하면서 신뢰성을 얻은 것이다. 사용자 경험은 위에서 언급한 다양한 사례를 통해 영향을 받는다. 따라서 속도와 신뢰성 간에 적정한 균형을 유지해야 한다.

다른 프로그래밍 언어로부터 만들어지는 서로 다른 로깅 위치

마이크로서비스는 서로 다른 위치에서 다양한 서비스를 운영한다. 서비스는 각각 독립적으로 운영되기 때문에, 서비스의 로그도 다른 위치에 존재한다. 또한 각 로그 형태도 다를 가능성이 있다. 특정 트래픽 호출을 디버깅할 경우, 개발자는 다른 데이터를 포함하는 매우 다양한 로그 파일을 살펴봐야 한다. 앞의 예제처럼 마이크로서비스 1, 2, 3, n, m의 로그 파일은 모두 다르고, 다른 위치 혹은 다른 서버에 존재한다. 따라서 개발자가 어떤 컴포넌트가 느리게 작동하고 있는지를 식별하는 것은 쉬운 일이 아니다.

예를 들어 복잡도를 증가시켜보자. 5개의 마이크로서비스가 아니라 10개의 마이크로서비스를 호출하는 서비스가 있다. 웹사이트에는 트래픽이 많이 있고, 로그 수준에 따라 로그 파일이 기가 바이트 단위가 된다. 상황이 더 복잡해진다면, 정확한 문제를 확인하는 것은 점점 더 어려워진다.

---

1 웹 URL로 HTTP 접속 시 응답 코드 200은 작업을 성공적으로 처리했음을 의미한다. – 옮긴이
2 404 에러는 웹 URL로 HTTP 접속 시 응답 코드 404는 찾는 리소스가 없다는 것을 의미한다. – 옮긴이

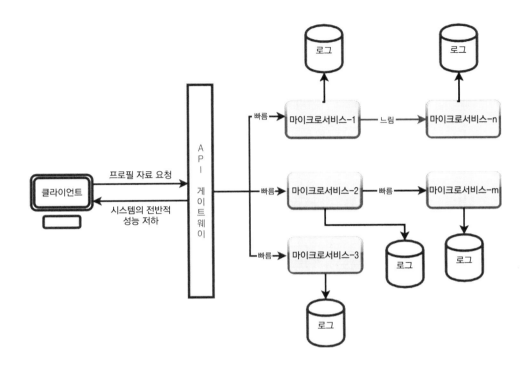

여러 컴포넌트 간 결합도 또는 종속성 문제

결합도 또는 종속성은 한 서비스나 라이브러리 코드가 다른 요소에 영향을 미친다는 것을 의미한다. 마이크로서비스 아키텍처에서, 각 서비스는 독립적이어야 하며 잘 정의된 경계를 가진 서비스에 영향을 미치지 않아야 한다. 그럼에도 불구하고, 개발자는 모든 마이크로서비스에 헬퍼로 삽입하는 공통 코드 수집 라이브러리와 같은 것을 개발한다. 흔한 예로는 컴포넌트가 데이터를 API 호출 응답으로 직렬화하고, 클라이언트에서는 그 결과를 역직렬화한다.

이는 여러 컴포넌트에서 동일한 모델을 사용해야 하는 사례다. 개발자가 일부 라이브러리 코드를 작성해서 모든 컴포넌트에 그 코드를 적용했다고 가정하자. 이 경우 두 가지 문제가 나타날 수 있다. 하나는, 일반적인 일을 수행하는 라이브러리가 있다면, 라이브러리 코드와 동일한 언어를 사용해 마이크로서비스를 개발할 가능성이 높다. 이는 마이크로서비스 개발에 어떤 언어라도 사용할 수 있다는 개발 자유도에 영향을 준다. 결과적으로, 마이크로서비스가 모두 같은 프로그래밍 언어에 속박될 수 있다.

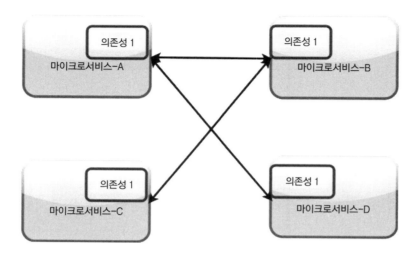

또 다른 문제는 다음과 같다. 두 개 이상의 서비스에 의존성이 있는 동일한 코드가 있고, 그런 코드가 변경시킬 경우, 의존성을 갖는 서비스를 어떤 순서로 변경해야 할까? 그들 모두가 서로 상호작용하기 때문에, 한 곳을 변경하면 다른 컴포넌트의 호출이 실패할 수 있다.

많은 서비스를 위한 매일 배포

마이크로서비스는 모든 서비스를 개별 컴포넌트로 분할한다. 컴포넌트가 너무 많으면 여러 개의 저장소가 생성되고 그에 따라 배포 주기도 잦아진다. 또한 중요하게 생각하는 당일 배포의 횟수도 빈번해진다. 이에 대한 파급 효과로, 인프라 운영 작업은 배포 속도를 유지하고, 각 마이크로서비스마다 별도의 배포 파이프라인을 만들고, 배포 중에 다른 마이크로서비스에 영향을 미치지 않도록 주의하는 등 운영 작업이 증가할 수 있다. 새로운 마이크로서비스와 상호작용하는 서비스가 매우 많다면? 관여된 모든 마이크로서비스를 테스트하기 위해 많은 시간이 필요하다. 따라서 자동화된 테스트 솔루션 도입이 필요하고, 기업의 기존 자원에도 부정적인 영향을 미치기 시작한다. 예를 들면 테스트를 위한 환경도 더 필요하고, 서버가 많아지면 비용도 더 많이 든다. 일반적으로 모든 마이크로서비스를 실행하는 것은, 같은 모놀리스 유형의 애플리케이션보다 많은 서버를 사용한다. 조직에서 환경/서버의 수가 증가함에 따라 데브옵스에 대한 종속성 또는 운영의 참여도가 함께 증가한다. 그래서 높은 데브옵스 비용은 또 다른 형태의 공통적인 문제다.

성능 저하 혹은 문제들을 위한 대규모 서비스의 모니터링

앞에서 언급했듯이 하루에 더 많은 서비스를 배포하는 경우, 모니터링은 중요한 영향을 준다. 하지만 모든 종류의 모니터링 데이터를 이해하거나 관리하는 것은 어렵다. 대시보드에 서버와 프로세스의 CPU 사용률, 디스크 공간, 들어오고 나가는 트래픽 용량 등 다양한 매개변수를 표시할 수 있다. 그러나 많은 정보를 보고 이해하고 대응하는 것이 항상 쉬운 것은 아니다. 새로 배치된 서비스가 다른 컴퓨터의 네트워크 성능 수치를 벗어날 수 있다. 배치가 잘 작동한다고 해서, 컴포넌트와 컴포넌트 간 상호작용이 잘되는 것을 보장하는 것은 아니다. 모니터링하고 있는 서비스들이 다른 서비스나 서버와 잘 연동된다고 해서, 모든 서비스가 원하는 서비스와 잘 상호작용하고 있는지 여부를 확인하는 것은 쉽지 않다. 또한 모니터링이 서비스 별로 구체화되면 될수록, 시스템 전체를 하나로 조망하는 장점을 살리기 어렵다. 컴포넌트가 더 많아지고 있다면, 적절한 도구 등을 통해 중앙에서 조망하고 조정하는 기능을 유지할 수 있어야 한다.

로그와 다양한 컴포넌트 간의 관계

마이크로서비스는 같은 또는 다른 서버에서 실행될 수 있는 많은 컴포넌트가 있다. 이전에 언급했듯이, 마이크로서비스 아키텍처에서 로그 전반을 관리하는 좋은 도구는 없다. 따라서 특정 요청에 따라 무엇이 발생할지 이해하는 것은 어렵다. 문제가 발생하면 디버깅을 해야 하지만 한 사람이 플랫폼에서 사용되는 모든 기술에 대한 지식을 알 수도 없고, 마이크로서비스가 작동하는 방식을 모두 알 필요도 없다. 로그를 확인하고 흐름에서 무엇이 발생하고 있는지 이해할 수 있는 전체적인 그림을 함께 얻는 것이 필요하다. 또 다른 문제도 있다. 같은 위치에 모든 로그를 모았다고 해도, 기가 바이트 수준의 데이터에서 의미 있는 정보를 찾는 것은 매우 어렵다. 서로 다른 컴포넌트가 다른 언어와 다른 개발자에 의해 서로 다른 코딩 표준을 바탕으로 개발됐을 수 있기 때문에, 각각의 컴포넌트 간에 로그 형식이 일치하지 않을 가능성도 매우 높다. 다음의 자바 로그 예제를 보자.

자바 로그 파일 예제 결과:

```
2017-05-26 15:34:53.787 INFO 13262 --- [io-10000-exec-2] i.s.c.controller.
< Controller Class> : <Log content>
```

위의 예제에는 날짜, 시간, 로그 수준, 패키지가 있는 클래스 이름 및 로그 내용이 있다. 루비와 파이썬처럼 언어마다 로그에 대한 표준과 로그 라이브러리가 다르다. 이런 상황에서 로그로부터 무언가를 찾기 위해 Regex[3] 같은 도구를 사용하는 것은 좋은 선택이 아니다.

█ 일반적인 문제의 해결 방법

앞 절에서 마이크로서비스 아키텍처에서 만날 수 있는 일반적인 문제를 살펴봤다. 이번 절에서는 일반적인 문제의 솔루션 패턴을 찾아본다.

성능 문제의 해결 단계

마이크로서비스의 성능은 코드에만 의존하지 않는다. 네트워크 대기 시간, 메시지 직렬화/역직렬화, 애플리케이션 내 동적 로드 등과 같은 문제들이 포함돼야 한다. 이는 실제로 성능 면에서 테스트해야 할 범위를 증가시킨다. 성능 개선을 위한 첫 번째 단계는 자

---

3   정규 표현식을 사용하면 모든 문자 패턴을 파악할 수 있다. Regex 도구로는 Nisus WriterPro, TextWrangler, BBEdit, Smultron 등이 있다. – 옮긴이

원을 늘리는 것이다. 애플리케이션을 수직으로 확장하고 서버 자원을 늘리는 것은 성능을 높일 수 있지만, 서버에 자원을 추가하는 것이 항상 도움이 되는 것은 아니다. 로드 밸런스를 추가하는 것은 또 다른 방법이다. 프론트 부분에 로드 밸런스를 추가하고, 백엔드에 서버를 추가할 수 있다. 트래픽이 높고 서버 수가 증가할 때도 최적화가 필요하다. 장기간에 걸친 데이터 수집을 통해 패턴을 찾아내고 그에 따라 트래픽을 예측하고 트래픽을 처리할 서버의 수를 늘리는 자동화 계획을 수립할 수 있다.

서버가 요청에 대해 보통 수 밀리초 내에 응답하는데, 요청에 응답하지 않거나 응답에 5초 이상이 걸리는 매우 느린 서버는 제거해야 한다. 로드 밸런싱 서비스는 여러 가지 기법을 사용할 수 있다. 인터넷상에서 처리되는 데이터의 로드 밸런싱 라운드 로빈 기법[4]은 95%의 성공률을 제공하는 반면, 최소 부하 서버 기법[5]은 99%의 성공률을 제공한다.

트래픽이 너무 많은 문제 외에, 작성한 코드에도 문제가 될 것이다. 클라이언트의 API 호출은 여러 서비스와의 통신을 유발할 수 있기 때문에 응답 시간이 느린 문제의 원인을 찾아내기 어렵다. 이런 경우에 성능을 측정할 수 있는 도구가 있다. 예를 들어 응답 시간을 기록하는 NginX[6] 또는 아파치 같은 웹 서버가 애플리케이션 앞 단에 있는 경우, 응답 시간을 기록하는 해당 열에 주의 문구를 기록할 수 있다. 몇몇 스레드에서 주의 문구가 증가하면 새로운 서버를 추가하거나 응답 속도가 느린 서버를 로드 밸런서에서 제거할 수도 있다. 또 다른 해결책은 사용자가 각각의 개별 마이크로서비스 성능을 감시하는 것이다. 9장에서 논의한 Graphite, Statsd 또는 New Relic과 같은 클라우드 기반 서비스는 문제가 발견될 수 있는 부분에 대해 풍부한 시각적 대시보드를 제공한다.

---

4 라운드 로빈(Round-robin)은 중앙처리장치를 임의의 프로세스가 종료될 때까지 차지하는 것이 아니라 여러 프로세스가 중앙처리장치를 조금씩 돌아가며 할당받는 방식이다. – 옮긴이
5 최소 부하(Least loaded) 기법은 각 서버에 남아있는 모든 요청에 대한 서비스 시간의 합인 작업 부하가 가장 낮은 서버에게 다음 요청을 보내는 것이다. – 옮긴이
6 NginX 웹 서버 소프트웨어로 가볍고 높은 성능을 제공한다. NginX가 제공하는 각 기능은 모듈화돼 있어 효율적인 운영을 할 수 있고, 아파치 웹 서버 소프트웨어보다 메모리 사용이 효율적이며 클라이언트 처리 속도가 빠르다. – 옮긴이

다른 위치와 다른 언어로 작성된 서비스에서 로깅 처리

디버깅은 항상 로깅에서부터 시작한다. 시스템에서 실행되는 많은 마이크로서비스들 때문에, 시스템에서 문제가 발생할 경우 개발자는 문제를 파고들어 원인을 파악하고 싶어한다. 그러나 서로 다른 컴포넌트들의 로그 파일이 너무 많기 때문에 빅 데이터에서 호출 하나를 추적하는 것은 쉽지 않고, 시간도 많이 걸린다. 이 문제의 해결책은 키바나와 로그스태시 같은 로그 집계 도구를 사용하는 것이다. 둘 다 오픈 소스 도구다. 클라우드 기반 로그 집계 도구인 로글리^{Loggly}도 있다. 로그스태시는 로그파일을 한 곳에서 수집하며, 키바나는 로그 내부를 검색할 수 있게 해준다. 이 두 가지 도구는 모두 9장 모니터링과 스케일링에 설명되어 있다. 다만, 문제가 항상 컴포넌트에 있는 것이 아닌 지원 도구에 있을 수 있다. JVM에서 자바 서비스를 운영하면서 JVM에 메모리를 적게 할당하면, JVM이 가비지 컬렉션을 하는데 매우 바쁠 수 있고, 이 경우 서비스하는 컴포넌트의 처리 성능이 느려질 수 있다.

처리해야 할 또 다른 문제는 로그 형식이다. 모든 컴포넌트 로그는 같은 형식으로 작성돼야 한다. 일반적으로 모든 컴포넌트는 잘 정의된 JSON 형식으로 로그를 남기기 때문에 로그에 대한 쿼리를 쉽게 할 수 있다. 이런 방식은 데이터를 JSON으로 일래스틱서치에 저장하고 질의하는 것과 비슷하며, 꽤 빠르다. 클라우드 기반 로그 집계 도구인 로글리는 JSON 기반 로깅을 지원한다. 로글리는 태그나 특정 기간 내의 로그를 보여주는 좋은 인터페이스를 갖고 있다.

로그를 집계했어도 플랫폼 내부에서 클라이언트 호출을 추적하는 것은 여전히 문제가 된다. 어떤 서비스가 다음 컴포넌트 API를 호출하고, 그 컴포넌트가 또 다른 컴포넌트 호출로 계속 이어지면, 다음 컴포넌트에서 특정 호출에 어떤 일이 일어나는지 이해하기 매우 어렵다. 개발자는 어떻게 특정한 하나의 요청에 어떤 일이 일어나는지 알 수 있을까? 우선, 각 호출 플랫폼에는 흐름 ID, 구성 ID, 연관 ID 등 이름이 중요하지 않은 고유 ID가 연결되고, 호출을 통해 고유 ID가 전달되므로 각 요청을 추적할 수 있다. 고유 ID는 요청이 있을 때마다 첨부된다. 이 방법의 단점으로, 코딩할 때 약간의 노력이 필요하다. 즉

ID를 만들어 매번 기록해야 하고, 다른 마이크로서비스에 전달해야 한다. 이렇게 특정 요청에 대해 무슨 일이 일어나고 있는지에 대한 전체적인 그림을 제공할 수 있다. 디버깅을 할 경우에도 이 방법은 매우 좋은 시작점이 될 수 있다. 예를 들어 마이크로소프트의 셰어포인트Sharepoint와 같은 많은 상용 소프트웨어 패키지는 이런 패턴을 사용해 문제 해결에 도움을 준다.

서비스 간의 의존성

서비스 간의 의존성 문제를 정의하면서, 다른 마이크로서비스에서 서비스하는 공통 라이브러리를 사용하기 위해서 특정한 언어를 사용하도록 강요할 수 있다고 언급했다. 이것을 피하기 위해서, 또 다른 나쁜 습관 중 하나인 코드 중복을 사용해야 한다.[7] 즉 마이크로서비스를 서로 완전히 분리하기 위해 코드를 중복해서 사용한다. 이 방법이 의존성 문제를 해결하고, 프로그래밍 언어 선택의 자유를 줄 것이다. 하지만 이는 절충안이지 최선의 해결책은 아니다. 향후 마이크로서비스 아키텍처가 더 발전하면 더 많은 방법이 등장할 것이고, 더 좋은 해결 방안을 제공할 것이다. 또한 의존성을 변경하더라도 모든 서비스가 새로운 버전으로 전환될 때까지 이전 버전과의 호환성을 위반해서는 안 된다. 모든 서비스가 최신 버전으로 전환되면 그때 이전 버전을 제거해야 한다.

▌ 적극적인 데브옵스 적용

많은 운영 환경이 존재하고, 플랫폼에서 실행되는 수많은 서버가 있다면, 데브옵스 지원 도구들을 항상 사용할 수 있어야 한다. 서비스를 제공하고 싶다면 데브옵스 지원 도구를 이용해 서비스를 빌드하고 배포해야 한다. 모놀리스 유형의 아키텍처에서는 모든 릴리스가 대규모 작업이며 몇 달이 걸릴 수도 있다. 어느 하나라도 실패하면 플랫폼 전체가 다

---

7   이것은 중복코드를 만들지 말자는 DRY(Don't repeat yourself) 원칙에 위배되는 것이나, 다양한 언어로 개발될 수 있는 마이크로서비스 환경상의 종속성을 회피하기 위한 방법이다. − 옮긴이

운되거나 혹은 다운타임을 증가시킬 수 있기 때문이다. 그래서 데브옵스 지원 도구는 항상 필요하다. 이 문제를 해결하는 두 가지 방법이 있다.

유용한 도구 사용

젠킨스, 트래비스, 셰프, 퍼펫 같은 유용한 도구를 사용하고 일부 사용자 지정 스크립트를 포함해서 마이크로서비스 배포를 완전히 자동화하자. 버튼 하나로 배포를 구축하고 배치해야 한다.

역량 있는 개발자 활용

개발자가 데브옵스 작업도 학습해야 한다. 개발자가 데브옵스 전체 작업을 이해할 필요는 없지만, 마이크로서비스 아키텍처로 이전하는 동안 개발자는 자신이 마이크로서비스를 책임진다는 사고 방식을 가져야 하며, 마이크로서비스에 대한 책임은 코딩에만 한정되지 않는다. 개발자는 실제 운영 환경에서 그들이 개발한 마이크로서비스를 실행하기 위한 각 단계들을 알고 있어야 한다.

이 두 가지 방법의 조합을 통해 데브옵스 작업을 어느 정도 분산시킬 수 있다. 사후 모니터링은 데브옵스에도 도움이 되는데, 사후 모니터링은 다음 절에서 논의할 것이다. 독립 실행형 서버가 아닌 클라우드에서의 배포는 운영에 큰 도움을 준다. 탄력성^{Elasticity}은 클라우드가 제공하는 큰 장점이다. 그것은 서버가 트래픽의 급격한 증가를 처리할 수 있도록 돕는다. 그 안에서 다른 규칙을 만들 수 있는데, 예를 들어 서비스의 응답 시간이 400ms로 증가하면 몇 대의 서버를 추가 배치할 수 있다.

모니터링

이처럼 큰 시스템을 작게 분할하고 작업을 분산시킨 상황에서는, 각각의 서비스가 제대로 작동하는지 확인하기가 어렵다. 이에 대한 해결 방안으로 첫 번째, 전체 모니터링 시스템을 중앙 집중화된 장소로 가져온다. 별도로 실행 중인 컴포넌트의 수에 관계없이 로깅과 모니터링을 중앙 집중화된 위치로 가져와 더 빠르고 효율적으로 디버깅한다.

두 번째는 사후 모니터링 또는 통합 모니터링이다. 이런 유형의 모니터링은 마이크로서비스 내부와 마이크로서비스들 간에 수행된다. 마이크로서비스 중 하나가 다운되거나 어떤 서비스가 데이터베이스와의 통신을 중단하거나, 한 서비스가 디스크 공간 부족 등의 문제에 직면했다면, 실제 사용자가 이를 알아차리기 전에 운영 팀에서 먼저 아는 것이 매우 중요하다. 그래서 사후 모니터링이 필요하다. 모니터링이 문제를 해결할 수 없다면, 가능한 빨리 모니터링 도구가 문제를 알려줘야 한다. 앞에서 살펴본 것처럼 능동적인 모니터링 환경을 구축하는 데 도움되는 도구들이 많다. 또한 분산 앱의 디버거같은 집킨 Zipkin이라는 도구도 있다.

집킨은 마이크로서비스를 추적하고 디버그하기 위해 트위터가 개발한 오픈 소스 도구다. 이것은 구글의 'Dapper Idea'에서 영감을 얻었다. 집킨은 아파치 주키퍼에 의존한다. 집킨은 지연 시간 문제를 추적하는 데 사용할 수 있는 타이밍 데이터를 집계한다. 이 도구는 각 요청에 고유 식별자를 자동으로 할당한다. 집킨이 작동하려면 요청의 시점을 식별할 수 있도록 각 마이크로서비스가 집킨 라이브러리를 포함해야 한다.

▌ 요약

10장에서는 마이크로서비스에 대한 일반적인 문제와 이를 처리하는 방법을 몇 가지 살펴봤다. 대부분의 문제는 9장에서 설명했던 다양한 도구를 사용해 해결할 수 있다. 나머지 문제는 적절한 실천적 방법들을 통해 해결할 수 있다. 이 책이 현실 세계에서 마이크로서비스의 사용에 대한 통찰력을 줄 수 있기를 희망해본다.

찾아보기

ㄱ

게시자/구독자   119
결과적 일관성   119, 192
결제 서비스   253
결합도   283
계약   207
계약 테스트   198, 207
고객 지원 서비스   253
공통 라이브러리   31
관계 모델   180
관계형 모델   180
관점 지향 프로그래밍   47
그래프 데이터베이스   189
글로벌 요청 ID   264
금융 마이크로서비스   132
기술 스택   149

ㄴ

나기오스   31
네트워크 입출력   248
느슨한 결합   182

ㄷ

다이나트레이스   271
단위 테스트   199
단위 테스트 케이스   199
단일 장애점   37

단일 책임 원칙   26
대규모 서비스의 모니터링   285
데브옵스   289
데브옵스 경험   44
데브옵스 조직   43
데이터 모델   178
데이터 버킷   188
데이터베이스 모델 분석   44
데이터 샤딩   268
도메인 주도 설계   37, 188
도커   227
도커 데몬   228
도커 서버   228
도커 스토리지   229
도커 엔진   228
도커 이미지   229
도커 컴포저   237
동기식 통신   113
드리프트 콜   71
디버깅   31, 264
디스커버리 서비스   59
디스패치 요청   73

ㄹ

라운드 로빈 기법   287
레거시 코드   149
로글리   264
로깅   31
로깅 위치   282

로드 밸런싱   73
루프홀 코드   205
리비전   87
리스크 엔진   193

ㅁ

마스터-슬레이브 아키텍처   238
마이크로서비스로 전환   248
마이크로서비스 모니터링   31
마이크로서비스 아키텍처   26
마이크로서비스의 정의   54
마이크로서비스 통신   107
마이크로서비스 패턴   110
매일 배포   284
메모리 사용량   248
메소스   275
메시지 기반   119
메시지 브로커   121
메시징   32
메이븐   48
메타데이터   59
명령 쿼리 응답 분리   186
모놀리스   25, 243
모놀리스 애플리케이션   35
모니터링   290
모니터링 도구   274
모니터링 원칙   258
모닛   31
모듈   47
모의 객체   202
문제의 지역화   182

ㅂ

바운디드 컨텍스트   37, 40, 189

반복하지 말라   32
반부패 계층   190
반응적 모니터링   262
배송/추적 서비스   253
배압   121
백엔드 서비스   250
뱀프   275
버전 관리   32
보안   45
보안 방안   150
보안 책임   149
분산형 아키텍처   177
뷰   190
비동기식 통신   118
비즈니스 기능   41

ㅅ

사가 패턴   184
사용자 관리 서비스   252
새너티 테스트   205, 216
서드파티 등록   58
서명 섹션   157
서버리스 아키텍처   33
서비스 디스커버리   55
서비스 뷰 서비스   250
서비스 자동 검색   260
서비스 지향 아키텍처   25
서킷 브레이커   74
서킷 브레이커 패턴   66, 115
성능 저하   280
성능 지표   261
셀레늄   206
소프트웨어 아키텍처   25
스케일큐브   265
스케줄러 서비스   253

스택 추적   264
스포티파이   233
스프링   46
스프링 부트   48, 67
스프링 클라우드 계약   208
스프링 표현 언어   47
슬랙   259
신뢰성   282
신용 리스크 엔진   46, 79

ㅇ

아키텍처 패턴   186
아티팩트 저장소   202
애플리케이션 아키텍처   42
앱다이내믹스   273
엔드 투 엔드 테스트   198, 210
엔드포인트 보안   147
엔티티   179
오류율   248
오케스트레이션   109
요청 서비스 시간   248
유비쿼터스 언어   40
응답 변환   74
의사소통   41
의존성   177, 289
이벤트 기반   119
이벤트 소싱   190, 191, 249
인메모리 데이터베이스   205
인스타나   273
인증   72
인증 및 권한 부여   149
인터셉터   116
인프록테스터   206

ㅈ

자동화   44
자동 확장   260
자체 등록   58
장바구니/주문 서비스   252
전환 사례   45
종속성   283
중재자 서비스   110
지속적 전달   214, 216
지속적 통합   214

ㅊ

초당 요청   248
최소 부하 서버 기법   287
추천 서비스   253

ㅋ

캡슐화   204
커리어그래피   111
컨테이너   32, 228
컴포넌트 테스트   204
코드 200   282
코드 중복   289
콘솔   275
콘웨이의 법칙   42
콜백   185
쿠버네티스   269
클라우드와치   260
클라이언트 서버   25
키 기반의 데이터베이스 샤딩   205

ㅌ

타임 투 마켓　39
타입 관계　181
테스트　197
테스트 클론　205
테이블 복제　191
테이블 접근 권한　183
토큰　149
통합　45
통합 테스트　203
트리거　191, 249

ㅍ

파이프라인　237
패커　34
페이로드 섹션　157
페일오버　282
포함 관계　181
폴리글랏 영속성　186
폴백 메소드　116
프로덕션　29
프로비저닝　231
프로토콜　73
프론트 도어 트래픽　260
플라이웨이　87
플라즈마　206
플레이스홀더　69
피어 투 피어 통신　119

ㅎ

하이퍼바이저　230
행위 주도 개발　211
헤더 섹션　157

확장성　264
히스트릭스　66

A

A/B 테스트　263
ACID 트랜잭션　185
AMQP(Advanced Message Queing Protocol)　123
Anticorruption Layer　190
AOP(Aspect-Oriented Programming)　47
API 게이트웨이　70
AppDynamics　273
Artifactory　202
Artifact Repository　202
AuFS　229
AuthServerUrl　171
Autodiscovery　260
Autoscale　260
AWS 컨테이너 서비스　276

B

backend service　250
Back Pressure　121

C

CasperJs　216
CD(Continuous Delivery)　214
CDM(Canonical Data Model)　181
Choreography　111
CI/CD　44
CI/CD 도구　67
CI(Continuous Integration)　214
circuit breaker patter　66

ClientId 171

ClientSecret 171

CloudWatch 260

Consul 275

container 228

contract testing 198

CPU 사용량 248

CQRS(Command Query Responsibility
　Segregation) 186

Cucumber 216

D

data sharding 268

DDD(Domain Driven Design) 37, 188

Debezium 192

DNS 56

docker composer 237

DRY(Don't Repeat Yourself) 32

Dynatrace 271

E

ECS 276

ELK 271

encapsulated 204

ESB(Enterprise Service Bus) 37

Event sourcing 249

Eventual Consistency 119

F

failover 282

FlyBase 250

Flyway 87

front door 트래픽 260

G

global request ID 264

GrantType 171

H

H2 206

hypervisor 230

Hystrix 66

I

in-memory 데이터베이스 205

inproctester 206

Instana 273

Interceptor 116

J

Jasmine 216

JBehave 211

JSON 31

JSON 기반 스텝 209

JWT 156

K

key-based database sharding 205

Kubernetes 269

L

Lettuce 216

Liquibase 250

LOC(Line of Code) 54
Loggly 264
loophole 코드 205

M

master-and-slave 아키텍처 238
Mock object 202
Monit 31
mvn spring-boot:run 명령 105

N

Nagios 31
Neo4j 206
Nginx 287

O

OAuth 2.0 154
OpenID 152
OpsClarity 274
Orchestration 109

P

PaaS(Platform as a Service) 34
packer 34
Pact 208
Peer to Peer 119
plasma 206
POJO(Plain Old Java Object) 46
Poll SCM 238
Polyglot Persistence 186
Production 29

provisioning 231
Publisher/Subscriber 119

Q

QBit 271

R

RabbitMQ 123
reactive 모니터링 262
Regex 286
REST 121
Revision 87

S

sanity test 205, 216
scalecube 265
SCC(Spring Cloud Contract) 208
Selenium 206, 216
Sensu 272
service-view service 250
slack 259
SOA(Service-Oriented Architecture) 25
SOA의 데이터 모델 181
SpEL(Spring Expression Language) 47
SPOF(single point of failure) 37
Spotify 233
spring-cloud 65
Spring Cloud Contract 208
SRP(Single Responsibility Principle) 26
SSHD 238
SSO(Single Sign-On) 152
stack trace 264
STS(Spring Tools Suite) 48

T

TDD(Test-Driven Development)   44, 201
test clone   205
thrift call   71
Trigger   249
TTL(Time to live)   56
TTM(Time to Market)   39

U

unit test case   199
Unit testing   199

V

Vamp   275
VM   230
VPC(Virtual Private Cloud)   60

Y

YAML   69

Z

Zuul   76

기호

@EnableCircuitBreaker   117
@EnableConfigServer   84
@EnableConfigServer   69
@EnableEurekaServer   61
@EnableZuulProxy   78
@PropertySources   68
@RefreshScope   70
@SpringBootApplication   51

번호

404 에러   282

마이크로서비스 아키텍처

IT 리더들을 위한 간결하고 핵심적인 특징들

발 행 | 2019년 6월 10일

지은이 | 우메쉬 램 샤르마
옮긴이 | 박현철 · 김낙일 · 용환성
감 수 | 장 진 영

펴낸이 | 권 성 준
편집장 | 황 영 주
편 집 | 배 혜 진
디자인 | 박 주 란

에이콘출판주식회사
서울특별시 양천구 국회대로 287 (목동)
전화 02-2653-7600, 팩스 02-2653-0433
www.acornpub.co.kr / editor@acornpub.co.kr

한국어판 ⓒ 에이콘출판주식회사, 2019, Printed in Korea.
ISBN 979-11-6175-309-6
http://www.acornpub.co.kr/book/practical-microservices

이 도서의 국립중앙도서관 출판시도서목록(CIP)은 서지정보유통지원시스템 홈페이지(http://seoji.nl.go.kr)와
국가자료공동목록시스템(http://www.nl.go.kr/kolisnet)에서 이용하실 수 있습니다.(CIP제어번호: CIP2019021469)

책값은 뒤표지에 있습니다.